数智化时代会计专业
——融合创新系列教材——

U0734127

智能化财税管理

微课版

宋　薇　杨向东　李淑红◎主　编

王莹莉　耿军锐　崔　丹◎副主编

人民邮电出版社

北京

图书在版编目（CIP）数据

智能化财税管理 : 微课版 / 宋薇，杨向东，李淑红
主编. -- 北京 : 人民邮电出版社，2024.6
数智化时代会计专业融合创新系列教材
ISBN 978-7-115-64367-4

Ⅰ. ①智… Ⅱ. ①宋… ②杨… ③李… Ⅲ. ①中小企
业－财务管理－中国－教材②中小企业－税收管理－中国
－教材 Ⅳ. ①F279.243②F812.423

中国国家版本馆CIP数据核字(2024)第091867号

内 容 提 要

　　本书以培养具有数智思维、能够胜任财税智能化转型岗位群的新财税人员为目标，围绕财税岗位群应用场景，以智能财税平台为工具，按照理论知识准备—实训流程认知—实训任务实施的教学路径，通过丰富翔实的企业财税案例，将智能化财税管理的理论知识与技能应用紧密结合。

　　本书内容分为四个项目：走进智能财税，旨在帮助学习者搭建入门基础知识体系；代理业务，旨在帮助学习者熟练掌握针对中小企业和初创企业的常见财税业务处理知识；外包业务，旨在帮助学习者聚焦掌握企业的典型财税事项处理知识；企业管家业务，旨在帮助学习者拓展掌握企业的设立、证照办理业务等方面的知识。本书体系结构完整，内容讲解循序渐进，难度适宜，案例资源丰富，并融入素质教育元素。

　　本书适合作为高等职业院校和应用型本科院校财税大数据应用、大数据与会计、大数据与财务管理等专业相关课程的教材，也适合相关从业人员学习参考。

- ◆ 主　　编　宋　薇　杨向东　李淑红
　　副 主 编　王莹莉　耿军锐　崔　丹
　　责任编辑　王　振
　　责任印制　王　郁　彭志环
- ◆ 人民邮电出版社出版发行　　北京市丰台区成寿寺路 11 号
　　邮编　100164　电子邮件　315@ptpress.com.cn
　　网址　https://www.ptpress.com.cn
　　固安县铭成印刷有限公司印刷
- ◆ 开本：787×1092　1/16
　　印张：14.5　　　　　　　　　2024 年 6 月第 1 版
　　字数：358 千字　　　　　　　2024 年 6 月河北第 1 次印刷

定价：56.00 元

读者服务热线：**(010)81055256**　印装质量热线：**(010)81055316**
反盗版热线：**(010)81055315**
广告经营许可证：京东市监广登字 20170147 号

前　言

　　金税四期工程上线应用后，智慧财税时代已然来临，在"以数治税""智能财务"的背景下，财税管理工作的新观念、新知识、新视野、新应用势必引入课堂，融入教材。智能化财税管理课程是高等职业院校财税大数据应用、大数据与会计、大数据与财务管理等相关专业的核心课程。

　　本教材全面贯彻党的二十大精神，以落实立德树人为根本任务，强化素质教育，职业特色鲜明。本教材落实教育部《职业教育专业目录（2021 年）》要求，紧跟人工智能、大数据、云共享等现代信息技术快速发展带来的财税工作转型需要，紧跟国家税收征管改革方向，充分考虑高等职业院校财税类理实一体化课程的教学目标和特点，选用实务案例，以智能财税平台为载体，全面覆盖财税岗位的业财税一体化工作内容。本教材结合会计专业技术资格证书、税务师职业资格证书及智能财税职业技能等级证书的标准，基于企业真实工作场景，以工作任务为逻辑主线，融入业财税融合大数据应用、智能财税等全国职业院校技能大赛的内容，旨在培养学生的职业判断能力，拓宽学生的视野，让学生体验财税岗位技术成果与应用场景的无缝衔接。本教材既注重理论性，又注重操作性，兼顾了知识的更新和实例的运用，内容丰富，结构合理，是"岗课赛证"融通、校企合作开发的新型教材。

　　本教材以工作任务为导向，采用项目化教学，方便教师采用混合式教学模式，让学生实现做中学、学中做，对理实一体化教学具有很强的针对性、适用性和创新性。本教材具有以下特点。

　　（1）预习资料有针对性。每个工作任务开始时，先以任务情境、任务准备的形式提供自主学习资料，方便学生了解即将学习的内容，对基础知识和操作流程及要点形成一定的认识，为课堂学习做好准备。

　　（2）内容饱满、有层次、实用。内容编写实施"四步走"。第一步："引"。通过任务情境，引出相关知识，明确重点。第二步："解"。本教材对任务情境涉及的知识进行详细解析，在此基础上讲解平台操作步骤，突出理实一体化。第三步："破"。结合项目任务，针对难点，本教材给出释义和指导，帮助破解难题。第四步："融"。本教材还突出专业技能与职业道德的相互融合，凸显素质教育。

　　（3）体例科学实用，语言通俗易懂。本教材将教学目标、知识准备、流程认知、知识拓展、随堂演示讲解视频、具体操作步骤等模块有序安排，注重任务衔接。本教材语言通俗易懂，紧贴工作实际，版式设计简洁、直观生动、有趣。

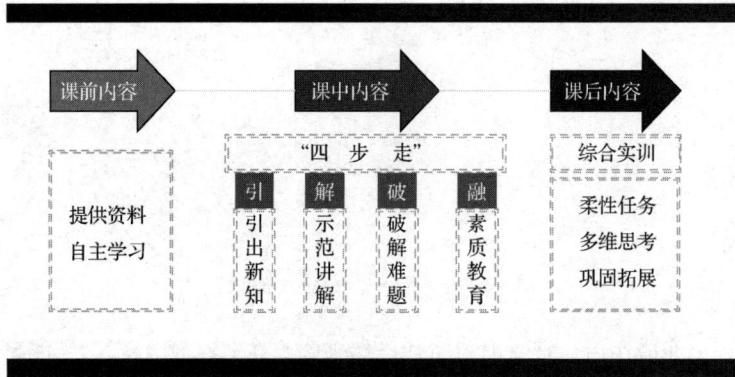

本教材由河南经贸职业学院智能财经学院的教研团队编写，宋薇、杨向东、李淑红担任主编，王莹莉、耿军锐、崔丹担任副主编。各项目具体编写分工如下：项目一和项目二的任务四至任务六由杨向东编写，项目二的任务一至任务三由王莹莉编写，项目三的任务二、任务三由耿军锐编写，项目三的任务四、任务五和项目四的任务四由宋薇编写，项目三的任务一、任务六由李淑红编写，项目四的任务一至任务三由崔丹编写。综合实训由中联集团教育科技有限公司侯刘成编写。在编写教材过程中，中联集团教育科技有限公司提供了丰富的案例资源，在此表示衷心感谢。

本教材无论是在内容上还是在体例上都做了新的尝试，但由于编者水平有限，加之财税理论与实务均处于不断发展中，书中难免存在不足之处，恳请广大专家和读者批评指正。

编者

2024 年 5 月

目 录

项目一 走进智能财税 ………… 1

任务一 智能财税平台介绍 …………1
　　一、初识智能财税 …………2
　　二、走进智能财税平台 …………2

任务二 财务基础知识 …………3
　　一、会计核算方法和程序 …………4
　　二、会计凭证 …………4
　　三、会计账簿 …………13
　　四、账务处理程序 …………19

任务三 税务基础知识 …………25
　　一、税务登记 …………25
　　二、账簿和凭证管理 …………26
　　三、发票管理 …………26
　　四、纳税申报 …………31
　　五、涉税专业服务 …………32

项目二 代理业务 ………… 35

任务一 账套初始化设置 …………35
　　任务情境 …………35
　　任务准备 …………36
　　　　一、知识准备 …………36
　　　　二、流程认知 …………37
　　任务发布 …………37
　　任务实施 …………37
　　　　一、新建账套 …………37

　　　　二、基础设置 …………38
任务二 购销业务制单 …………44
　　任务情境 …………44
　　任务准备 …………48
　　　　一、知识准备 …………48
　　　　二、流程认知 …………49
　　任务发布 …………50
　　任务实施 …………50
　　　　一、代开发票 …………50
　　　　二、购销业务的票据整理、查验与
　　　　　　制单 …………55
任务三 费用类业务制单 …………59
　　任务情境 …………59
　　任务准备 …………59
　　　　一、知识准备 …………59
　　　　二、流程认知 …………61
　　任务发布 …………61
　　任务实施 …………62
　　　　一、租赁业务费用报销的票据整理与
　　　　　　制单 …………62
　　　　二、计提固定资产当月折旧的票据
　　　　　　整理与制单 …………68
　　　　三、计提当月职工工资的票据整理与
　　　　　　制单 …………70
任务四 结算类业务制单 …………75
　　任务情境 …………75

任务准备 ·············· 75

一、知识准备 ············· 75

二、流程认知 ············· 75

任务发布 ·············· 75

任务实施 ·············· 76

一、票据整理 ············· 76

二、新增常用凭证 ·········· 77

三、凭证的生成与保存 ······· 78

任务五　期末事项处理 ········ 80

任务情境 ·············· 80

任务准备 ·············· 80

一、知识准备 ············· 80

二、流程认知 ············· 83

任务发布 ·············· 83

任务实施 ·············· 84

一、期末业务处理 ·········· 84

二、财务报表的审核与期末结账 ·· 88

任务六　纳税申报 ·········· 89

任务情境 ·············· 89

任务准备 ·············· 90

一、知识准备 ············· 90

二、流程认知 ············· 90

任务发布 ·············· 91

任务实施 ·············· 91

一、增值税纳税申报 ········· 91

二、附加税纳税申报 ········· 92

三、企业所得税预缴（季度）纳税

申报 ··············· 93

项目三　外包业务 ········ 95

任务一　纳税申报外包 ········ 95

任务情境 ·············· 96

任务准备 ·············· 96

一、知识准备 ············· 96

二、流程认知 ············· 97

任务发布 ·············· 97

任务实施 ·············· 97

一、导入企业财务报表并审核 ···· 97

二、增值税纳税申报表的审核与纳税

申报 ··············· 99

三、企业所得税季度预缴纳税申报表

审核与纳税申报 ·········· 101

任务二　商旅费用报销外包 ····· 103

任务情境 ·············· 103

任务准备 ·············· 104

一、知识准备 ············· 104

二、流程认知 ············· 106

任务发布 ·············· 106

任务实施 ·············· 107

一、差旅费报销标准设置 ······ 107

二、出差申请单的填写及审批 ···· 107

三、机票、酒店预订 ········· 108

四、差旅费用报销单的填写、审批及

放款 ··············· 113

任务三　薪税业务外包 ········ 116

任务情境 ·············· 117

任务准备 ·············· 118

一、知识准备 ············· 118

二、流程认知 ············· 122

任务发布 ·············· 122

任务实施 ·············· 122

一、启用智能工资 ·········· 122

二、设置基础信息 ·············· 123

三、设置会计科目 ·············· 124

四、薪税核算 ·················· 125

任务四 购销业务外包 ············ 130

任务情境 ···················· 130

任务准备 ···················· 131

一、知识准备 ·················· 131

二、流程认知 ·················· 133

任务发布 ···················· 134

任务实施 ···················· 135

一、启用购销外包 ·············· 135

二、设置基础信息 ·············· 135

三、购销存期初设置 ············ 137

四、购销业务处理 ·············· 141

任务五 成本核算业务外包 ······ 164

任务情境 ···················· 164

任务准备 ···················· 165

一、知识准备 ·················· 165

二、流程认知 ·················· 168

任务发布 ···················· 168

任务实施 ···················· 168

一、设置企业基础信息 ·········· 168

二、成本核算基础设置 ·········· 170

三、成本核算 ·················· 174

任务六 固定资产业务外包 ······ 179

任务情境 ···················· 179

任务准备 ···················· 180

一、知识准备 ·················· 180

二、流程认知 ·················· 180

任务发布 ···················· 181

任务实施 ···················· 181

一、启用资产管理 ·············· 181

二、基础信息设置 ·············· 182

三、资产管理基础设置 ·········· 184

四、新增固定资产 ·············· 185

五、固定资产原值增加 ·········· 186

六、固定资产清理 ·············· 189

项目四 企业管家业务 ······ 192

任务一 企业设立、变更和信息公示 ···192

任务情境 ···················· 192

任务准备 ···················· 193

一、知识准备 ·················· 193

二、流程认知 ·················· 195

任务发布 ···················· 195

任务实施 ···················· 195

一、企业设立登记 ·············· 195

二、企业信息公示填制申报管理 ·····200

任务二 税务管理 ············ 202

任务情境 ···················· 203

任务准备 ···················· 204

一、知识准备 ·················· 204

二、流程认知 ·················· 204

任务发布 ···················· 204

任务实施 ···················· 205

一、税务登记业务 ·············· 205

二、发票管理业务 ·············· 206

任务三 人力资源与五险一金管理 ·······207

任务情境 ···················· 208

任务准备 ···················· 208

一、知识准备 ·················· 208

二、流程认知 ·················· 208

任务发布 ·············208

任务实施 ·············209

　一、首次参保人员社保登记 ·······209

　二、单位住房公积金网上开户 ·····209

任务四　证照办理业务 ·······213

任务情境 ·············213

任务准备 ·············213

　一、知识准备 ···········213

　二、流程认知 ···········214

任务发布 ·············214

任务实施 ·············214

　一、商标申请及保护 ·······214

　二、专利申请及保护 ·············216

　三、软件著作权申请及保护 ·········217

综合实训 ·············219

任务情境 ·············219

任务发布 ·············221

　一、销售类业务 ·············221

　二、采购类业务 ·············221

　三、结算类业务 ·············221

　四、费用类业务 ·············222

任务实施 ·············222

项目一
走进智能财税

【知识目标】

1. 了解智能财税平台。
2. 掌握会计核算程序、会计凭证、账务处理程序等财务基础知识。
3. 掌握税务登记、账簿和凭证管理、发票管理、纳税申报、涉税专业服务等税务基础知识。

【能力目标】

1. 能够熟练进行会计凭证的填制、审核并据以登账。
2. 能够熟练进行发票开具、管理与纳税申报。

【素质目标】

1. 养成严谨务实的工作作风，恪守规范，勤勉认真。
2. 树立知法守法的法治意识，不做假账，依法纳税。

智能财税平台

任务一　智能财税平台介绍

📖**素养课堂**

　　为贯彻落实党中央、国务院关于加强社会信用体系建设的决策部署，推进会计诚信体系建设，提高会计人员职业道德水平，根据《中华人民共和国会计法》《会计基础工作规范》，财政部于2023年1月印发了《会计人员职业道德规范》，内容如下。

　　一、坚持诚信，守法奉公。牢固树立诚信理念，以诚立身、以信立业，严于律己、心存敬畏。学法知法守法，公私分明、克己奉公，树立良好职业形象，维护会计行业声誉。

　　二、坚持准则，守责敬业。严格执行准则制度，保证会计信息真实完整。勤勉尽责、爱岗敬业，忠于职守、敢于斗争，自觉抵制会计造假行为，维护国家财经纪律和经济秩序。

　　三、坚持学习，守正创新。始终秉持专业精神，勤于学习、锐意进取，持续提升会计专业能力。不断适应新形势新要求，与时俱进、开拓创新，努力推动会计事业高质量发展。

　　党的二十大报告指出，要加快发展数字经济，促进数字经济和实体经济深度融合，打造具有国际竞争力的数字产业集群。随着以大数据技术、云计算技术、人工智能技术、移动互联网技术为代表的新一代网络信息技术的飞速发展，财税业务的智能化转型效果显著。智能财税以智能化财税共享平台为枢纽，以"业、票、财、税"一体化为核心，集成工商管理、人力资源与社会保障、政策咨询等相关系统，能够为企业提供精细化、智能化、个性化的财税管理服务，更好地服务于产业升级和创新创业需求。

一、初识智能财税

　　智能财税是互联网技术、大数据技术、人工智能技术、云计算技术、物联网技术等现代技术赋能财税行业，以人机交互为基础，以数字化、共享化、智能化为运行特征，以职能升级与管理革命为功能特征，综合形成的一种新型财税运行形态。智能财税的显著特征体现在财税流程的数字化、共享化与智能化上，其能够利用人工智能技术实现自动采集和处理发票、银行流水账单中的数据信息，自动生成会计凭证、账簿等，还能够利用大数据分析与可视化技术提供智能化财税解决方案。智能财税充分展现了数字化时代的财税发展方向，提升了企业的创新力、生产力和运行效率，大大缩短了财税流程处理时间，并通过智能分析促进管理升级，真正意义上提高了财务人员的工作效率。

　　智能财税围绕新经济、新技术、新职业、新专业，聚焦财税改革发展新方向，支撑数字经济与共享经济背景下财税共享服务新业态和现代企业"业、票、财、税"一体化新模式，通过"以赛促教、以赛促学、以赛促建、以赛促改"，引领职业教育新专业目录中财政税务类和财务会计类专业创新发展，重点关注"大数据财务分析""成本管理""金融运作"等课程建设与数字化改造。

> **💡 知识拓展**
>
> 　　目前我国使用智能财税平台的单位和组织越来越多，大中型企业几乎实现全覆盖，小型企业也在逐渐普及。使用智能财税平台后，需要注意的是，所有会计资料最终都需打印，采用纸质版归档。记账凭证在相关会计软件或财务云平台中填制、审核完毕后，仍需打印、签字、存档。这样做既能实现信息工具的使用对人力的节省，又能实现数据的电子存储和纸质存储并行，更好地杜绝数据篡改、防止数据丢失，便于随时查阅数据，同时满足长久存档需求，更好地实现会计的核算与监督职能。

二、走进智能财税平台

　　本教材以中联集团教育科技有限公司智能财税共享中心为例，详细介绍相关财税工作的自动化和智能化运行。中联集团教育科技有限公司智能财税共享中心承载中小微企业财税代理服务业务和大中型企业财税外包服务业务，基于企业财税职能转变与智能化、数字化升级对人才的紧迫需求，对标智能财税工作领域和岗位群，以"业、票、财、税"一体化为核心牵引，以岗位能力为基础，以技能训练为内容，以智能化平台为载体，完成票据管理、记账审核、纳税申报、企业设立等真实业务，构建集成"智能财税共享中心+智慧财经专业服务机构+企业智慧财经管理"的财经大共享服务生态。中联集团教育科技有限公司智能财税共享中心如图 1-1-1 所示。

图 1-1-1　中联集团教育科技有限公司智能财税共享中心

（一）财天下

财天下基于人工智能技术，实现自动审单、收款、付款、对账、记账等业务；基于图像识别和语音技术，实现自动识别发票，自动验真、验重、填单等；通过内置财务机器人，实现业务与财务的端到端智能化操作。

（二）票天下

票天下从发票开具角度出发，实现从票据到财务处理的智能化。

（三）金税师

金税师是模拟进行纳税申报的平台，在智能财税平台下，申报表上的数据源自业务凭证，从业务开端直接延伸至纳税申报表项目。

（四）政务仿真

政务仿真是指管家服务，可完成中小微企业财税服务业务、工商服务业务、人力资源与社会保障业务、证照服务业务、政策咨询服务等综合财经业务。

（五）供应链系统

供应链系统是基于供产销业务模块的实训平台，打通了供应链业务—财务—纳税申报环节的智能化处理流程。

任务二　财务基础知识

📖 **素养课堂**

　　会计在我国有着十分悠久的历史，我国的记账方法一度在世界上处于领先地位。我国在远古时期曾出现过"绘图记事""刻记记事""结绳记事"等简单的原始会计行为，并被认为是会计的起源。唐、宋时期的"四柱结算法"、明末清初的"龙门账"、清朝中期的"四脚账"，均创造了世界会计发展史的光辉篇章。我国会计历史悠久，会计文化源远流长，在继承创新中不断发展，在应时处变中不断升华，是五千年中华文明的一个组成部分，是中华民族生生不息、发展壮大的丰厚滋养。

一、会计核算方法和程序

（一）会计核算方法

由于经济业务纷繁复杂，在生产、交换、分配、消费过程中所产生的经济信息不可胜数，要将经济信息转换为会计信息就必须依照会计准则的规定进行确认、计量、记录、分类、汇总等加工处理。这个信息转换的过程就是会计核算。会计核算作为经济管理的重要组成部分，需要有一整套科学的方法体系，具体来说，会计核算方法包括以下七个方面，即设置账户、复式记账、填制和审核凭证、登记账簿、成本计算、财产清查和编制财务报告。

（二）会计核算程序

会计的目的是向有关方面提供会计信息，前面叙述的几种会计核算方法相互联系、相互配合，构成了一个完整的方法体系。经济业务发生时，首先要根据业务的内容取得或填制会计凭证并加以审核，这是会计核算的最初环节；然后按照规定的会计科目，根据审核无误的记账凭证，在账簿中相应账户运用复式记账法进行登记，这是会计核算的中心环节；此外，对于生产经营过程中发生的各项费用，应当进行归集并按一定的对象定期计算成本；并且需要定期或不定期地进行财产清查，确保账证相符、账账相符、账实相符；最后，根据相关账簿资料，定期编制财务报告，这是会计核算的最终环节。

二、会计凭证

（一）会计凭证的概念

会计凭证是具有一定格式，用来记录经济业务、明确经济责任，并据以登记会计账簿的书面证明。

填制和审核会计凭证是会计核算工作的首要环节。任何单位在处理任何经济业务时，都必须由执行和完成该项经济业务的有关人员通过会计凭证来描述经济业务的合法性和真实性。

只有认真填制和严格审核会计凭证，如实反映经济业务的内容，保证会计核算资料的真实可靠，才能发挥会计在经济管理中的核算和监督职能。同时，每一项经济业务的经办人员都要在凭证上签字或盖章，以明确各自的经济责任。

（二）会计凭证的种类

会计凭证按照其填制程序和用途不同，分为原始凭证和记账凭证两种。

1. 原始凭证

原始凭证是在经济业务发生时直接取得或填制的，用以记录经济业务发生和完成情况的具有法律效力的书面证明，是编制记账凭证的依据，如购货发票、车票、验收单、领料单等常见的经济业务凭据。

2. 记账凭证

记账凭证是会计人员对审核后的原始凭证进行归类、整理，确定会计分录后填制的会计凭证，是登记会计账簿的依据。

原始凭证记录的是经济信息，是编制记账凭证的依据和会计核算的基础；记账凭证记录的则是会计信息，是会计核算的起点。二者作为会计凭证一般同时出现，共同记录经济业务的发生。

（三）原始凭证的种类、内容、填制与审核

1. 原始凭证的种类

（1）按来源不同分类。

原始凭证按来源不同，分为外来原始凭证和自制原始凭证。

外来原始凭证是经济业务发生或完成时从其他单位或个人处取得的原始凭证，如购买货物时从销货单位取得的发票，出差取得的车票、机票，招待客户用餐取得的餐饮发票，等等。纸质版发票和电子版发票均可用。常见的餐饮发票如图 1-2-1 所示。

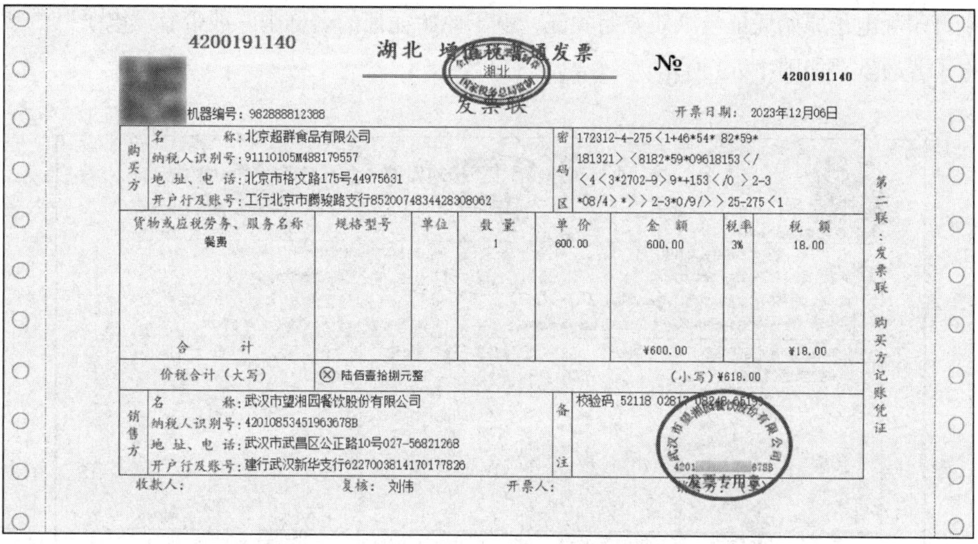
4200191140

湖北增值税普通发票　发票联

№ 4200191140

机器编号：982888812388　　开票日期：2023年12月06日

购买方
名　　称：北京超群食品有限公司
纳税人识别号：91110105M488179557
地 址、电 话：北京市格文路175号44975631
开户行及账号：工行北京市腾骏路支行8520074834428308062

密码区
172312-4-275＜1+46*54* 82*59*
181321＞＜8182*59*09618153＜/
＜4＜3*2702-9＞9*+153＜/0 ＞2-3
08/4＞＞＞2-3*0/9/＞＞25-275＜1

货物或应税劳务、服务名称	规格型号	单位	数量	单价	金额	税率	税额
餐费			1	600.00	600.00	3%	18.00
合　　计					¥600.00		¥18.00
价税合计（大写）	⊗ 陆佰壹拾捌元整				（小写）¥618.00		

销售方
名　　称：武汉市望湘园餐饮股份有限公司
纳税人识别号：420108534519636788
地 址、电 话：武汉市武昌区公正路10号027-56821268
开户行及账号：建行武汉新华支行6227003814170177826

备注：校验码 52118 0281…

收款人：　　复核：刘伟　　开票人：　　销售方：（章）

第二联：发票联　购买方记账凭证

图 1-2-1　餐饮发票

自制原始凭证是经济业务发生或完成时由本单位内部经办业务的部门和人员自行填制的原始凭证，如领料单、产品入库单等。产品入库单如图 1-2-2 所示。

产品入库单

供货单位：　　　　年　月　日　　　　凭证编号：

发票编号：　　　　　　　　　　　　收货仓库：

产品编号	产品型号	计量单位	数量		价格	
			应收	实收	单价/元	金额/元
备注					合计	

记账：　　　　仓库保管：　　　　收货：

图 1-2-2　产品入库单

（2）按凭证介质不同分类。

原始凭证按凭证介质不同，可以分为纸质原始凭证和电子原始凭证。

以上介绍的各种原始凭证均可直接采用纸质版，也可由出具原始凭证的单位开具电子版后打印成纸质版。原始凭证最终只有以纸介质形式出现，才能执行原始凭证的职能。

电子原始凭证由出具原始凭证的单位以电子版形式开具，开具后发送给接收单位，无须打印。接收单位收到电子原始凭证后，需到国家税务总局全国增值税发票查验平台进行真伪核验，电子原始凭证核验通过后才能执行原始凭证的职能。接收单位根据需要可以将电子原始凭证打印使用，为区别打印版电子原始凭证与纸质原始凭证，电子原始凭证的名称中一般带有“电子”二字。增值税电子普通发票如图 1-2-3 所示。

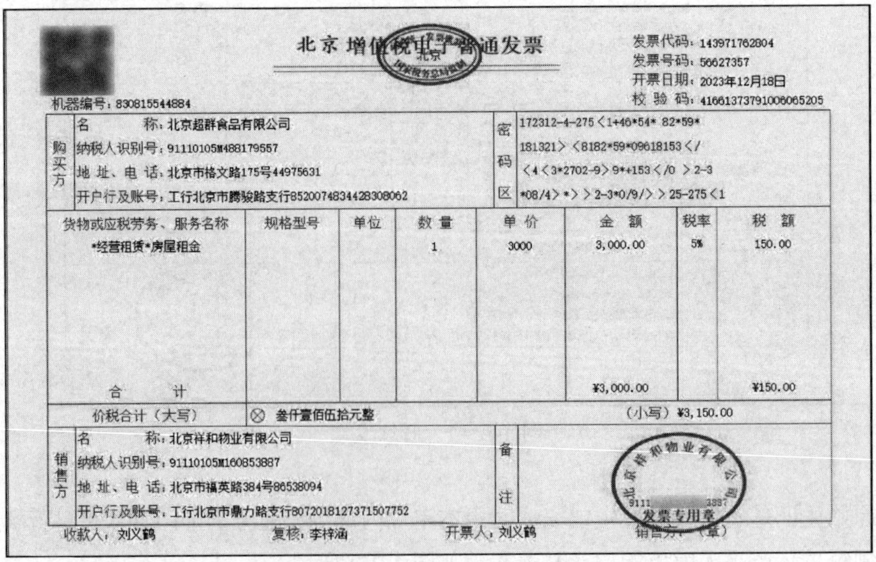
北京增值税电子普通发票

发票代码：143971762804
发票号码：56627357
开票日期：2023年12月18日
校 验 码：41661373791006065205

机器编号：830815544884

购买方
名　　称：北京超群食品有限公司
纳税人识别号：91110105M488179557
地 址、电 话：北京市格文路175号44975631
开户行及账号：工行北京市腾骏路支行8520074834428308062

密码区
172312-4-275 <1+46*54* 82*59*
181321> <8182*59*09618153 </
<4 <3*2702-9> 9*+153 </0 > 2-3
*08/4> *> > 2-3*0/9/> > 25-275 <1

货物或应税劳务、服务名称	规格型号	单位	数量	单价	金额	税率	税额
*经营租赁*房屋租金			1	3000	3,000.00	5%	150.00
合　计					¥3,000.00		¥150.00
价税合计（大写）	⊗ 叁仟壹佰伍拾元整				（小写）¥3,150.00		

销售方
名　　称：北京祥和物业有限公司
纳税人识别号：91110105M160853887
地 址、电 话：北京市福英路384号86538094
开户行及账号：工行北京市鼎力路支行8072018127371507752

备注

收款人：刘义鹤　　复核：李梓涵　　开票人：刘义鹤　　销售方：（章）

图 1-2-3　增值税电子普通发票

（3）按填制手续和方法不同分类。

原始凭证按填制手续和方法不同，分为一次原始凭证、累计原始凭证和汇总原始凭证。

一次原始凭证是一次记录一项或若干项同类经济业务，填制手续一次完成的原始凭证。所有的外来原始凭证和大部分自制原始凭证都属于一次原始凭证。

累计原始凭证是在一定时期内连续记录若干项同类经济业务，填制手续分次完成的原始凭证。只有少部分自制原始凭证属于累计原始凭证，如限额领料单。这种凭证可以简化手续，减少凭证张数。限额领料单如图1-2-4所示。

限额领料单								
领料部门：			年　月　日				凭证编号：	
用　途：							发料仓库：	
材料类别	材料编号	材料规格	计量单位	单价/元	全月领用限额	实际领用		
						数量	金额/元	
供应部门负责人（签章）			生产部门负责人（签章）					
日期	请领		实发			限额结余	退库	
	数量	负责人签章	数量	发料人签章	领料人签章		数量	退料单编号
仓库负责人（签章）：								

图1-2-4　限额领料单

汇总原始凭证是根据若干同类经济业务的原始凭证或会计核算资料定期加以汇总而重新编制的原始凭证。汇总原始凭证既可以提供经营管理所需要的总量指标，又可以大大简化核算手续。发出材料汇总表就是一种常见的汇总原始凭证，如图1-2-5所示。

（4）按格式和使用范围不同分类。

原始凭证按格式和使用范围不同，分为通用原始凭证和专用原始凭证。

通用原始凭证是全国或某一地区、某一部门统一格式的原始凭证，如由税务部门统一规定的增值税发票。

专用原始凭证是单位内部根据管理需要设计的具有自身特定内容、格式和专门用途的原始凭证，如验收单、领料单等。

发出材料汇总表

年　月　　　　　　　　　　　　　　　单位：元

领料单位	用途	原材料				发料合计
		甲材料	乙材料	丙材料	丁材料	
一车间	A产品					
	B产品					
	车间一般消耗					
二车间	C产品					
	车间一般消耗					
管理部门	管理费用					
	合　计					

会计负责人：　　　　　　复核：　　　　　　制表：

图1-2-5　发出材料汇总表

2. 原始凭证的基本内容

各种原始凭证尽管格式不统一、项目不一样，但都应该包含以下基本要素：原始凭证的名称、填制日期、编号、接收单位名称、经济业务内容（包含数量、单价和金额等）、填制单位名称及有关人员姓名、填制单位及有关人员签章。

3. 原始凭证的填制要求

要保证会计核算质量，必须严格按照要求填制原始凭证，只有这样才能明确经济责任，具备法律效力。填制原始凭证的具体要求如下。

（1）记录真实、及时。

原始凭证所记录的经济业务内容必须真实、客观、可靠、准确。填制原始凭证要及时，不拖延，不积压，杜绝事后补办手续，以保证按规定及时填制和传递完毕。

（2）内容完整、齐全。

原始凭证内容必须填写完整、齐全。原始凭证的填制日期、经济业务内容等都不得缺漏和省略，其基本要素必须齐全，不得遗漏。

（3）书写正确、规范。

原始凭证书写要字迹清楚，易于辨认。一般有以下技术性要求。

① 不得使用未经国务院公布的简化汉字。

② 书写应按规定使用蓝、黑色的钢笔或者签字笔。

③ 大小写金额数字要一致，且书写规范。

④ 大写金额一律用壹、贰、叁、肆、伍、陆、柒、捌、玖、拾、佰、仟、万、亿、元、角、

分、零、整等填写，大写金额前未印人民币字样的，应加"人民币"三字，人民币字样和大写金额之间不得留有空白。大写金额数字到"元"或"角"为止的，在"元"或"角"之后应写"整"字，大写金额数字有"分"的，"分"后面不写"整"字。

⑤ 小写金额一律用阿拉伯数字，书写时不得连笔，金额前要加人民币符号"¥"，人民币符号"¥"与阿拉伯数字之间不得留有空白，小写金额数字一律写到"分"，无角、分的，写"00"或"一"，空白金额行应画斜线注销。

（4）编号连续、可查。

原始凭证都必须连续编号，以备查核。如果原始凭证写错作废，在作废的凭证上应加盖"作废"戳记，连同存根一起保存，不得撕毁。

（5）不得涂改、刮擦、挖补。

原始凭证有文字错误的，应当由出具单位重开或更正，不得刮擦、涂改、挖补，更正处应当加盖出具单位印章。原始凭证有金额错误的，应当由出具单位重开，不得在原始凭证上更正。

知识拓展

从外单位取得的原始凭证遗失时，应取得原签发单位盖有公章的证明，并注明原始凭证的号码、金额等内容，由经办单位会计机构负责人、会计主管人员和单位负责人批准后代作原始凭证。若确实无法取得证明的，如车票丢失，则应由当事人写明详细情况，由经办单位会计机构负责人、会计主管人员和单位负责人批准后代作原始凭证。

4. 原始凭证的审核

只有审核无误的原始凭证，才能作为编制记账凭证和登记账簿的依据。审核的内容主要包括以下三个方面。

（1）审核原始凭证的真实性、及时性。

对原始凭证的审核，应首先看原始凭证上记载的经济业务是否是本单位真实发生的，是否属于本单位的业务范围；审核经办人员有无积压拖延影响在正确会计期间确认、计量业务的情况。

（2）审核原始凭证的合法性、合理性。

对原始凭证的审核，应以财经政策、法规制度和经济业务合同约定等为依据，审核其合法性、合理性；审核原始凭证有无不符合传递程序，超越经办人权限，弄虚作假、胡编乱造等现象。

（3）审核原始凭证的完整性、正确性。

对原始凭证的审核，务必要看原始凭证的基本内容是否填写齐全，有无内容不完整，手续、签章不齐全的情况；审核原始凭证填写的数量、单价、金额是否清楚，计算有无差错，大小写是否一致。

（四）记账凭证的种类、内容、填制与审核

1. 记账凭证的种类

（1）按适用范围分类。

记账凭证按适用范围不同分为专用记账凭证和通用记账凭证。

专用记账凭证是专门用来记录某一类经济业务的记账凭证。专用记账凭证按其与货币资金的关系可分为收款凭证、付款凭证和转账凭证。

收款凭证是根据现金或银行存款的收款业务填制的记账凭证。收款凭证的借方科目必定是"库存现金"或"银行存款"。收款凭证如图 1-2-6 所示。

<table>
<tr><td colspan="14" align="center">收款凭证</td></tr>
<tr><td colspan="6">借方科目：　　　　　　　　　年　月　日　　　　　　　　字第　号</td><td colspan="8"></td></tr>
<tr><td rowspan="2">摘要</td><td colspan="2">贷方科目</td><td rowspan="2">记账</td><td colspan="9" align="center">金额</td><td rowspan="2">附件　张</td></tr>
<tr><td>总账科目</td><td>明细科目</td><td>千</td><td>百</td><td>十</td><td>万</td><td>千</td><td>百</td><td>十</td><td>元</td><td>角</td><td>分</td></tr>
<tr><td></td><td></td><td></td><td></td><td></td><td></td><td></td><td></td><td></td><td></td><td></td><td></td><td></td><td></td></tr>
<tr><td></td><td></td><td></td><td></td><td></td><td></td><td></td><td></td><td></td><td></td><td></td><td></td><td></td><td></td></tr>
<tr><td></td><td></td><td></td><td></td><td></td><td></td><td></td><td></td><td></td><td></td><td></td><td></td><td></td><td></td></tr>
<tr><td></td><td></td><td></td><td></td><td></td><td></td><td></td><td></td><td></td><td></td><td></td><td></td><td></td><td></td></tr>
<tr><td>合计</td><td></td><td></td><td></td><td></td><td></td><td></td><td></td><td></td><td></td><td></td><td></td><td></td><td></td></tr>
<tr><td colspan="14">会计主管：　　　记账：　　　审核：　　　制单：　　　出纳：</td></tr>
</table>

图 1-2-6　收款凭证

付款凭证是根据现金或银行存款的付款业务填制的记账凭证。付款凭证的贷方科目必须是"库存现金"或"银行存款"。只涉及现金和银行存款之间收入或付出的经济业务，应以付款业务为主，只填制付款凭证，不填制收款凭证，以免重复。付款凭证如图 1-2-7 所示。

<table>
<tr><td colspan="14" align="center">付款凭证</td></tr>
<tr><td colspan="6">贷方科目：　　　　　　　　　年　月　日　　　　　　　　字第　号</td><td colspan="8"></td></tr>
<tr><td rowspan="2">摘要</td><td colspan="2">借方科目</td><td rowspan="2">记账</td><td colspan="9" align="center">金额</td><td rowspan="2">附件　张</td></tr>
<tr><td>总账科目</td><td>明细科目</td><td>千</td><td>百</td><td>十</td><td>万</td><td>千</td><td>百</td><td>十</td><td>元</td><td>角</td><td>分</td></tr>
<tr><td></td><td></td><td></td><td></td><td></td><td></td><td></td><td></td><td></td><td></td><td></td><td></td><td></td><td></td></tr>
<tr><td></td><td></td><td></td><td></td><td></td><td></td><td></td><td></td><td></td><td></td><td></td><td></td><td></td><td></td></tr>
<tr><td></td><td></td><td></td><td></td><td></td><td></td><td></td><td></td><td></td><td></td><td></td><td></td><td></td><td></td></tr>
<tr><td></td><td></td><td></td><td></td><td></td><td></td><td></td><td></td><td></td><td></td><td></td><td></td><td></td><td></td></tr>
<tr><td>合计</td><td></td><td></td><td></td><td></td><td></td><td></td><td></td><td></td><td></td><td></td><td></td><td></td><td></td></tr>
<tr><td colspan="14">会计主管：　　　记账：　　　审核：　　　制单：　　　出纳：</td></tr>
</table>

图 1-2-7　付款凭证

转账凭证是根据不涉及库存现金和银行存款的收付业务填制的记账凭证。转账凭证的借、贷方科目均不会出现库存现金和银行存款。转账凭证如图 1-2-8 所示。

转账凭证

年 月 日 　　　　　　　　　字第 　号

摘要	会计科目		借方金额								记账	贷方金额								
	总账科目	明细科目	百	十	万	千	百	十	元	角	分		百	十	万	千	百	十	元	角	分
合计																				

会计主管：　　　　　记账：　　　　　审核：　　　　　制单：

附件 张

图 1-2-8 转账凭证

通用记账凭证是统一格式、各类经济业务均可使用的记账凭证。为了方便，会计主体可以使用通用记账凭证记录所发生的各种经济业务。通用记账凭证如图 1-2-9 所示。

记账凭证

年 月 日 　　　　　　　　　字第 　号

摘要	会计科目		借方金额								记账	贷方金额								
	总账科目	明细科目	百	十	万	千	百	十	元	角	分		百	十	万	千	百	十	元	角	分
合计																				

会计主管：　　　　　记账：　　　　　审核：　　　　　制单：

附件 张

图 1-2-9 通用记账凭证

（2）按填制方式分类。

记账凭证按填制方式不同分为复式记账凭证和汇总记账凭证。

复式记账凭证可以把每项经济业务所涉及的会计科目集中反映。上述收款凭证、付款凭证、转账凭证及通用记账凭证都属于复式记账凭证。

汇总记账凭证是根据记账凭证进一步汇总而编制的一种记账凭证，如记账凭证汇总表。编制汇总记账凭证的目的是简化登账手续，便于汇总登记账簿。

2. 记账凭证的基本内容

尽管不同单位经济业务内容和管理要求有所不同，使用的记账凭证格式各不相同，但都应具备以下基本内容：记账凭证的名称、填制日期、编号、经济业务的内容摘要、会计科目、借贷方向及金额、过账标志、所附原始凭证张数、有关人员的签名或盖章。

3. 记账凭证的填制要求

记账凭证作为登账的依据，其正确与否直接关系到账簿记录的准确性，因此，填制记账凭证有以下几个方面的要求。

（1）正确选择凭证格式。

要根据本单位经济管理和会计核算的规章制度，选择相适应的专用记账凭证或通用记账凭证，并保持相对稳定。根据经济业务的内容，区别不同类型的原始凭证，正确选择相应格式的记账凭证。

（2）正确记录业务内容。

填制记账凭证以审核无误的原始凭证为依据。应充分分析原始凭证记录的经济业务内容与性质，然后进行会计分录的编写并填入记账凭证。

（3）正确完整填写凭证项目。

① 日期要准确。

记账凭证日期一般为填制记账凭证当天的日期。但月末结转业务对应的凭证，按当月最后一天的日期填写。

② 编号要连续。

记账凭证一般按月顺序编号，如果一笔经济业务需要填制多张记账凭证，可采用"分数编号法"。例如，一笔经济业务需要填写 3 张记账凭证，凭证号为 2 时，这 3 张记账凭证的凭证号分别为：2（1/3）、2（2/3）、2（3/3）。

③ 摘要应恰当。

记账凭证摘要是对经济业务的简要说明。摘要既要简明，又要确切地表达出经济业务的主要内容，应能使阅读的人通过摘要就能了解该项经济业务的性质、特征，能判断出会计分录的正确与否。

④ 会计分录要正确。

会计科目使用正确。应严格按照会计准则规定的科目名称填写，不得用科目代码替代会计科目，不得使用简称。

借贷方向填写正确。一般先填应记入借方的科目，再填应记入贷方的科目。

金额数字填写正确。角分位不留空白，金额栏内多余的行应画斜线注销。合计金额前应填写人民币符号"¥"。一笔业务的借方合计金额与贷方合计金额一定相等。

反映内容正确。一张凭证上只能反映一项经济业务。

签名盖章应准确。记账凭证填制完成后，为明确会计人员的责任，有关责任人要在记账凭证上相应的位置签名或盖章，不得遗漏。

⑤ 附件处理要正确。

附件张数正确。除结账和更正错误外，记账凭证必须附有原始凭证并注明所附原始凭证的张数。所附原始凭证的张数，一般以所附原始凭证的自然张数为准。

标注、粘贴正确。若根据同一张原始凭证编制两张以上的记账凭证，则应在未附原始凭证的记账凭证上注明"单据×张，附在第×号记账凭证后"，以便复核与查阅。如果记账凭证中附有原始凭证汇总表，则应该把所附的原始凭证汇总表的张数一起计入附件张数之内。如原始凭证过于零散，例如火车票、出租车票等，可以粘贴在一张纸上，作为一张原始凭证。

4. 记账凭证的审核

为确保记账凭证真实、正确反映交易或事项的内容，保证据以登记的会计账簿无误，记账凭证填制完毕后登记账簿前应由专人对记账凭证进行审核。只有审核无误的记账凭证，才能作为登记账簿的依据。记账凭证的审核一般包括以下几个方面。

（1）审核记账凭证的正确性。

审核记账凭证上会计科目的运用及账户对应关系是否正确，借贷方向有无错误，借贷金额是否相等，摘要是否描述准确。

（2）审核记账凭证的完整性。

审核记账凭证的基本内容是否填写齐全，填写是否规范，有关责任人是否已经签名或盖章。

（3）审核记账凭证的一致性。

审核记账凭证与所附原始凭证经济业务描述是否一致，记账凭证是否附有原始凭证，所附原始凭证的张数是否准确。对记录不全或记录有错误的记账凭证，应及时通知有关制单人员补充或重新填制。

三、会计账簿

（一）会计账簿的概念

会计账簿是按会计账户开设，由具有专门格式的账页组成，用以分类、序时、全面、系统地记录经济业务的簿籍。这种簿籍是由若干具有专门格式，又相互联结的账页组成的。账页一旦标明会计科目，这个账页就成为用来记录该科目所核算内容的账户。账页是账户的载体，账簿是若干账页的集合。有关账户的登记是根据会计凭证来填写的，就是将会计凭证所反映的经济业务内容记入设立在账簿中的账户，即通常所说的登记账簿，简称记账。设置和登记会计账簿是会计核算的一种专门方法。

（二）会计账簿的作用

在整个会计核算体系中，会计账簿处于中间环节，对于会计凭证和会计报表具有承上启下的作用。会计凭证所记载的经济业务，要通过会计账簿加以归类整理，而会计报表所提供的各项指标，要根据会计账簿记录才能填列，会计账簿记录是编制会计报表的直接依据。因此，科学地设置和正确地登记会计账簿，对于完成会计工作目标有重要作用。会计账簿的作用具体表现在以下几个方面。

1. 及时提供系统、完整的会计核算资料

通过设置和登记账簿，可以把记录在会计凭证上的大量的、分散的会计核算资料，按不同账户进行分类、汇总和整理，使之系统化，从而完整地提供各项资产、负债和所有者权益的增减变动及结余情况，正确地计算和反映成本费用、经营成果的形成及分配情况，以满足经营管理的需要。

2. 全面反映财产物资的增减变化

通过设置和登记账簿，能够连续、系统地反映各项财产物资的增减变化及结存情况；通过账实核对，可以检查账实是否相符，从而有利于保证各项财产物资的安全完整，促进资金的合理使用。

3. 为考核经营成果和进行经济活动分析提供依据

通过设置和登记账簿，能够详细提供经营成果的资料以及进行经济活动分析的其他有关资料，据此可以找出差距和潜力，提供改进措施，不断提高经济效益。

4. 为编制会计报表提供依据

账簿可以为编制会计报表提供数据资料。企业定期编制会计报表的主要依据来自账簿记录。会计报表项目是否真实、会计报表编制能否及时，都与账簿设置和登记的质量有密切关系。

（三）会计账簿的种类

会计核算中应用的账簿很多，不同账簿的用途、形式、内容和登记方法都不相同。为更好地了解和使用各种账簿，对其进行分类是很必要的。

1. 按用途分类

会计账簿按照用途可以分为序时账簿、分类账簿与备查账簿。

（1）序时账簿。序时账簿也称为日记账，是按照经济业务发生的时间先后顺序，逐日逐笔登记经济业务的簿籍。序时账簿有两种：一种是用来登记全部经济业务的；另一种是用来登记某一类经济业务的。实际工作中，由于经济业务的复杂性，用一本账簿登记企业的全部经济业务比较困难，也不便于分工记账，因而已很少应用。目前，使用比较广泛的是记录某一类经济业务的账簿，如现金日记账和银行存款日记账等。

（2）分类账簿。分类账簿也称为分类账，是对各项经济业务按照账户分类登记的账簿。按其反映内容的详细程度的不同，又可以分为总分类账（简称总账）和明细分类账（简称明细账）。总分类账簿是根据一级会计科目开设账户，用来分类登记全部经济业务，提供各种资产、负债、所有者权益、收入、费用、利润等总括核算资料的分类账簿。明细分类账簿通常是根据一级科目所属的二级科目或明细科目开设账户，用来分类登记某一类经济业务，提供明细核算资料的分类账簿。

（3）备查账簿。备查账簿也称备查簿或辅助账簿，是对某些在日记账和分类账等主要账簿中未能记载的会计事项进行补充登记的账簿，如受托加工材料登记簿、代销商品登记簿、租入固定资产备查账、经济合同执行情况登记簿等。备查账簿的内容千差万别，其账页也没有固定格式，可根据实际情况灵活确定。设置和登记备查账簿，可以对某些经济业务的内容提供必要的参考资料。备查账簿的设置应视实际需要而定，并非一定要设置。

> **知识拓展**
>
> 　　在新会计准则体系下，备查账簿已成为企业会计账簿体系的一个必要组成部分，也成为衡量企业会计基本工作水平的一项重要内容。备查账簿具体可分为因内部控制需要而设置的备查簿、因实物管理需要而设置的备查簿以及因会计核算需要而设置的备查簿三大类。当然，这种划分也不是绝对的，某些备查簿具有双重作用，比如应收票据备查簿、公允价值计量备查簿同时具有会计核算和内部控制的作用。

2. 按外表形式分类

纸质账簿按其外表形式分类，可以分为订本式账簿、活页式账簿和卡片式账簿。

（1）订本式账簿。订本式账簿简称订本账，是在使用前就把编有序号的若干账页固定装订成册的账簿。采用这种账簿，可以避免账页散失，防止账页被人为地抽换。但采用订本式账簿也有其明显缺陷，一本账簿在同一时间内只能由一人登记，不能分工记账。同时，订本式账簿账页固定，不能根据需要增减，因而必须预先估计每一个账户需要的页数，以保留空白账页。如保留的空白账页不够，就要影响账户登记的连续性；如保留的空白账页太多，又会造成不必要的浪费。在实际工作中，总账、现金和银行存款日记账一般都采用订本式账簿。

（2）活页式账簿。活页式账簿简称活页账，是把零散的账页装在账夹内，可以随时增页或减页。其优点是便于分工记账，可以根据记账的需要随时增减账页，因而比较方便灵活。其缺点是账页容易散失和被抽换。活页式账簿一般适用于明细分类账。

（3）卡片式账簿。卡片式账簿又称卡片账，是由许多分散的、具有账户格式的卡片，存放在卡片箱中所组成的账簿。使用时按类别排列、按顺序编号，并加盖有关人员的印章。卡片式账簿应由专人保管，以保证其安全。卡片式账簿实际上是一种活页账，为了防止因经常抽取造成破损而采用硬卡片形式，可以跨年度使用。卡片式账簿一般由实物保管部门和实物使用部门使用，如固定资产明细账常采用卡片式账簿。

3. 按账页格式分类

账簿按其账页格式不同，可以分为三栏式账簿、多栏式账簿和数量金额式账簿。

（1）三栏式账簿。三栏式账簿设借方、贷方和余额三个基本栏目。三栏式账簿的账页格式是最基本的账页格式，其他账页格式都是据此增减栏目而来的。适用于各种日记账、总分类账以及资本、债权、债务明细账等。

（2）多栏式账簿。多栏式账簿的基本结构也采用借方、贷方、余额三栏，但是根据所要反映经济业务的特点和对会计资料的分析要求，在借方或贷方栏目下面再分别设置若干专栏，以详细具体地记载某一小类经济业务的活动情况。适用于生产成本、制造费用、管理费用等账户的明细分类核算。

（3）数量金额式账簿。数量金额式账簿设借方、贷方和余额三个栏目，在每个栏目下增设数量、单价、金额三小栏，以反映财产物资的实物数量和价值量。适用于原材料、库存商品等存货的明细分类核算。

会计账簿种类如图 1-2-10 所示。

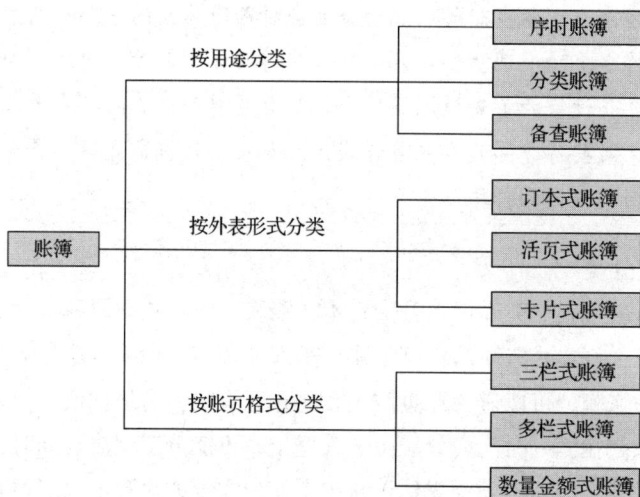

图 1-2-10　会计账簿种类

（四）账簿的基本内容

各种会计账簿所记录的经济业务不同，格式多种多样，但一般由下列内容构成。

1. 封面

封面有首面、底面。首面上标明账簿名称。

2. 扉页

翻开账簿封面的首面，第一页便是扉页。扉页有二面：一面是"账簿启用及经管账簿人员一览表"；另一面是"账户目录表"。账簿启用及经管账簿人员一览表主要分为二部分：一部分填写账簿启用的内容，如单位名称、账簿编号、起讫页数、账簿启用日期等；另一部分填写经管账簿人员的具体情况，如账簿的经管人员及盖章、会计负责人及盖章、移交日期、接管日期等。账户目录表填写账户的名称及所在页数。

3. 账页

账簿的扉页之后，便是账页。账页的格式因其反映的经济业务内容不同而各异，但应包括以下基本内容。

（1）账户的名称，即一级科目、二级科目或明细科目的名称；

（2）登账日期栏，即记账的年月日栏；

（3）凭证种类和编号栏；

（4）摘要栏，简明扼要地叙述经济业务情况；

（5）金额栏，记录经济业务增、减变动及其余额；

（6）总页次及分户页次等。

（五）账簿的启用规则

新的会计年度开始，每个会计主体都应该启用新的会计账簿。在启用新账簿时，应在账簿的有关位置记录以下相关信息。

1. 设置账簿的封面和封底

除订本账不另设封面以外，所有活页账都应设置封面和封底，并登记单位名称、账簿名称和所属会计年度。

2. 填写账簿启用及经管人员一览表

在启用新会计账簿时，应首先填写在扉页上印制的"账簿启用及经管人员一览表"（见图 1-2-11）中的启用说明，其中包括单位名称、账簿名称、账簿编号、启用日期、单位负责人、主管会计、审核人员和记账人员等项目，并加盖单位公章。在会计人员发生变更时，应办理交接手续并填写"账簿启用及经管人员一览表"中的交接说明。

账簿启用及经管人员一览表

单位名称									印章	
账簿名称			（第　册）							
账簿编号										
账簿页数	本账簿共计　　页　　本账簿页数　　检点人盖章									
启用日期	公元　　年　　月　　日									
经管人员	负责人		主管会计		复核			记账			
	姓名	签章	姓名	签章	姓名		签章	姓名		签章	
接交记录	经管人员			接管				交出			
	职别		姓名	年	月	日	签章	年	月	日	签章
备注										

图 1-2-11　账簿启用及经管人员一览表

3. 填写账户目录

启用订本式账簿，从第一页到最后一页应按顺序编写页数，不得跳页、缺号。启用活页式明细分类账时，应按照所属会计科目填写科目名称和页码，在年度结账后，撤去空白账页，填写使用页码另加账户目录（见图1-2-12），说明每个账户的名称和页次。

账户目录

页数	科目	页数	科目	页数	科目	页数	科目

图 1-2-12　账户目录

4. 粘贴印花税票

印花税票应粘贴在账簿的右上角，并且划线注销。在使用缴款书缴纳印花税时，应在右上角注明"印花税已缴"及缴款金额。

（六）账簿的登记规则

登记账簿是会计核算工作的重要组成部分，各种账簿必须由专人登记。账簿的登记应做到内容完整，数字真实，摘要清楚，字迹整洁。为了防止漏记、重记和错记，保证账簿记录的正确性和及时性，会计人员在记账时必须严格遵守下列各项规则。

1. 账簿记录准确完整

登记账簿时，必须根据审核无误的会计凭证，按账页项目要求和账页行次顺序连续登记。账页中日期、凭证号、摘要等各栏内容要填写齐全，摘要文字应简明扼要，数字要准确整齐，登记及时，字迹工整，不得隔页、跳行。如发生跳行、隔页，应将空行、空页划对角红线注销，或注明"此行空白"或"此页空白"字样。

2. 文字和数字整洁清晰，准确无误

账簿中书写的文字和数字上面要留有适当空格，不要写满格，紧靠本行底线，一般为行宽的二分之一，便于发生错账时进行更正。账簿要保持整洁清晰，记账的文字和数字书写要端正，文字和数字书写既要准确无误，又要符合规范。

3. 书写颜色一定要正确

登记账簿要用蓝、黑墨水书写，不得使用圆珠笔或铅笔书写。红墨水的使用仅限于以下几种情况：①冲销错账记录；②在不设借贷等栏的多栏式账页下登记减少数；③三栏式账页的余额前未注明余额方向的，在余额栏内登记负数余额；④会计制度中规定须用红字登记的其他情况。

> **特别提示**
> 在会计的记账书写中，数字的颜色很重要，书写墨水的颜色用错，有时导致的概念混乱不亚于数字和文字错误。

4. 注明记账符号

登账后，要在记账凭证上签名或盖章，并注明所记账簿的页数，或划"√"，表示已经登记入

账，以避免重记或漏记。

5. 序时连续登记

各种账簿应按页次序时连续登记，不得跳行、隔页。如发生跳行、隔页，应在空行、空页处用红色墨水对角划线，或者注明"此行空白""此页空白"字样，并由记账人员签名或盖章。

6. 结余额、过次页和承前页

当每一账页登记到最后时，应留出末行，结出本账页的发生额合计和余额，在摘要栏内注明"过次页"字样，并将发生额合计和余额记入新账页的第一行有关栏内，在摘要栏注明"承前页"字样。月终结账时，应在账页上结出本月发生额和月末余额，结出余额后，应在"借或贷"栏内写明"借"或"贷"字样，没有余额的账户，应在"借或贷"栏内写"平"字，并在余额栏内用"0"表示。库存现金日记账和银行存款日记账必须逐日逐笔结出余额。新年伊始，应将上年度日记账、总账、明细账（不包括按规定可以继续使用的明细账）各个账户的年度余额转记到本年度新账簿各有关账户的第一行内，并在摘要栏内注明"上年结转"字样。

7. 账簿记录发生错误应按规定更正

账簿记录发生错误，不准涂改、挖补、刮擦或者用药水消除字迹，不准重新抄写，应采用正确方法更正。

四、账务处理程序

（一）账务处理程序的概念

会计账簿、会计凭证和会计报表是组织会计核算的工具，三者不是彼此孤立的、互不联系的，而是按照一定的形式相互结合，构成一个完整的工作体系。

账务处理程序又称会计核算组织程序或会计核算形式，是指在会计核算中，以账簿体系为核心，把会计凭证、会计账簿、记账程序和记账方法有机地结合起来的技术组织方式。

（二）账务处理程序概述

由于各单位的规模大小、经济业务和管理要求的不同，在选用账务处理程序时自然不能强求一致。目前，我国采用的账务处理程序主要有：记账凭证账务处理程序、科目汇总表账务处理程序、汇总记账凭证账务处理程序。

1. 记账凭证账务处理程序

（1）记账凭证账务处理程序的概念。

记账凭证账务处理程序是指对发生的经济业务事项，根据原始凭证或汇总原始凭证填制记账凭证，然后再根据记账凭证逐笔登记总分类账的一种账务处理程序。

（2）记账凭证账务处理程序的核算步骤、优缺点及其适用范围。

① 记账凭证账务处理程序的核算步骤。

记账凭证账务处理程序的核算分为以下几个步骤，如图 1-2-13 所示。

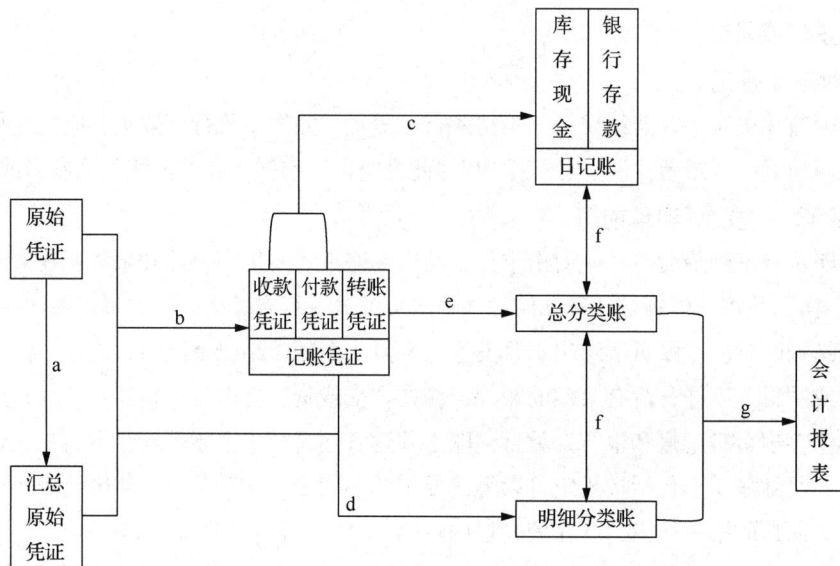

图 1-2-13　记账凭证账务处理程序的核算步骤

a. 根据原始凭证编制汇总原始凭证。

b. 根据原始凭证或汇总原始凭证填制收款凭证、付款凭证、转账凭证，也可填制通用记账凭证。

c. 根据收款凭证、付款凭证逐笔登记库存现金日记账、银行存款日记账。

d. 根据原始凭证、汇总原始凭证和记账凭证，登记各明细分类账。

e. 根据记账凭证逐笔登记总分类账。

f. 期末，将库存现金日记账、银行存款日记账和各明细分类账的余额与总分类账的有关账户余额进行核对。

g. 期末，根据总分类账和明细分类账编制会计报表。

② 记账凭证账务处理程序的优缺点及适用范围。

记账凭证账务处理程序的优点为：一是总分类账能比较详细地反映经济业务的发生和完成情况，便于查账；二是记账程序比较简单，且易于理解、便于操作。

记账凭证账务处理程序的缺点为：直接根据记账凭证登记总分类账，对凭证多的企业来说，登记总分类账的工作量较大，登记工作效率和工作质量难以保证。

因此，记账凭证账务处理程序主要适用于规模小、经济业务较少、记账凭证数量不多的会计主体。

2. 科目汇总表账务处理程序

（1）科目汇总表账务处理程序的概念。

科目汇总表账务处理程序又称为记账凭证汇总表账务处理程序，是指对发生的经济业务事项，先根据原始凭证或汇总原始凭证编制记账凭证，然后根据记账凭证定期分类编制科目汇总表，最后根据科目汇总表登记总分类账的一种账务处理程序。

（2）科目汇总表的编制。

科目汇总表指根据一定时期内的全部记账凭证，按各个账户的借、贷方进行归类，并计算出每一总分类账户的本期借方发生额、本期贷方发生额，并填写在科目汇总表的相关栏内。对于库存现金、银行存款账户的借方发生额和贷方发生额，也可直接根据库存现金日记账、银行存款日记账的收支合计数填列，而不再根据收、付款凭证归类汇总填列。科目汇总表的编制时间应根据单位业务量而定。业务量较多的，可以每日、每旬汇总；业务量较少的，可以半个月或一个月汇总一次。科目汇总表如图 1-2-14 所示。

科目汇总表			
年　月　日至　日			第　号
会计科目	本期发生额		总账页数
	借方	贷方	
合计			
附：记账凭证　张			自第　号起至第　号止

图 1-2-14　科目汇总表

（3）科目汇总表账务处理程序的核算步骤、优缺点及适用范围。

① 科目汇总表账务处理程序的核算步骤。

科目汇总表账务处理程序的核算步骤如图 1-2-15 所示。

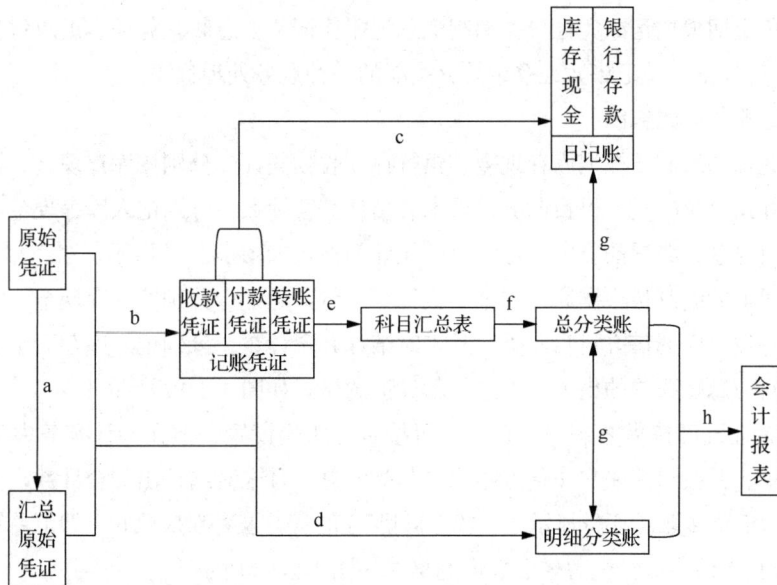

图 1-2-15　科目汇总表账务处理程序的核算步骤

a. 根据原始凭证编制汇总原始凭证。

b. 根据原始凭证或汇总原始凭证填制收款凭证、付款凭证、转账凭证，也可填制通用记账凭证。

c. 根据收款凭证、付款凭证逐笔登记库存现金日记账、银行存款日记账。

d. 根据原始凭证、汇总原始凭证和记账凭证，登记各明细分类账。

e. 根据记账凭证编制科目汇总表。

f. 根据科目汇总表登记总分类账。

g. 期末，将库存现金日记账、银行存款日记账和明细分类账的余额同有关总分类账的余额进行核对。

h. 期末，根据总分类账和明细分类账编制会计报表。

② 科目汇总表账务处理程序的优缺点及适用范围。

科目汇总表账务处理程序的优点为：一是由于这种账务处理程序是根据科目汇总表在期（月）末一次性登记总分类账，所以大大简化了总分类账的登记工作；二是由于科目汇总表本身具有试算平衡的作用，所以根据科目汇总表登记总分类账，可以大大减少登账错误，保证总分类账质量。

科目汇总表账务处理程序的缺点为：科目汇总表和总分类账都不能反映账户之间的对应关系，这样不便于通过总分类账了解经济业务的来龙去脉，也不便于查对账目。

因此，科目汇总表账务处理程序一般只适用于规模较大、经济业务量较多、记账凭证数量较多的企业。

3. 汇总记账凭证账务处理程序

（1）汇总记账凭证账务处理程序的概念。

汇总记账凭证账务处理程序是指对发生的经济业务事项，先根据原始凭证或汇总原始凭证编制记账凭证，再定期根据记账凭证分类编制汇总记账凭证（汇总收款凭证、汇总付款凭证和汇总转账凭证），然后根据汇总记账凭证登记总分类账的一种账务处理程序。

（2）汇总记账凭证的编制。

汇总收款凭证的编制指根据库存现金、银行存款收款凭证，分别按库存现金、银行存款账户的借方设置，并按对应的贷方科目归类，月末时结计其合计数，分别记入库存现金、银行存款总账的借方及各对应总账账户的贷方。汇总收款凭证的格式如图1-2-16所示。

汇总付款凭证的编制指根据库存现金、银行存款付款凭证，分别按库存现金、银行存款账户的贷方设置，并按对应的借方科目归类，月末时结计其合计数，分别记入库存现金、银行存款总账的贷方及各对应总账账户的借方。汇总付款凭证的格式如图1-2-17所示。

汇总转账凭证既可按借方账户设置，也可按贷方账户设置，但在会计实务中一般按每一贷方账户分别设置，并按对应账户（借方账户）归类汇总，月末时结计出其合计数，分别记入相关总分类账户（即汇总转账凭证所显示的"贷方科目"）的贷方及各对应账户（即汇总转账凭证所显示的"借方科目"）的借方。汇总转账凭证的格式如图1-2-18所示。

汇总收款凭证

借方科目：　　　　　　　　　　　　　年　月　　　　　　　　　　　第　号

贷方科目	金额				总账页数	
	日至日收款凭证号至号	日至日收款凭证号至号	日至日收款凭证号至号	合计	借方	贷方
本月合计						

图 1-2-16　汇总收款凭证

汇总付款凭证

贷方科目：　　　　　　　　　　　　　年　月　　　　　　　　　　　第　号

借方科目	金额				总账页数	
	日至日付款凭证号至号	日至日付款凭证号至号	日至日付款凭证号至号	合计	借方	贷方
本月合计						

图 1-2-17　汇总付款凭证

汇总转款凭证

贷方科目：　　　　　　　　　　　　　年　月　　　　　　　　　　　第　号

借方科目	金额				总账页数	
	日至日转账凭证号至号	日至日转账凭证号至号	日至日转账凭证号至号	合计	借方	贷方
本月合计						

图 1-2-18　汇总转账凭证

（3）汇总记账凭证账务处理程序的核算步骤、优缺点及适用范围。

① 汇总记账凭证账务处理程序的核算步骤。

汇总记账凭证账务处理程序的核算步骤如图 1-2-19 所示。

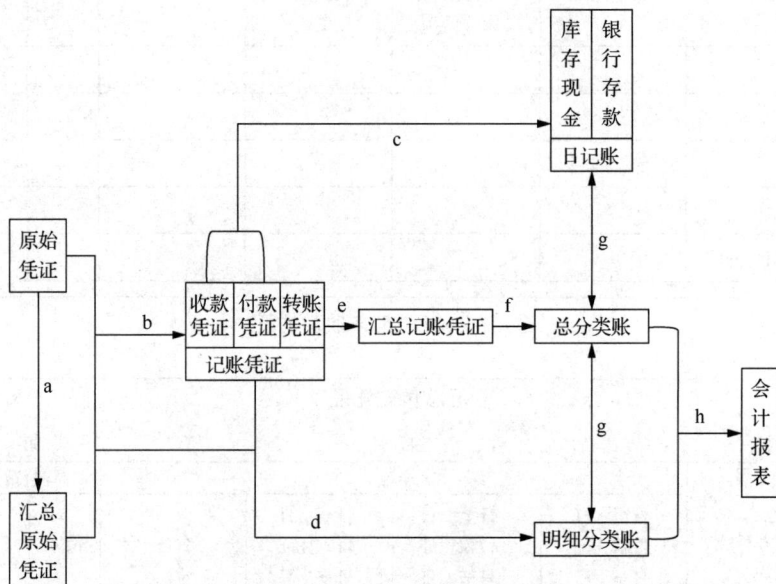

图 1-2-19　汇总记账凭证账务处理程序的核算步骤

具体核算分以下几个步骤。

a. 根据原始凭证编制汇总原始凭证。

b. 根据原始凭证或汇总原始凭证填制收款凭证、付款凭证、转账凭证，也可填制通用记账凭证。

c. 根据收款凭证、付款凭证逐笔登记库存现金日记账、银行存款日记账。

d. 根据原始凭证、汇总原始凭证和记账凭证，登记各明细分类账。

e. 根据记账凭证编制有关汇总记账凭证，包括汇总收款凭证、汇总付款凭证和汇总转账凭证。

f. 根据汇总记账凭证登记总分类账。

g. 期末，将库存现金日记账、银行存款日记账和明细分类账的余额同有关总分类账的余额进行核对。

h. 期末，根据总分类账和各明细分类账的记录编制会计报表。

② 汇总记账凭证账务处理程序的优缺点及适用范围。

汇总记账凭证账务处理程序的优点为：一是总分类账通常在月末一次性根据汇总记账凭证登记，大大简化了总分类账的登记工作；二是汇总记账凭证是根据记账凭证，按照会计科目的对应关系汇总编制的，保证了在总分类账中仍然能够反映账户之间的对应关系，便于对账。

汇总记账凭证账务处理程序的缺点为：一是定期填列汇总记账凭证的工作量较大；二是总分类账中的记录比较简略，难以具体反映企业的经营活动。

因此，汇总记账凭证账务处理程序一般适用于经营规模较大、经济业务较多、记账凭证数量较大的企业。

任务三　税务基础知识

📖**素养课堂**

党的二十大报告指出，要健全现代预算制度，优化税制结构，完善财政转移支付体系。税收是国家财政收入的主要来源，与每个企业、每个公民的利益密切相关。依法纳税是企业信用的最好体现，也是企业最好的市场名片。广大纳税人要以诚信纳税人为榜样，把守法经营、依法纳税作为企业生产经营活动的"生命线"，牢固树立依法诚信纳税理念，认真履行纳税义务，争做诚信纳税模范，以良好的纳税信用赢得社会的尊重。依法纳税是公民的基本义务，这是因为公民的权利和义务是统一的。国家税收取之于民、用之于民。国家的兴旺发达、繁荣富强与每个公民息息相关。

为了贯彻执行国家税收法律制度，加强税收工作，协调征税关系，税收征收管理机关对纳税人和扣缴义务人实施了一系列管理行为，主要包括税务登记、账簿和凭证管理、发票管理、纳税申报和涉税专业服务等。企业应当按照法律法规的相关规定规范涉税行为，依法足额纳税。

一、税务登记

税务登记是税务机关对纳税人的基本情况及生产经营项目进行登记管理的一项基本制度，是税收征收管理的起点。税务登记的作用在于掌握纳税人的基本情况和税源分布情况。从税务登记开始，纳税人的身份及征纳双方的法律关系即得到确认。

（一）税务登记申请人

企业，企业在外地设立的分支机构和从事生产、经营的场所，个体工商户和从事生产、经营的事业单位（统称从事生产、经营的纳税人），都应当办理税务登记。

前述规定以外的纳税人，除国家机关、个人和无固定生产、经营场所的流动性农村小商贩外（统称非从事生产、经营但依照规定负有纳税义务的单位和个人），也应当办理税务登记。

根据税收法律、行政法规的规定，负有扣缴税款义务的扣缴义务人（国家机关除外），应当办理扣缴税款登记。

（二）税务登记主管机关

县以上（含本级，下同）税务局（分局）是税务登记的主管税务机关，负责税务登记的设立登记、变更登记、注销登记，以及非正常户处理、报验登记等有关事项。

县以上税务局（分局）按照国务院规定的税收征收管理范围，实施属地管理。有条件的城市，可以按照"各区分散受理、全市集中处理"的原则办理税务登记。

（三）"多证合一"登记制度改革

为提升政府行政服务效率，降低市场主体创设的制度性交易成本，激发市场活力和社会创新力，自 2015 年 10 月 1 日起，登记制度改革在全国推行。随着国务院简政放权、放管结合、优化服务的"放管服"改革不断深化，登记制度改革从"三证合一"（工商营业执照、组织机构代码证、税务登记证合并在营业执照中）推进为"五证合一"（工商营业执照、组织机构代码证、税务登记证、社会保险登记证和统计登记证合并在营业执照中），又进一步推进为"多证合一、一照一码"，将涉及企业、个体工商户和农民专业合作社（以下统称企业）登记、备案等有关事项和各类证照进一步整合到营业执照上，实现了"多证合一、一照一码"。"一照一码"指的是营业执照和统一社会信用代码，营业执照成为企业唯一"身份证"，统一社会信用代码成为企业唯一身份代码。

二、账簿和凭证管理

账簿和凭证是纳税人进行生产经营活动和核算财务收支的重要资料，也是税务机关对纳税人进行征税、管理、核查的重要依据。纳税人所使用的凭证、登记的账簿、编制的报表及其所反映的内容是否真实可靠，直接关系到计征税款依据的真实性，从而影响应纳税款及时足额入库。从事生产、经营的纳税人、扣缴义务人必须按照国务院财政、税务主管部门规定的保管期限保管账簿、记账凭证、完税凭证及其他有关资料，账簿、记账凭证、报表、完税凭证、发票、出口凭证以及其他涉税资料应当保存 10 年；但是法律、行政法规另有规定的除外。账簿、记账凭证、完税凭证及其他有关资料不得伪造、变造或者擅自损毁。

三、发票管理

发票是指在购销商品、提供或者接受服务以及从事其他经营活动中，开具、收取的收付款凭证。它是确定经济收支行为发生的法定凭证，是会计核算的原始依据。

（一）发票的类型和适用范围

1. 发票的类型

发票的类型主要是指增值税专用发票和增值税普通发票、在特定范围继续使用的其他发票。

（1）增值税专用发票，包括增值税专用发票和机动车销售统一发票。

（2）增值税普通发票，包括增值税普通发票（折叠票）、增值税电子普通发票和增值税普通发票（卷票）。增值税普通发票如图 1-3-1 所示。

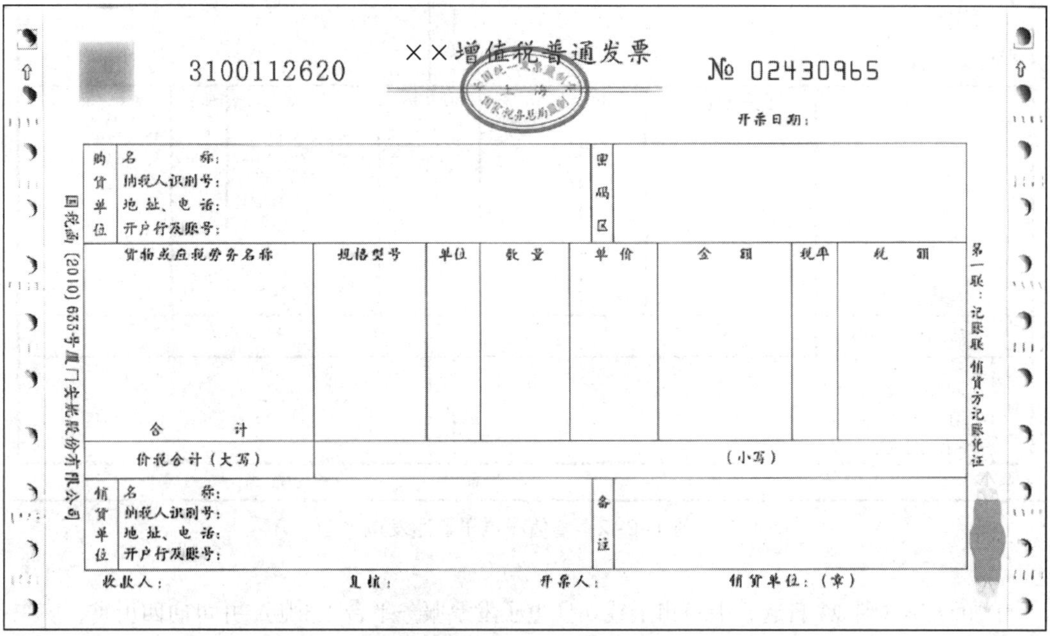

图 1-3-1　增值税普通发票

（3）其他发票，包括农产品收购发票、农产品销售发票、门票、过路（过桥）费发票、定额发票、客运发票和二手车销售统一发票等。

在纸质发票继续使用的同时，我国电子发票的推广也在逐步深入。按照国家税务总局发票电子化改革（金税四期）建设工作的部署：2021 年 12 月 1 日起，在广东（不含深圳，下同）、内蒙古、上海 3 地试点地区部分纳税人中开展全电发票试点，试点使用的依托电子税务局搭建的平台称为电子发票服务平台 1.0 版，实现了 56 项功能，成功开出第一张"全电"发票。增值税电子普通发票如图 1-3-2 所示。

自 2022 年 4 月 1 日起，在广东地区的部分纳税人中进一步开展全电发票试点，电子发票服务平台 1.5 版成功在广东省上线切换，实现了 142 项功能，试点纳税人通过电子发票服务平台开具发票的受票方范围为广东省税务局管辖范围内的纳税人。

自 2022 年 4 月 25 日起，在内蒙古自治区的部分纳税人中进一步开展全电发票试点，电子发票服务平台 1.5 版成功在内蒙古上线切换，试点纳税人通过电子发票服务平台开具发票的受票方范围为内蒙古自治区税务局管辖范围内的纳税人。

自 2022 年 5 月 10 日起，四川省纳税人仅作为受票方，通过增值税发票综合服务平台接收由内蒙古自治区和广东省的部分纳税人通过电子发票服务平台开具的发票。

××增值税电子普通发票

发票代码：
发票号码：
开票日期：
校验码：

机器编号：

购买方	名称： 纳税人识别号： 地址、电话： 开户行及账号：				密码区			
项目名称	车牌号	类型	通行日期起	通行日期止	金额	税率	税额	
合计								
价税合计（大写）					（小写）			
销售方	名称： 纳税人识别号： 地址、电话： 开户行及账号：				备注			

收款人：　　复核：　　开票人：　　销售方：（章）

图 1-3-2　增值税电子普通发票

自 2022 年 5 月 23 日起，上海市上线切换电子发票服务平台 1.5 版，并可向四川省、广东省和内蒙古自治区纳税人通过电子发票服务平台开具发票。

自 2022 年 6 月 1 日起，国家税务总局决定，内蒙古自治区、上海市和广东省试点纳税人通过电子发票服务平台开具发票的受票方范围逐步扩至全国。

2. 发票的适用范围

《中华人民共和国发票管理办法》及其实施细则规定：发票，是指在购销商品、提供或者接受服务及从事其他经营活动中，开具、收取的收付款凭证。国务院税务主管部门统一负责全国的发票管理工作。省、自治区、直辖市税务机关依据职责做好本行政区域内的发票管理工作。发票的种类、联次、内容及使用范围由国家税务总局规定。在全国范围内统一式样的发票，由国家税务总局确定。在省、自治区、直辖市范围内统一式样的发票，由省、自治区、直辖市税务机关确定。

（1）增值税一般纳税人销售货物、提供加工修理修配劳务和发生应税行为，使用增值税发票管理新系统（以下简称新系统）开具增值税专用发票、增值税普通发票、机动车销售统一发票、增值税电子普通发票。自 2018 年 4 月 1 日起，二手车交易市场、二手车经销企业、经纪机构和拍卖企业应当通过新系统开具二手车销售统一发票。通过新系统开具的二手车销售统一发票与现行二手车销售统一发票保持一致。

（2）国家税务总局发布的《国家税务总局关于实施第二批便民办税缴费新举措的通知》（税总函〔2019〕243 号）规定：全面推行小规模纳税人自行开具增值税专用发票。税务总局进一步扩大小规模纳税人自行开具增值税专用发票范围，小规模纳税人（其他个人除外）发生增值税应税行为、需要开具增值税专用发票的，可以自愿使用增值税发票管理系统自行开具。

（3）2017年1月1日起启用增值税普通发票（卷票），其有两种规格。增值税普通发票（卷票）由纳税人自愿选择使用，重点在生活性服务业纳税人中推广。

纳税人可依法书面向税务机关要求使用印有本单位名称的增值税普通发票（卷票），税务机关按规定确认印有该单位名称的发票的种类和数量。纳税人通过新系统开具印有本单位名称的增值税普通发票（卷票）。

（4）门票、过路（过桥）费发票、定额发票、客运发票和二手车销售统一发票继续使用。

（5）餐饮行业增值税一般纳税人购进农业生产者自产农产品，可以使用税务机关监制的农产品收购发票，按照现行规定计算抵扣进项税额。

（6）采取汇总纳税的金融机构，省、自治区所辖地市以下分支机构可以使用地市级机构统一领取的增值税专用发票、增值税普通发票；直辖市、计划单列市所辖区县及以下分支机构可以使用直辖市、计划单列市机构统一领取的增值税专用发票、增值税普通发票。

（7）税务机关使用新系统代开增值税专用发票和增值税普通发票。代开增值税专用发票使用六联票，代开增值税普通发票使用五联票。

（二）发票的开具、使用和保管

1. 发票的开具

销售商品、提供服务及从事其他经营活动的单位和个人，对外发生经营业务收取款项，收款方应当向付款方开具发票；特殊情况下，由付款方向收款方开具发票。特殊情况是指收购单位和扣缴义务人支付个人款项；国家税务总局认为其他需要由付款方向收款方开具发票的。

所有单位和从事生产、经营活动的个人在购买商品、接受服务及从事其他经营活动支付款项，应当向收款方取得发票。取得发票时，不得要求变更品名和金额。

开具发票应当按照规定的时限、顺序、栏目，全部联次一次性如实开具，并加盖发票专用章。不符合规定的发票，不得作为财务报销凭证，任何单位和个人有权拒收。

任何单位和个人不得有下列虚开发票行为：①为他人、为自己开具与实际经营业务情况不符的发票；②让他人为自己开具与实际经营业务情况不符的发票；③介绍他人开具与实际经营业务情况不符的发票。

> **知识拓展**
>
> 为了加强增值税管理，从1994年开始，我国启动了金税工程。金税系统是吸收国际先进经验，运用高科技手段结合我国增值税管理实际设计的高科技管理系统。该系统由一个网络、四个子系统构成。一个网络是指国家税务总局与省、市、县税务局构成的四级计算机网络；四个子系统是指增值税防伪税控开票子系统、防伪税控认证子系统、增值税稽核子系统和发票协查子系统。目前相应的金税系统已经发展到了第四期。

2. 发票的使用和保管

任何单位和个人应当按照发票管理规定使用发票，不得有下列行为：①转借、转让、介绍他人转让发票、发票监制章和发票防伪专用品；②知道或者应当知道是私自印制、伪造、变造、非法取得或者废止的发票而受让、开具、存放、携带、邮寄、运输；③拆本使用发票；④扩大发票使用范围；⑤以其他凭证代替发票使用；⑥窃取、截留、篡改、出售、泄露发票数据。

开具发票的单位和个人应当建立发票使用登记制度，设置发票登记簿，并定期向主管税务机关报告发票使用情况。开具发票的单位和个人应当在办理变更或者注销税务登记的同时，办理发票的变更、缴销手续。开具发票的单位和个人应当按照规定存放和保管发票，不得擅自损毁，已经开具的发票存根联，应当保存 5 年。保存期满，报经税务机关查验后销毁。

3. 增值税发票开具和使用的特别规定

国家税务总局编写了《商品和服务税收分类与编码（试行）》，并在新系统中增加了编码相关功能。增值税纳税人应使用新系统选择相应的编码开具增值税发票。

自 2017 年 7 月 1 日起，购买方为企业（包括公司、非公司制企业法人、企业分支机构、个人独资企业、合伙企业和其他企业）的，索取增值税普通发票时，应向销售方提供统一社会信用代码；销售方为其开具增值税普通发票时，应在"购买方纳税人识别号"栏填写购买方的统一社会信用代码。不符合规定的发票，不得作为税收凭证。

销售方开具增值税发票时，发票内容应按照实际销售情况如实填写，不得根据购买方要求填开与实际交易不符的内容。销售方开具发票时，通过销售平台系统与增值税发票税控系统后台对接，导入相关信息开票的，系统导入的开票数据内容应与实际交易相符，如不相符应及时修改完善销售平台系统。

（三）发票的检查

税务机关在发票管理中有权进行下列检查：

（1）检查印制、领用、开具、取得、保管和缴销发票的情况；

（2）调出发票查验；

（3）查阅、复制与发票有关的凭证、资料；

（4）向当事各方询问与发票有关的问题和情况；

（5）在查处发票案件时，对与案件有关的情况和资料，可以记录、录音、录像、照相和复制。

印制、使用发票的单位和个人，必须接受税务机关的依法检查，如实反映情况，提供有关资料，不得拒绝、隐瞒。税务人员进行检查时，应当出示税务检查证。

税务机关需要将已开具的发票调出查验时，应当向被查验的单位和个人开具发票换票证。发票换票证与所调出查验的发票有同等的效力。被要求调出查验发票的单位和个人不得拒绝接受。税务机关需要将空白发票调出查验时，应当开具收据；经查无问题的，应当及时返还。

四、纳税申报

纳税申报，是指纳税人按照税法规定，定期就计算缴纳税款的有关事项向税务机关提交书面报告的法定手续。纳税申报是确定纳税人是否履行纳税义务，界定法律责任的主要依据。

（一）纳税申报的内容

纳税人、扣缴义务人的纳税申报或者代扣代缴、代收代缴税款报告表的主要内容包括：税种、税目，应纳税项目或者应代扣代缴、代收代缴税款项目，计税依据，扣除项目及标准，适用税率或者单位税额，应退税项目及税额、应减免税项目及税额，应纳税额或者应代扣代缴、代收代缴税额，税款所属期限、延期缴纳税款、欠税、滞纳金等。

（二）纳税申报的方式

纳税申报方式是指纳税人和扣缴义务人在纳税申报期限内，依照规定到指定税务机关进行申报纳税的形式。纳税申报的方式主要有以下几种。

1. 自行申报

自行申报也称直接申报，是指纳税人、扣缴义务人在纳税申报期限内，自行直接到主管税务机关指定的办税服务场所办理纳税申报手续，是一种传统的申报方式。

2. 邮寄申报

邮寄申报，是指经税务机关批准的纳税人使用统一规定的纳税申报特快专递专用信封，通过邮政部门办理交寄手续，并向邮政部门索取收据作为申报凭据的方式。邮寄申报以寄出地的邮政部门邮戳日期为实际申报日期。凡实行查账征收方式的纳税人，经主管税务机关批准，可以采用邮寄申报的办法。邮寄申报的邮件内容包括纳税申报表、财务报表及税务机关要求纳税人报送的其他纳税资料。

3. 数据电文申报

数据电文申报，是指经税务机关批准，纳税人、扣缴义务人以税务机关确定的电话语音、电子数据交换和网络传输等电子方式进行纳税申报，这种方式运用了新的电子信息技术，代表着纳税申报方式的发展方向，使用范围逐渐扩大。采用数据电文形式进行纳税申报的具体日期，以税务机关计算机网络系统收到该数据电文的时间为准。采用数据电文方式进行纳税申报或者报送代扣代缴、代收代缴税款报告表的，还应在申报结束后，在规定的时间内，将材料书面报送（邮寄）至税务机关，或者按税务机关的要求保存，必要时按税务机关的要求出具。

4. 其他方式

实行定期定额缴纳税款的纳税人，可以实行简易申报、简并征期等方式申报纳税。

（三）纳税申报的要求

（1）纳税人在纳税期内没有应纳税款的，也应当按照规定办理纳税申报。

（2）纳税人享受减税、免税待遇的，在减税、免税期间应当按照规定办理纳税申报。

（3）纳税人、扣缴义务人按照规定的期限办理纳税申报或者报送代扣代缴、代收代缴税款报告表确有困难，需要延期的，应当在规定的期限内向税务机关提出书面延期申请，经税务机关核准，在核准的期限内办理。

纳税人、扣缴义务人因不可抗力，不能按期办理纳税申报或者报送代扣代缴、代收代缴税款报告表的，可以延期办理；但是，应当在不可抗力情形消除后立即向税务机关报告，税务机关应当查明事实，予以核准。

经核准延期办理纳税申报、报送事项的，应当在纳税期内按照上期实际缴纳的税额或者税务机关核定的税额预缴税款，并在核准的期限内办理税款结算。

五、涉税专业服务

涉税专业服务是指涉税专业服务机构接受委托，利用专业知识和技能，就涉税事项向委托人提供的税务代理等服务。

（一）涉税专业服务机构

涉税专业服务机构是指税务师事务所和从事涉税专业服务的会计师事务所、律师事务所、代理记账机构、税务代理公司、财税类咨询公司等机构。

（二）涉税专业服务机构的业务范围

涉税专业服务机构可以从事下列涉税业务。

（1）纳税申报代理。对纳税人、扣缴义务人提供的资料进行归集和专业判断，代理纳税人、扣缴义务人进行纳税申报准备和签署纳税申报表、扣缴税款报告表以及相关文件。

（2）一般税务咨询。针对纳税人、扣缴义务人的日常办税事项，向其提供税务咨询服务。

（3）专业税务顾问。针对纳税人、扣缴义务人的涉税事项，向其提供长期的专业税务顾问服务。

（4）税收策划。针对纳税人、扣缴义务人的经营和投资活动，向其提供符合税收法律法规及相关规定的纳税计划、纳税方案。

（5）涉税鉴证。按照法律、法规及依据法律法规制定的相关规定，对涉税事项真实性和合法性出具鉴定和证明。

（6）纳税情况审查。接受行政机关、司法机关委托，依法对企业纳税情况进行审查，给出专业结论。

（7）其他税务事项代理。接受纳税人、扣缴义务人的委托，代理建账记账、发票领用、减免退税申请等税务事项。

（8）其他涉税服务。

（三）涉税专业服务机构从事涉税业务的要求

涉税专业服务机构从事涉税业务，应当遵守税收法律法规及相关税收规定，遵循涉税专业服务业务规范。

1. 涉税专业服务的限制

前述涉税专业服务机构的业务范围中的第3项至第6项涉税业务，应当由具有税务师事务所、会计师事务所、律师事务所资质的涉税专业服务机构从事，相关文书应由税务师、注册会计师、律师签字，并承担相应的责任。

税务机关所需的涉税专业服务，应当通过政府采购方式购买。

2. 税务代理委托协议

涉税专业服务关系的确立应当以委托人自愿委托和涉税专业服务机构自愿受理为前提。双方达成一致意见后，签订税务代理委托协议。

税务代理委托协议应当包括以下内容：①委托人及涉税专业服务机构名称和地址；②委托代理项目和范围；③委托代理的方式；④委托代理的期限；⑤双方的义务及责任；⑥委托代理费用、付款方式及付款期限；⑦违约责任及赔偿方式；⑧争议解决方式；⑨其他需要载明的事项。税务代理委托协议自双方签字、盖章时起即具有法律效力。

税务代理委托协议中的当事人一方必须是涉税专业服务机构，税务代理执业人员不得以个人名义直接接受委托。税务代理执业人员承办税务代理业务需由涉税专业服务机构委派。

税务代理执业人员应严格按照税务代理委托协议约定的范围和权限开展工作。代理项目实施中的责任，应根据协议的约定确定，凡是委托方未及时提供真实的、完整的、合法的生产经营情况、财务报表及有关纳税资料造成代理工作失误的，由委托方承担责任；税务代理执业人员违反国家法律法规进行代理或未按协议约定进行代理，给委托人造成损失的，由涉税专业服务机构和税务代理执业人员个人承担相应的赔偿责任。

3. 涉税报告和文书

涉税专业服务机构为委托人出具的各类涉税报告和文书，由双方留存备查，其中，税收法律法规及国家税务总局规定报送的，应当向税务机关报送。

涉税专业服务机构所承办代理业务必须建立档案管理制度，保证税务代理业务档案的真实、完整。税务代理业务档案是如实记载代理业务始末，保存计税资料、涉税文书的案卷。代理业务完成后，应及时将有关代理资料按要求整理归类、装订、立卷，保存归档。税务代理业务档案需妥善保存，由专人负责，税务代理业务档案保存期限应不少于5年。

（四）税务机关对涉税专业服务机构的监管

税务机关对涉税专业服务机构在中华人民共和国境内从事涉税专业服务进行监管。税务机关通过建立行政登记、实名制管理、业务信息采集、检查和调查、信用评价、公告与推送等制度，以及加强对注册税务师协会的监督指导，形成了较为完整的涉税专业服务机构监管体系。

对违反法律法规及相关规定的涉税专业服务机构及其涉税服务人员，税务机关可以视情节采取下列措施：责令限期改正或予以约谈；列为重点监管对象；降低信用等级或纳入信用记录；暂停受理其所代理的涉税业务。

情节较重的，由税务机关将其纳入涉税服务失信名录，予以公告并向社会信用平台推送，其所代理的涉税业务，税务机关不予受理。

情节严重的，税务师事务所由省税务机关宣布《税务师事务所行政登记证书》无效；提请市场监督管理局吊销其营业执照；提请中国注册税务师协会取消其税务师职业资格证书登记、收回其职业资格证书并向社会公告。其他涉税服务机构及其涉税服务人员由税务机关提请其他行业主管部门及行业协会予以相应处理。

项目二
代理业务

【知识目标】

1. 掌握企业购销、费用类、期末结转业务的会计核算要求。
2. 掌握企业日常经济业务的账务处理程序。
3. 掌握企业增值税、消费税、职工个人所得税等税收法律知识。

【能力目标】

1. 能够完成企业购销业务、费用类业务、期末结转业务的账务处理。
2. 能够完成企业日常经济业务的账务处理。
3. 能够熟练使用智能财税平台完成企业的账务处理及报税工作。

【素质目标】

1. 培养严谨仔细、踏实肯干的工作态度。
2. 培养主动发现问题，并解决问题的习惯。

任务一　账套初始化设置

任务情境

在承接了北京神龙贸易有限公司的财税代理服务以后，智能财税共享中心管家林茜开始为北京神龙贸易有限公司进行账套初始化设置，包括新建账套和基础设置，为以后对其提供财税代理服务做准备。

北京神龙贸易有限公司的账套，只启用记账服务、报税服务、开票服务三个功能模块，不启用供应链服务功能模块。在记账服务功能模块，不启用智能工资、外币核算、固定资产、库存管理功能。

北京神龙贸易有限公司的基本信息如下。

公司名称：北京神龙贸易有限公司

账套编号：SL2001

建账会计期：2023 年 12 月

统一社会信用代码（纳税人识别号）：91110101789658383A

纳税人类型：一般纳税人

法人代表：孙东

经营地址：北京市东城区兴业路 78 号

电话：010-65876323

开户行：中国工商银行北京分行

开户行银行账号：6222018790010536178157

传真：010-65378958

邮箱：BJSL@yh.com.cn

记账本位币：人民币

人民币单位：元

行业：商品流通

类型：中型企业

任务准备

一、知识准备

1. 账套初始化设置的内容

账套初始化设置的内容包括新建账套和基础设置。

2. 新建账套的内容

为客户新建账套时，首先需要录入其账套信息，账套信息的内容包括账套名称（即客户的公司名称）、行业属性、纳税人类型、会计准则、建账会计期、统一社会信用代码等。根据客户提供的信息录入。

其次，选择需要启用的服务功能模块，可启用的服务功能模块包括记账服务、报税服务、开票服务、供应链服务等，可由客户根据需求自行选择。

3. 基础设置的内容

基础设置的内容包括账套信息完善、个性化设置、会计科目设置、辅助核算、科目期初录入、现金流量期初录入、币种设置、计量单位设置、账龄设置、结算方式设置、备份还原设置等。

智能财税共享中心包括票天下、财天下、金税师、供应链系统四个服务功能模块，分别为客户提供开票、记账、报税、供应链的代理和外包服务，因此，在为客户建立账套时，要根据客户的需求为客户启用相应的服务功能模块。选择记账服务将会启用财天下系统，选择报税服务将会启用金税师系统，选择开票服务将会启用票天下系统，选择供应链将会启用供应链系统。

二、流程认知

账套初始化设置操作流程，如图 2-1-1 所示。

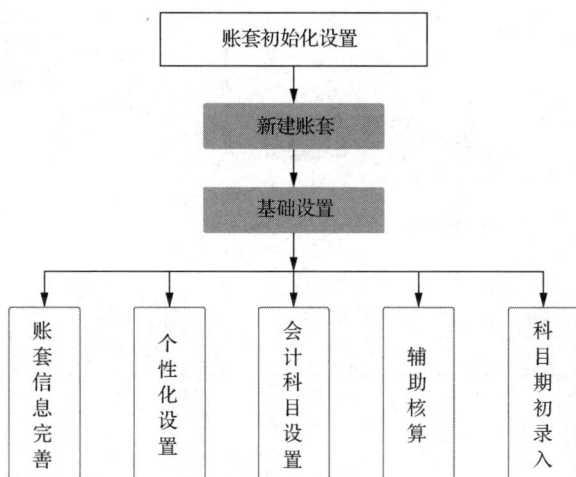

图 2-1-1 账套初始化设置操作流程

任务发布

完成平台案例企业的新建账套操作，并在基础设置中完成账套信息完善、个性化设置、会计科目设置、辅助核算、科目期初录入等操作。

> **素养课堂**
>
> 第三方智能财税共享中心承接财税代理业务时，需要关注客户公司基本情况、业务经营情况，并针对客户公司初设会计账套，从承接业务开始认真工作，保持严谨细致。

任务实施

一、新建账套

新建账套包含录入账套信息和选择需要启用的服务功能模块。

操作步骤

打开财天下服务功能模块，单击企业名称右侧下拉按钮，单击"新建账套"按钮，录入案例公司账套信息，然后选择启用的服务功能模块，单击"创建"按钮，如图 2-1-2 所示。

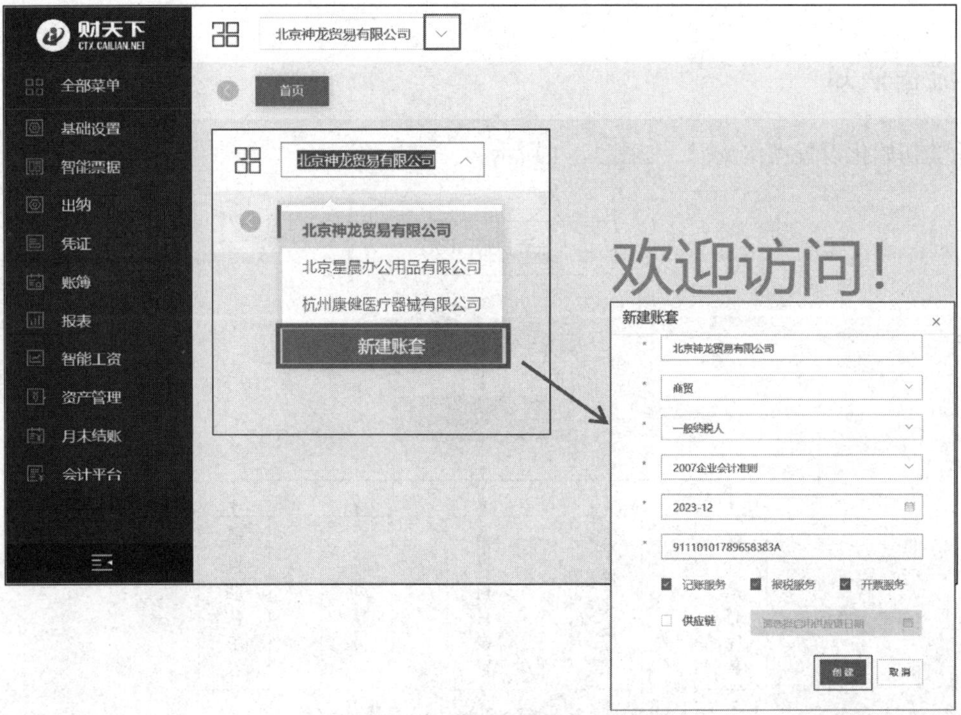

图 2-1-2　新建账套

二、基础设置

✎ 操作步骤

1. 账套信息完善

单击"基础设置"菜单下的"账套信息"页签，弹出该企业相关信息，进行信息录入并核对后，单击"保存"按钮，如图 2-1-3 所示。

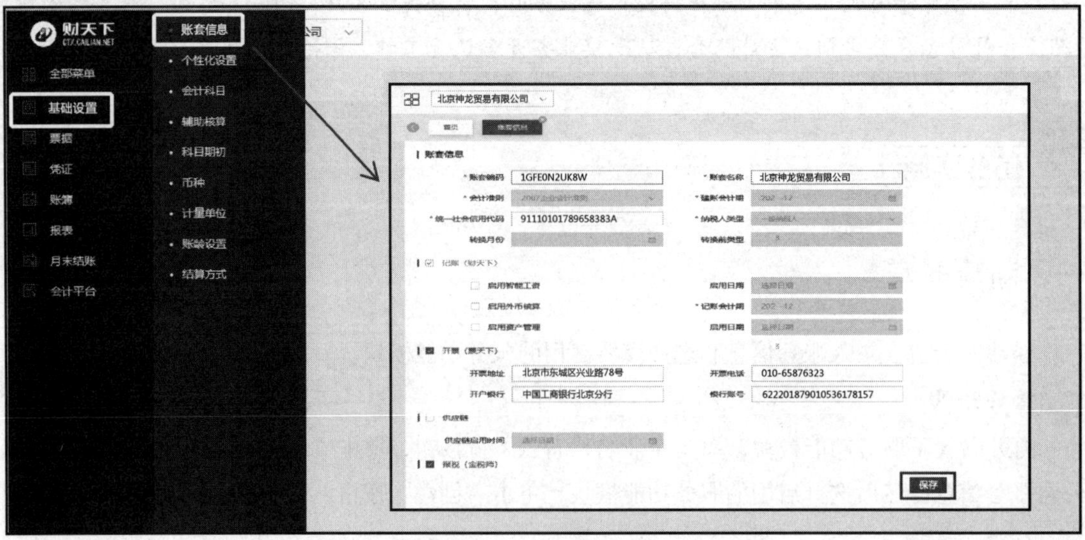

图 2-1-3　账套信息完善

2. 个性化设置

单击"基础设置"菜单下的"个性化设置"页签，弹出该企业的个性化设置，默认会计期为"最小未结账月"，默认销项税目为"一般货物及劳务13%"，单击"保存"按钮，如图2-1-4所示。

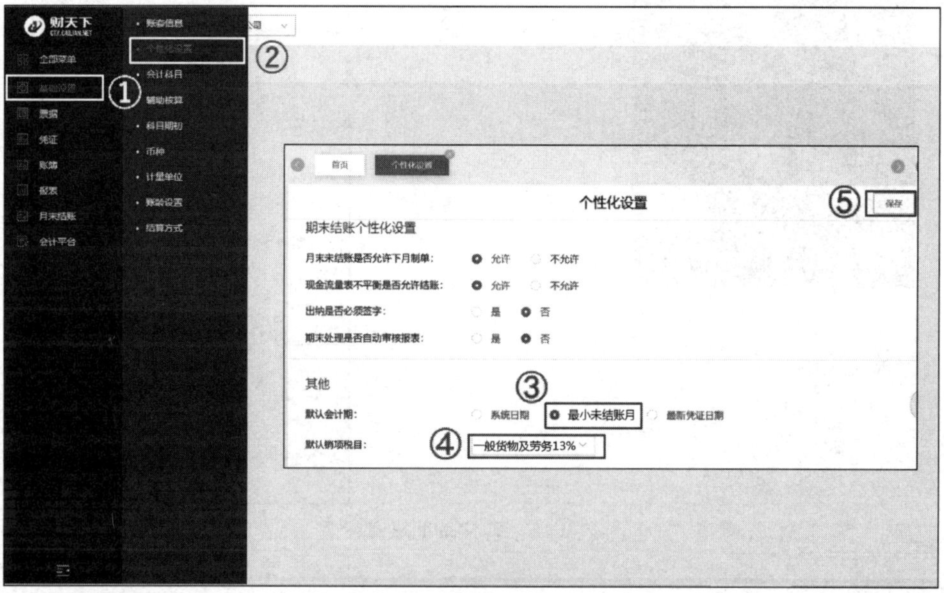

图 2-1-4　个性化设置

3. 会计科目设置

（1）为会计科目（应收票据）添加客户辅助核算。

单击"基础设置"菜单下的"会计科目"页签，弹出该企业会计科目表，单击"应收票据"科目前的"编辑"按钮 ，在打开的"修改科目"对话框中勾选"辅助核算"，勾选"客户"，单击"确定"按钮，如图2-1-5所示。

（2）为应交税费——应交增值税（进项税额）添加税目辅助核算。

单击"基础设置"菜单下的"会计科目"页签，弹出该企业会计科目表，单击"应交税费——应交增值税（进项税额）"科目前的"编辑"按钮 ，在打开的"修改科目"对话框中单击"税目"右侧的下拉按钮，然后，选择"本期认证抵扣""本期认证抵扣-旅客运输""旅客运输""桥闸通行费"选项，单击"确定"按钮，如图2-1-6所示。

> **知识拓展**
>
> 能够凭票抵扣的增值税有：①从销售方或提供方取得的增值税专用发票（含税控机动车销售统一发票）上注明的增值税税额；②从海关取得的海关进口增值税专用缴款书上注明的增值税税额；③自境外单位或者个人购进服务、无形资产或者不动产，从税务机关或者扣缴义务人取得的解缴税款的完税凭证上注明的增值税税额；④两种电子普通发票可以凭票抵扣进项税，相当于专用发票的使用：收费公路通行费增值税电子普通发票、国内旅客运输服务增值税电子普通发票。其他增值税电子普通发票不可以凭票抵扣进项税。

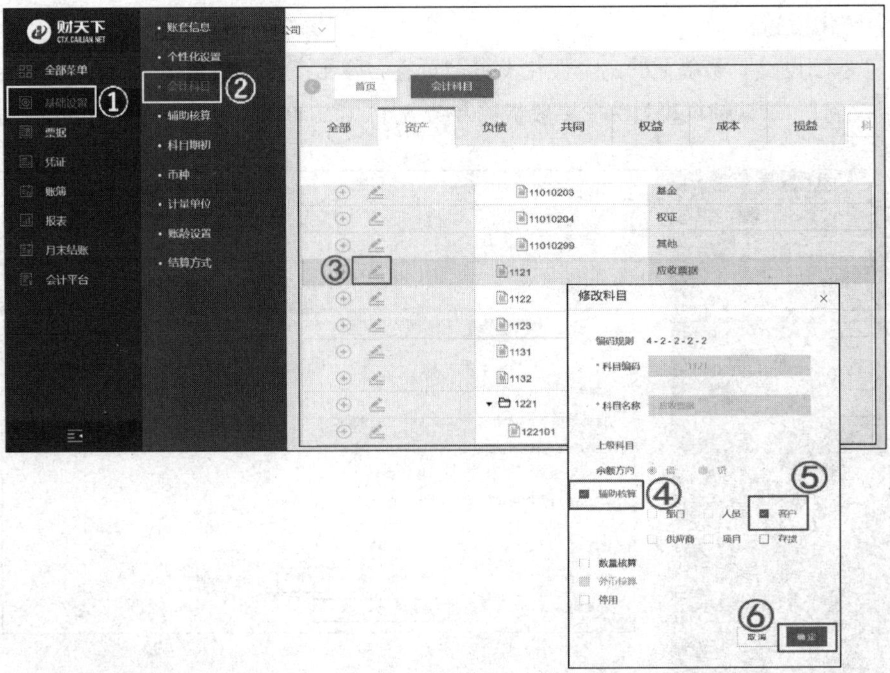

图 2-1-5　客户辅助核算设置

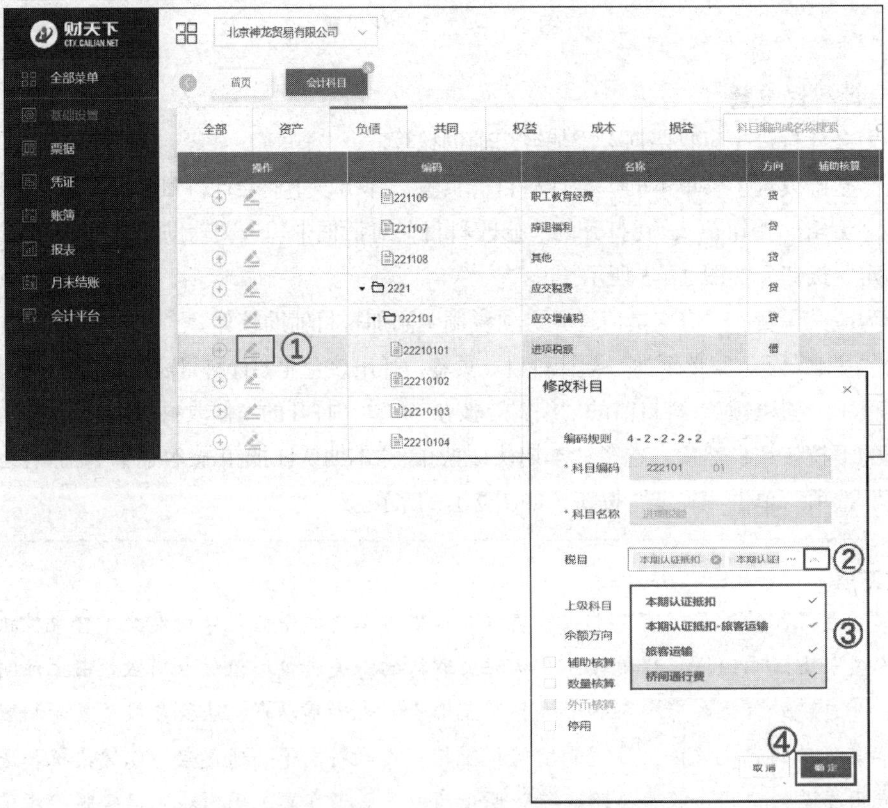

图 2-1-6　税目辅助核算设置

（3）新增会计科目。

新增会计科目的编码为222128，名称为应交房产税。

单击"基础设置"菜单下的"会计科目"页签，弹出该企业会计科目表，单击"应交税费"科目前的"新增"按钮 ⊕ ，在打开的"新增科目"对话框中，系统会默认"科目编码"处为"28"，然后，在"科目名称"处输入"应交房产税"，单击"确定"按钮。以新增应交房产税为例，如图 2-1-7 所示。

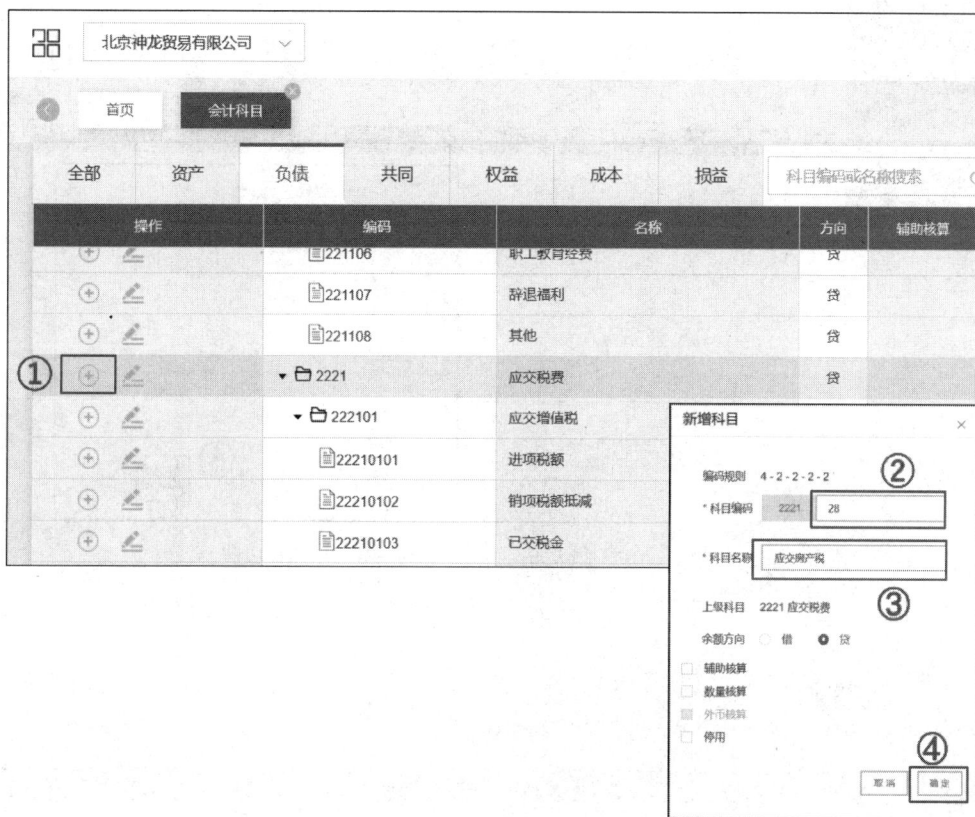

图 2-1-7　新增会计科目

4．辅助核算

（1）辅助核算的往来单位、部门和人员信息设置。

单击"基础设置"菜单下的"辅助核算"页签，在"往来单位""部门""人员"的对应项目下，分别单击"平台导入"按钮，在打开的"文件上传"对话框中分别导入往来单位信息、部门信息、人员信息，然后单击"开始上传"按钮。以导入人员信息为例，相应操作步骤如图 2-1-8 所示。

（2）辅助核算的存货设置。

单击"基础设置"菜单下的"辅助核算"页签，在存货界面，单击"新增"按钮，在打开的对话框中，输入存货详细信息，并单击"确定"按钮，如图 2-1-9 所示。

图 2-1-8　导入人员信息

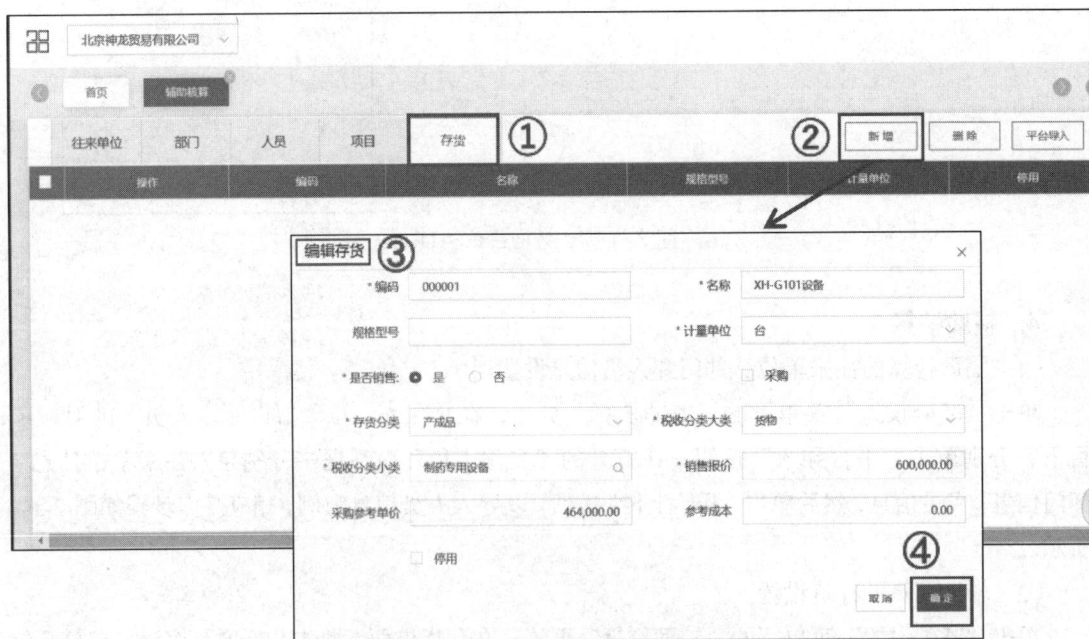

图 2-1-9　辅助核算的存货设置

5. 科目期初录入

（1）在智能财税共享中心初始页面的实训题目界面，选中文件"北京神龙贸易有限公司-科目期初模板"，然后单击"下载"按钮，并保存该文件，如图2-1-10所示。

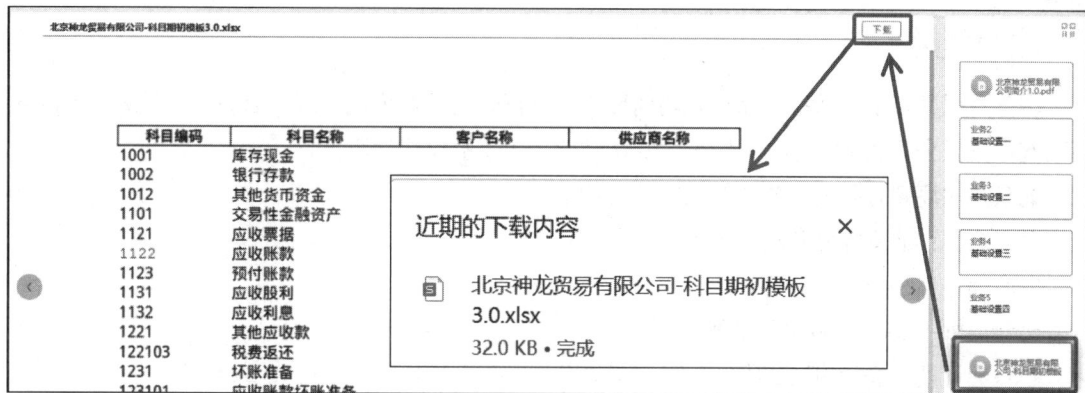

图2-1-10 下载科目期初数据

（2）单击"基础设置"菜单下的"科目期初"页签，在打开的对话框中单击"导入"按钮，在打开的"导入科目期初"对话框中单击"选择文件"按钮，选中已下载的文件，单击"确定"按钮，如图2-1-11所示。

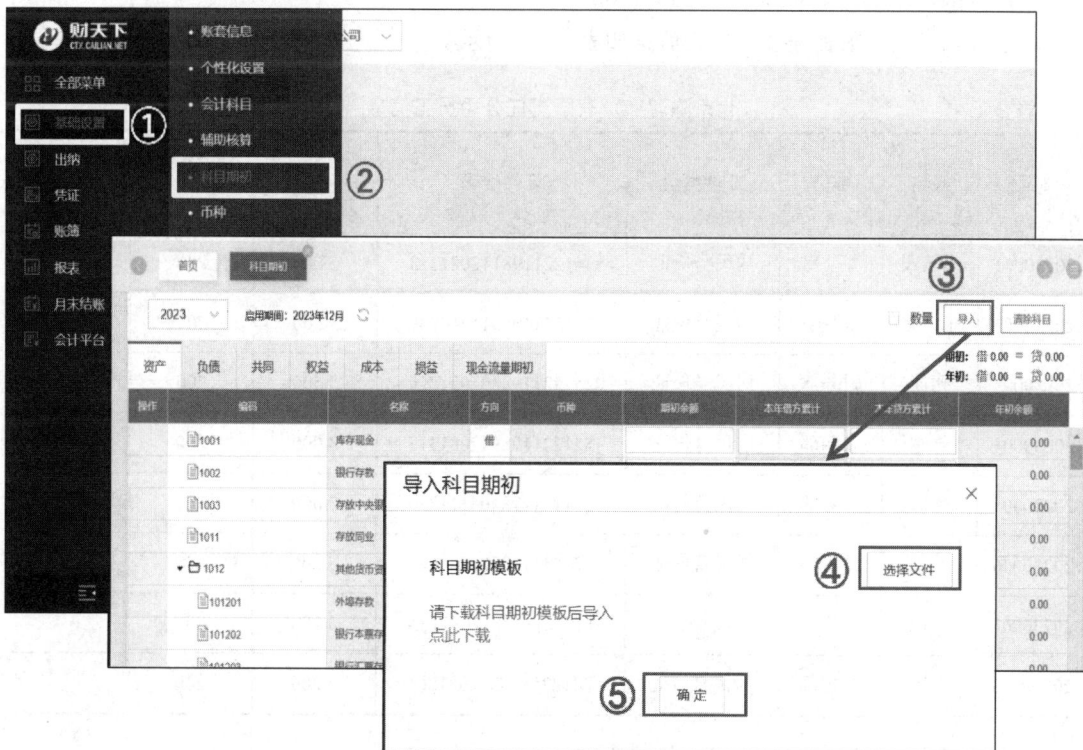

图2-1-11 科目期初录入

任务二　购销业务制单

任务情境

智能财税共享中心承接了北京陈鸿商贸有限责任公司的财税代理服务以后，开始为北京陈鸿商贸有限责任公司 2023 年 12 月所发生的购销业务提供财税代理服务。

北京陈鸿商贸有限责任公司的基本信息如下。

公司名称：北京陈鸿商贸有限责任公司

账套编号：CS1001

会计准则：2007 企业会计准则

建账会计期：2023 年 12 月

统一社会信用代码（纳税人识别号）：91110105397030000N

纳税人类型：一般纳税人

经营地址：北京西城区复兴路 25 号

电话：010-88000000

开户行：中国工商银行复兴路支行

开户行银行账号：02002198009200017600

北京陈鸿商贸有限责任公司员工信息如表 2-2-1 所示。

表 2-2-1　　　　　　　　　北京陈鸿商贸有限责任公司员工信息

工号	姓名	部门	证件类型	证件号码	收入/元		
					基本工资	岗位津贴	绩效奖金
20230001	李云飞	办公室	居民身份证	341221198112081313	5 000	200	
20230002	张大彪	行政部	居民身份证	341221198311230949	3 500	200	
20230003	孔捷	财务部	居民身份证	251321198804031216	3 500	200	
20230004	赵刚	采购部	居民身份证	521221198912081317	3 000	200	
20230005	楚静	库管部	居民身份证	211101198408110330	3 000	200	
20230006	魏尚	销售部	居民身份证	121521199006210629	3 200	200	
20230007	田雨	销售部	居民身份证	11012119881208112X	3 200	200	
20230008	李斯	销售部	居民身份证	281221199312081861	3 200	200	

北京陈鸿商贸有限责任公司客户信息明细如表 2-2-2 所示。

表 2-2-2　　　　　　　　　北京陈鸿商贸有限责任公司客户信息明细

编号	公司名称	统一社会信用代码	经营地址	电话	开户行	开户行银行账号
1	北京味道全餐饮有限公司	91110111MA01EH600P	北京市房山区南京北路58号	010-60381111	中国银行股份有限公司朝阳支行	345464918970
2	北京爱佳生活超市有限公司	91110105567900000Y	北京市朝阳区北沙滩31号院	010-58761111	中国工商银行股份有限公司北京玛丽安路支行	0200025111920000300066

北京陈鸿商贸有限责任公司供应商信息明细如表 2-2-3 所示。

表 2-2-3　　　　　　　　　北京陈鸿商贸有限责任公司供应商信息明细

编号	公司名称	统一社会信用代码	经营地址	电话	开户行	开户行银行账号
1	北京嘻哈哈饮品有限公司	91110106556688588H	北京市朝阳区安华西里三区1号楼2-1	010-88032056	中国建设银行安华西里支行	11006022401806662
2	北京面面聚食品有限公司	91110105MA01KH6668	北京市朝阳区信息路33号	010-88016532	中国银行股份有限公司朝阳支行	3454649146663

北京陈鸿商贸有限责任公司 12 月期初余额如表 2-2-4 所示。

表 2-2-4　　　　　　　　　北京陈鸿商贸有限责任公司 12 月期初余额

科目编码	科目名称	年初余额		1—11份累计发生额		11月末余额		计量单位	数量	单价	辅助核算
		借方	贷方	借方	贷方	借方	贷方				
1001	库存现金			3 630.00	0.00	3 630.00					
1002	银行存款			620 600.00	387 780.00	232 820.00					
1405	库存商品					0.00					存货核算、数量核算
	矿泉水			120 000.00	24 000.00	96 000.00		箱	8 000	12	存货核算、数量核算
	糖心苹果			100 000.00	20 000.00	80 000.00		箱	1 600	50	存货核算、数量核算
	方便面			35 000.00	7 000.00	28 000.00		箱	800	35	存货核算、数量核算
1122	应收账款										客户往来

续表

科目编码	科目名称	年初余额 借方	年初余额 贷方	1—11月份累计发生额 借方	1—11月份累计发生额 贷方	11月末余额 借方	11月末余额 贷方	计量单位	数量	单价	辅助核算
1221	其他应收款										
122101	内部员工借款										人员
1601	固定资产										
160104	运输工具			100 000.00		100 000.00					
2202	应付账款										供应商往来
2221	应交税费										
222101	应交增值税						0.00				
22210101	进项税额			29 150.00		29 150.00					
22210107	销项税额				12 600.00		12 600.00				
222102	未交增值税										
222136	应交印花税				36.18		36.18				
2241	其他应付款										
224104	员工垫付										人员
4001	实收资本				500 000.00		500 000.00				
4103	本年利润			51 036.18	108 000.00		56 963.82				
6001	主营业务收入										存货核算、数量核算
600101	销售商品收入										存货核算、数量核算
	矿泉水			60 000.00	60 000.00			箱	2 000	30	
	糖心苹果			36 000.00	36 000.00			箱	400	90	
	方便面			12 000.00	12 000.00			箱	200	60	
6401	主营业务成本										存货核算、数量核算
640101	销售商品成本										存货核算、数量核算

科目编码	科目名称	年初余额		1—11月份累计发生额		11月末余额		计量单位	数量	单价	辅助核算
		借方	贷方	借方	贷方	借方	贷方				
	矿泉水			24 000.00	24 000.00			箱	2 000	12	
	糖心苹果			20 000.00	20 000.00			箱	400	50	
	方便面			7 000.00	7 000.00			箱	200	35	
6403	税金及附加										
640308	城镇土地使用税、房产税、车船税、印花税			36.18	36.18						
	合计			1 218 452.36	1 218 452.36	569 600.00	569 600.00				

北京陈鸿商贸有限责任公司的内部会计制度如下。

1. 销售与应收

为应收账款会计科目设置客户往来辅助核算。开具发票之后无论是否收款，系统自动增加应收账款，财务人员根据收款情况进行结算处理。

2. 采购与应付

为应付账款会计科目设置供应商往来辅助核算。收到发票之后无论是否付款，系统扫描发票后自动增加应付账款，财务人员根据付款情况进行结算处理。

3. 内部往来

为其他应收款——内部员工借款和其他应付款——员工垫付会计科目设置人员辅助核算。

4. 存货核算

公司存货包括方便面、矿泉水、糖心苹果等。为库存商品、主营业务收入、主营业务成本会计科目设置存货辅助核算、数量核算，确认销售收入后系统按照全月加权平均法自动结转成本。

5. 结算方式

结算方式如表 2-2-5 所示。

表 2-2-5　　　　　　　　　　　　结算方式

编码	名称	科目设置
1	现金	1001 库存现金
2	支票	
201	现金支票	1002 银行存款
202	转账支票	1002 银行存款
3	银行汇票	101203 其他货币资金——银行汇票存款

续表

编码	名称	科目设置
4	商业汇票	
401	银行承兑汇票	2201 应付票据
402	商业承兑汇票	2201 应付票据
5	汇兑	
501	电汇	1002 银行存款
502	信汇	1002 银行存款
6	委托收款	1002 银行存款
7	托收承付	1002 银行存款
8	其他	1002 银行存款

6. 职工薪酬

职工工资由基本工资、岗位津贴、绩效奖金 3 项构成。由单位承担并缴纳的养老保险费、医疗保险费、失业保险费、工伤保险费、生育保险费、住房公积金分别按上年度缴费职工月平均工资的 16%、10%、0.8%、0.2%、0.8%、12%计算。

由职工个人承担的养老保险费、医疗保险费、失业保险费、住房公积金分别按本人上年月平均工资总额的 8%、2%、0.2%、12%计算。

个人所得税按照 2019 年 1 月 1 日开始实施的《中华人民共和国个人所得税法》计算。

7. 固定资产

2023 年 11 月以 100 000 元购入货车，预计使用年限 4 年，残值率 5%，采用年限平均法计提折旧。

8. 税金及附加

本公司为增值税一般纳税人，销售商品适用的增值税税率为 13%，城市维护建设税、教育费附加及地方教育附加分别按实际缴纳的增值税、消费税税额的 7%、3%、2%计算。根据《中华人民共和国印花税暂行条例》的规定，购销合同包括供应、预购、采购、购销结合及协作、调剂、补偿、易货等合同，应按购销金额的万分之三缴纳印花税。

任务准备

一、知识准备

1. 采购业务

企业发生采购业务，根据采购业务链条，签订采购合同，并依据合同要求，由销售方企业开具增值税发票。增值税发票的类型不同，票据制单生成的业务凭证也会不同。

（1）采购方为一般纳税人。

① 收到增值税专用发票。

借：在途物资/固定资产

  应交税费——应交增值税（进项税额）

   贷：应付账款——××公司

② 收到增值税普通发票。

借：在途物资/固定资产（价税合计数）

   贷：应付账款——××公司

（2）采购方为小规模纳税人。

借：在途物资/固定资产（价税合计数）

   贷：应付账款——××公司

2．销售业务

企业发生销售业务，根据销售业务链条，签订销售合同，并依据合同要求，开具增值税发票，编制业务凭证。

借：应收账款——××公司

   贷：主营业务收入

    应交税费——应交增值税（销项税额）

二、流程认知

1．代开发票

代开发票操作流程如图 2-2-1 所示。

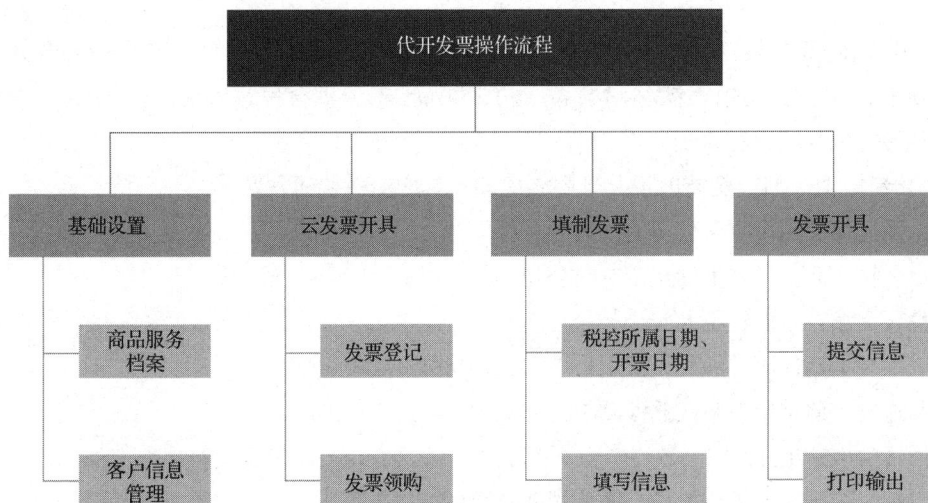

图 2-2-1　代开发票操作流程

2. 购销业务的票据整理、查验与制单

购销业务的票据整理、查验与制单流程如图 2-2-2 所示。

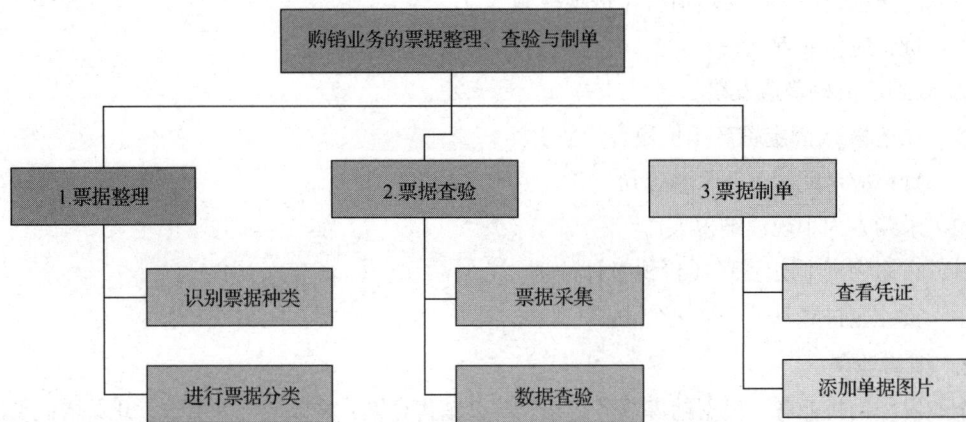

图 2-2-2　购销业务的票据整理、查验与制单流程

任务发布

完成平台案例企业代开发票任务，以及购销业务的票据整理、查验和制单任务。

任务实施

一、代开发票

北京陈鸿商贸有限责任公司暂不具备开票能力，所以委托智能财税共享中心开票。北京陈鸿商贸有限责任公司销售糖心苹果 400 箱，90 元/箱，不含税收入为 36 000 元，适用增值税税率为 9%，型号为红富士。

2023 年 12 月 1 日，智能财税共享中心代理开具增值税普通发票。

北京爱佳生活超市有限公司的基本信息如下。

客户名称：北京爱佳生活超市有限公司

纳税人类型：一般纳税人

统一社会信用代码（纳税人识别号）：91110105567900000Y

经营地址：北京市朝阳区北沙滩 31 号院

电话：010-58761111

开户行：中国工商银行股份有限公司北京玛丽安路支行

开户行银行账号：0200025111920003000066

操作步骤

1. 基础设置

（1）单击"基础设置"菜单下的"商品服务档案"页签，在搜索框中输入"苹果"字样，单击弹出的"苹果"项目，然后单击上方"新增"按钮，在打开的"新增商品"对话框中输入商品信息，并单击"确定"按钮，如图 2-2-3 所示。

基础设置

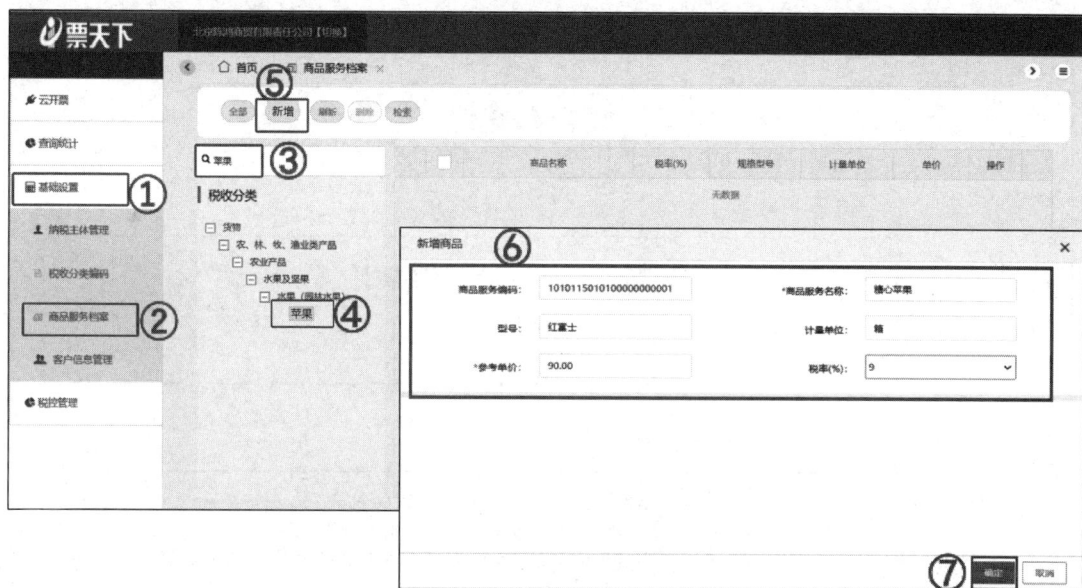

图 2-2-3　新增商品信息

（2）单击"基础设置"菜单下的"客户信息管理"页签，单击上方"新增"按钮，在弹出的界面输入客户信息，并单击"保存"按钮，如图 2-2-4 所示。

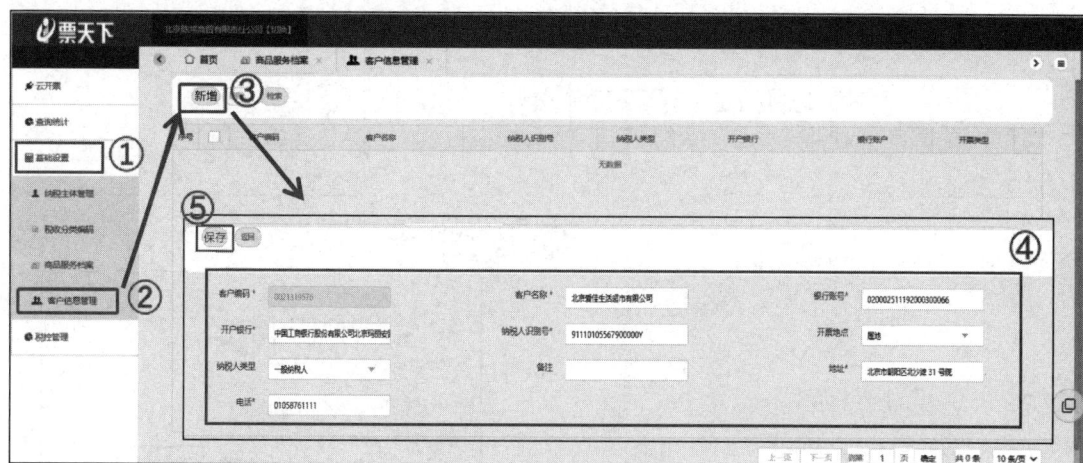

图 2-2-4　新增客户信息

2. 云发票开具

（1）单击"云开票"菜单下的"发票登记"页签，单击"发票类型"右侧的下拉按钮，在发票类型列表框中选择"普通发票"，单击"查询"按钮，如图 2-2-5 所示。

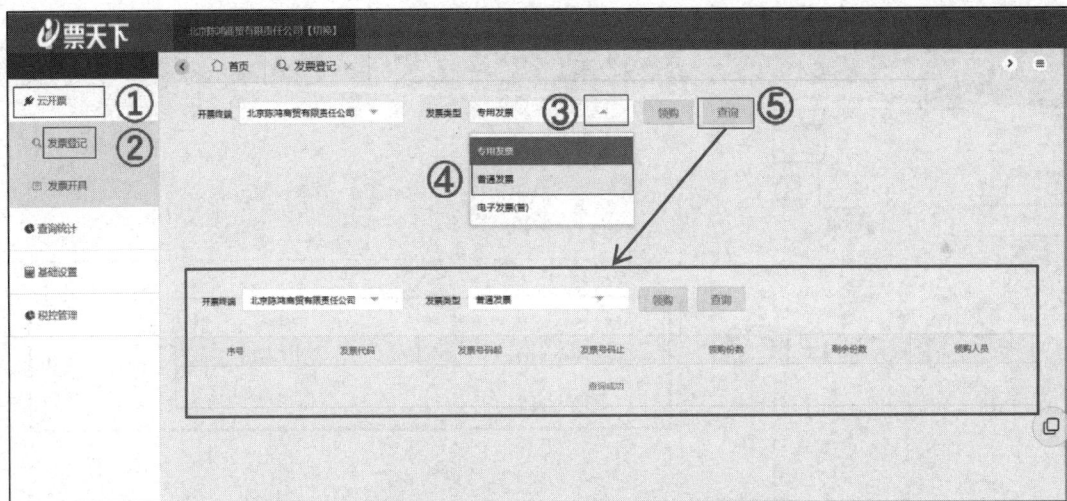

发票开具业务-1　　发票开具业务-2

图 2-2-5　查询发票

（2）单击"领购"按钮，在弹出的税控盘密码界面输入"88888888"，单击"确定"按钮，在弹出的数量界面输入领购数量，这里以"10"为例，单击"确定"按钮，如图 2-2-6 所示。

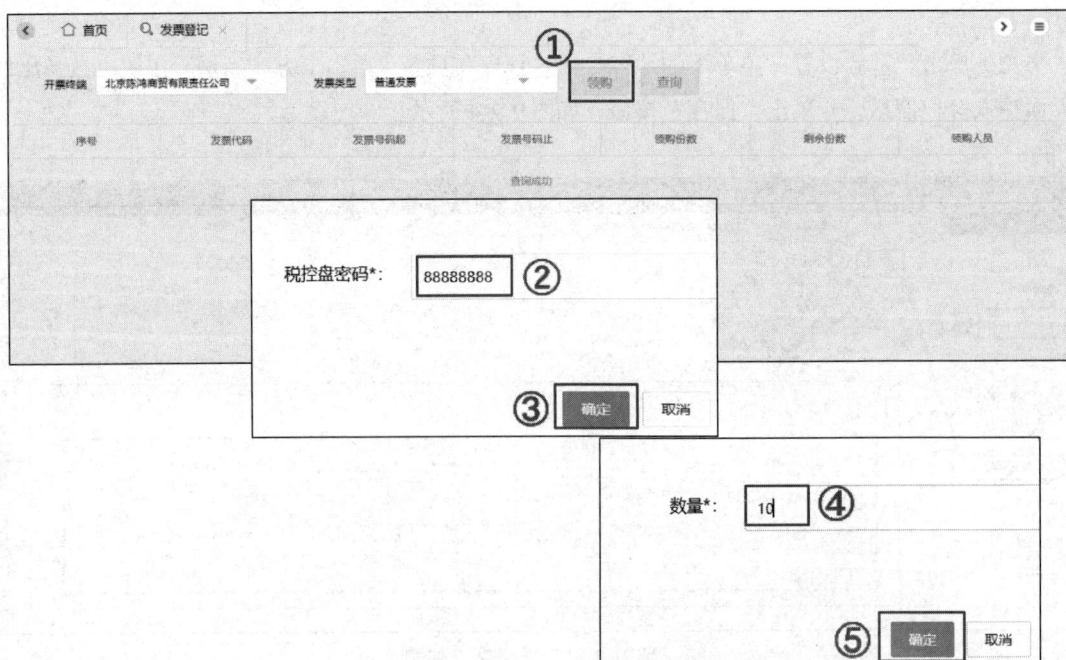

图 2-2-6　发票领购

3. 填制发票

（1）单击"云开票"菜单下的"发票开具"页签，单击"税控所属日期"，修改日期为"2023-12-01"，然后单击"新增"按钮，在弹出的发票开具界面，选择票据类型为普通发票，单击"不含税"，然后单击下方的"查询"按钮 Q，如图 2-2-7 所示。

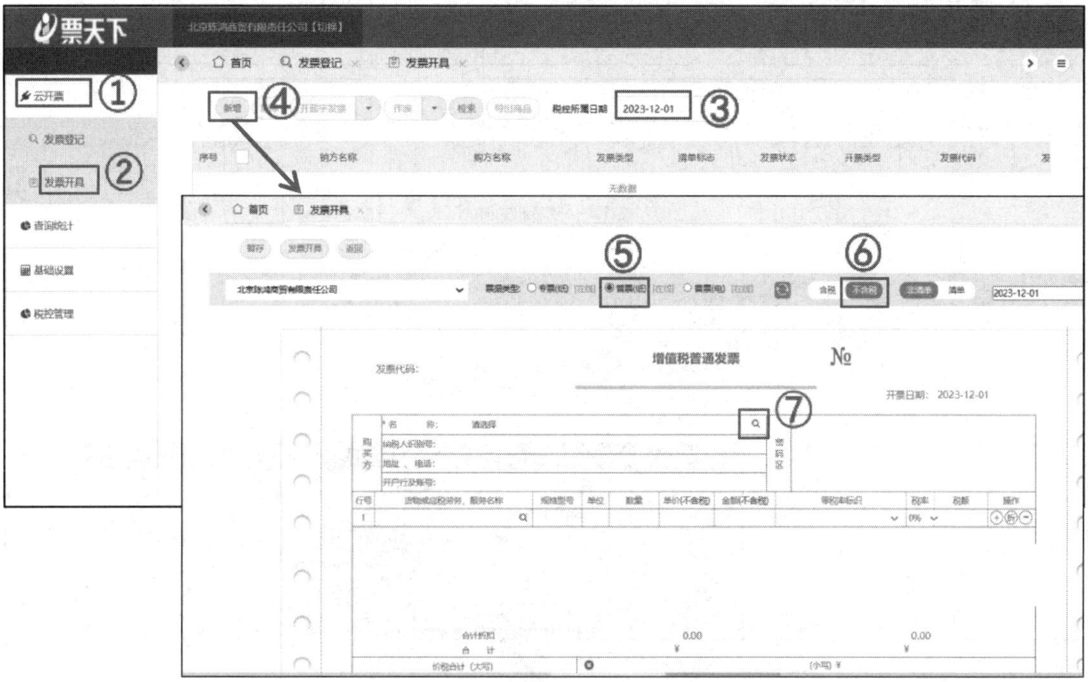

图 2-2-7　发票开具日期选择

（2）在弹出的"选择客户"对话框中单击"北京爱佳生活超市有限公司"，然后在弹出的发票界面中，单击"货物或应税劳务、服务名称"栏中的"查询"按钮 Q，弹出选择税收编码界面，单击"糖心苹果"，然后在发票界面输入数量"400"，如图 2-2-8 所示。

4. 发票开具

在发票开具界面单击"发票开具"按钮，在弹出的界面中单击"确定开票"按钮，如图 2-2-9 所示，发票开具成功。

> 💡**知识拓展**
>
> 　　发票是记录企业经营活动的一种原始证明，也是财政、税收、审计等部门对企业进行财务税收检查的重要依据，企业做好发票管理的重要性不言而喻。商贸企业日常的购销交易较为频繁，同时有些商贸企业的交易对象是个人消费者，零星交易占比较大，因此，发票管理应成为商贸企业格外关注的一项重点工作。

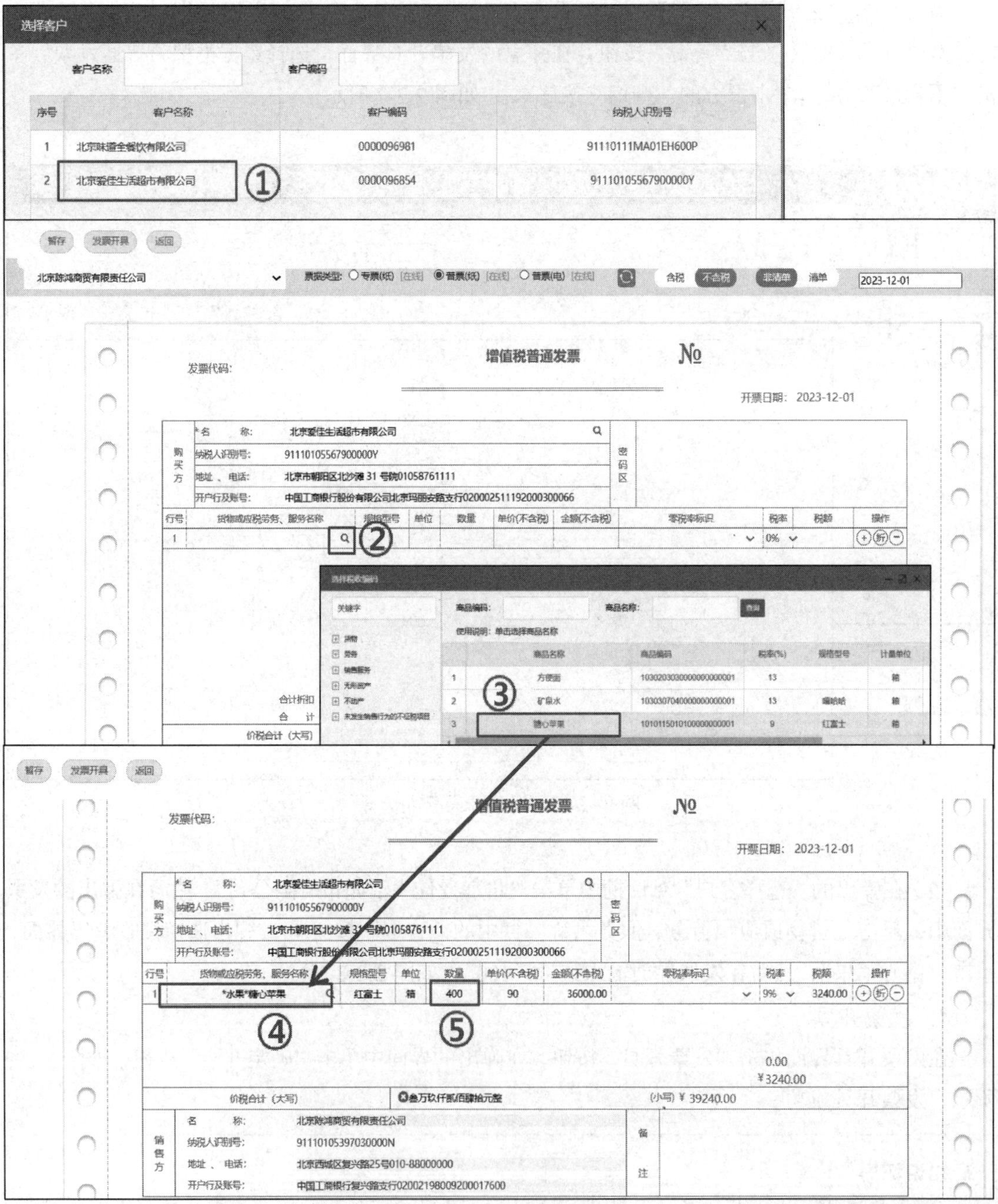

图 2-2-8 填写发票信息

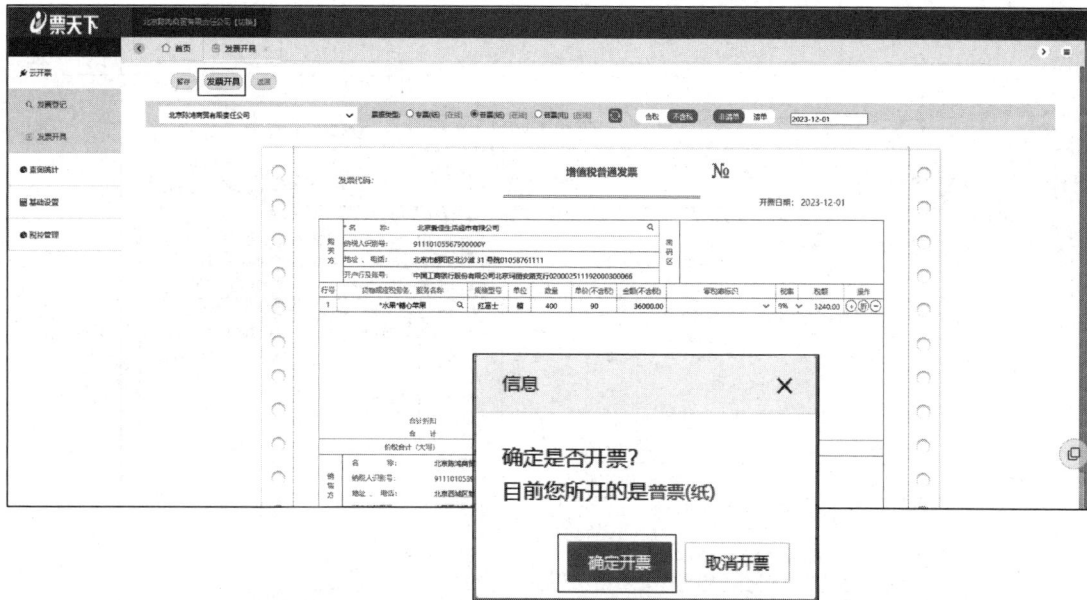

图 2-2-9　发票开具

二、购销业务的票据整理、查验与制单

北京陈鸿商贸有限责任公司自行向客户开具票据，并将记账联发给智能财税共享中心。

销售嘻哈哈矿泉水 3 000 箱，30 元/箱，不含税收入为 90 000 元，适用增值税税率为 13%；销售方便面 500 箱，60 元/箱，不含税收入为 30 000 元，适用增值税税率为 13%。

销售业务

2023 年 12 月 3 日，北京陈鸿商贸有限责任公司开具销售商品增值税专用发票。

北京味道全餐饮有限公司的基本信息如下。

客户名称：北京味道全餐饮有限公司

统一社会信用代码（纳税人识别号）：91110111MA01EH600P

经营地址：北京市房山区南京北路 58 号

电话：010-60381111

开户行：中国银行股份有限公司朝阳支行

开户行银行账号：345464918970

原始凭证如图 2-2-10 所示。

操作步骤

1. 票据整理

单击"票据"菜单下的"票据采集"页签，单击"采集"按钮，然后单击"教学平台图片/PDF"，在弹出的发票详情信息界面勾选发票号码为 45487102 的发票，然后单击"确定"按钮，弹出对话框，单击"关闭"按钮，如图 2-2-11 所示。

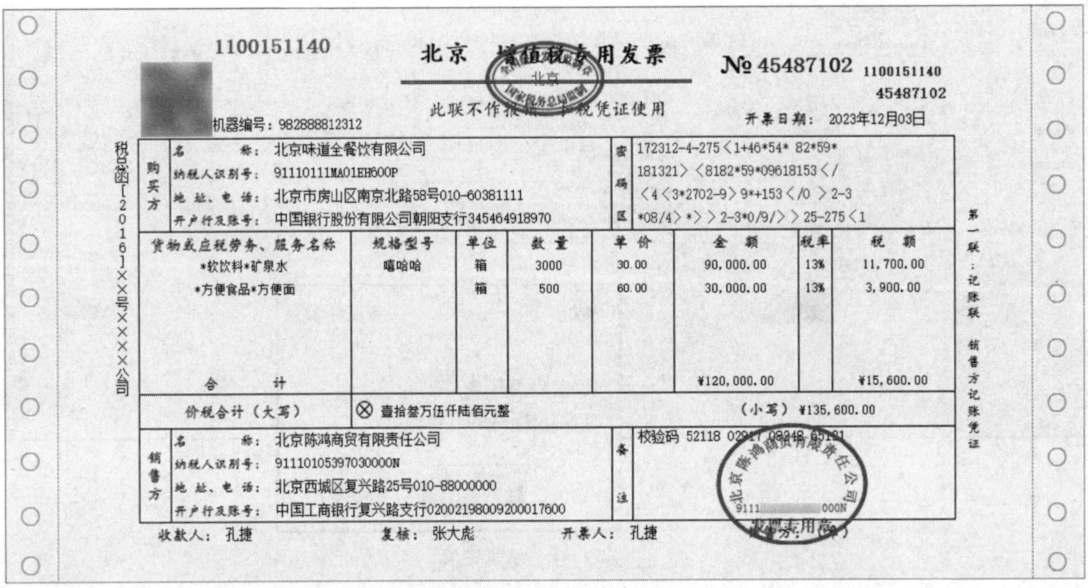

图 2-2-10　原始凭证

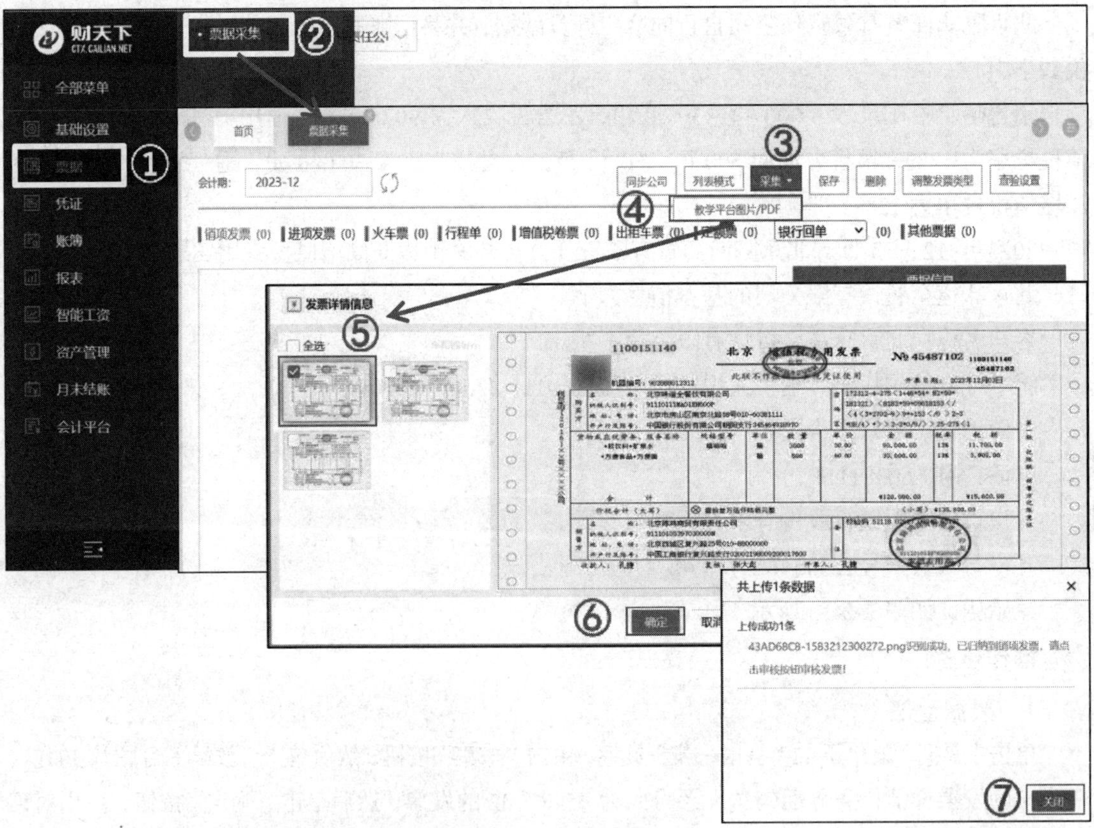

图 2-2-11　票据整理

2．票据查验

（1）在"票据采集"界面，将发票内容与右侧"票据信息"列表框、"行信息"列表框内信息进行逐项核对并修改，修改行信息中矿泉水、方便面的税率为13%，然后单击"保存"按钮，如图2-2-12所示。

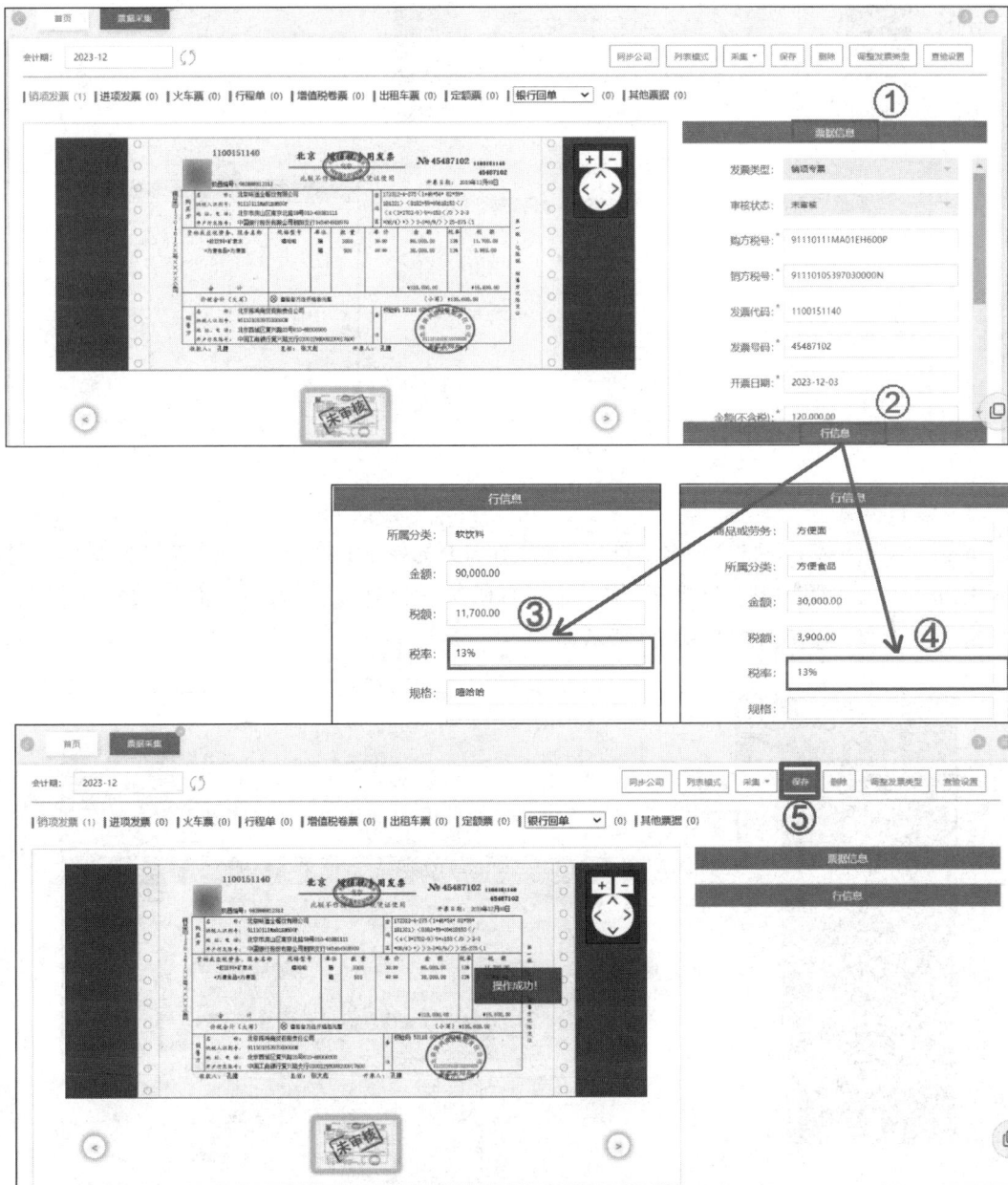

图2-2-12　核对并修改信息

（2）单击"票据信息"按钮，打开"票据信息"列表框，然后单击"审核"按钮，在打开的对话框中单击"确定"按钮，如图2-2-13所示。

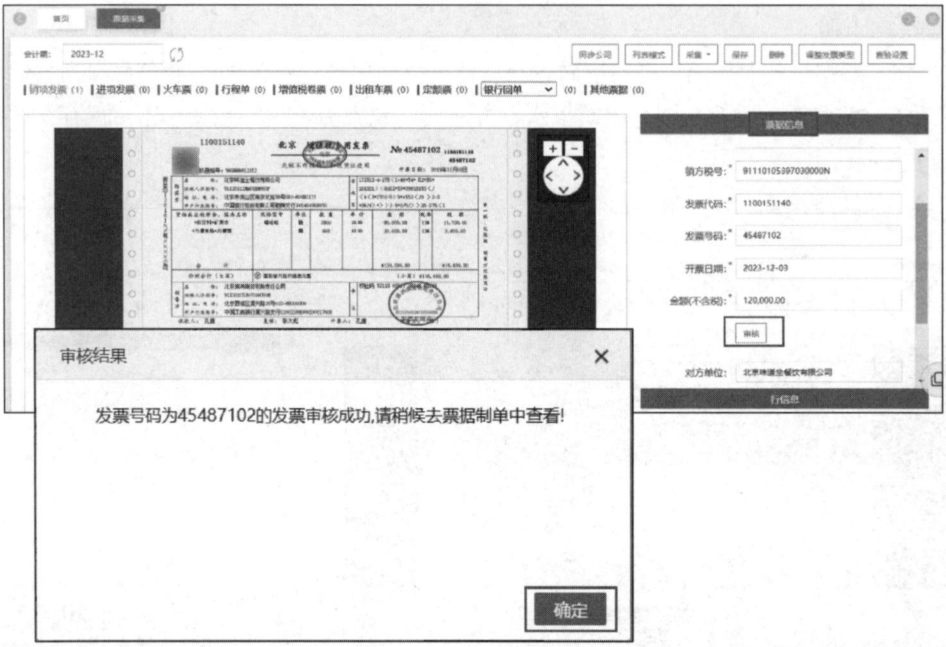

图 2-2-13　审核票据

3. 票据制单

单击"凭证"菜单下的"票据制单"页签，在打开的界面中单击"销项发票"页签，单击凭证号按钮 记-0001 ，弹出新增凭证界面，修改制单日期为 2023 年 12 月 3 日，检查生成的凭证无误后，单击"保存"按钮，如图 2-2-14 所示。

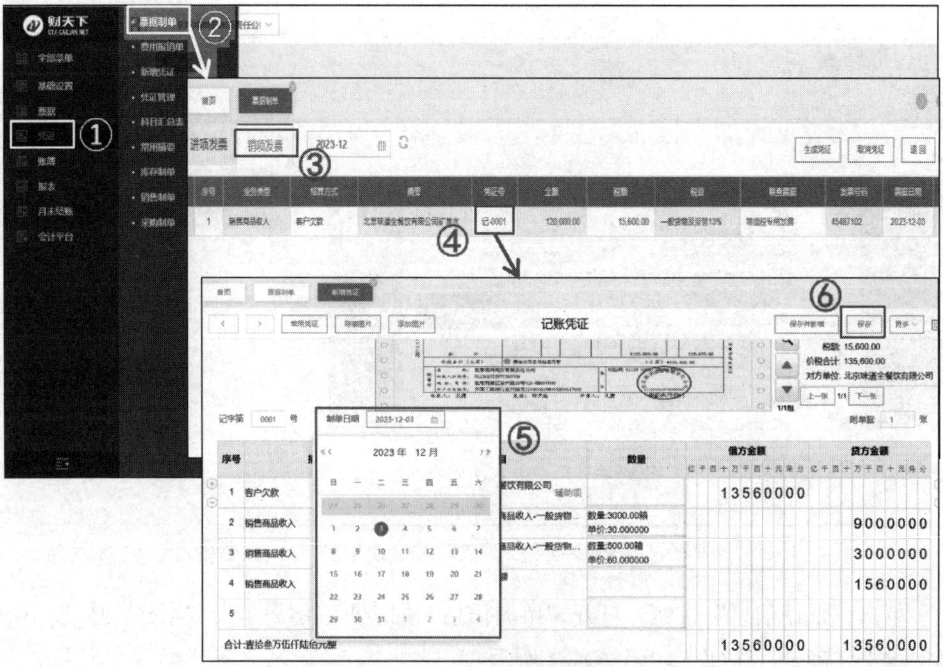

图 2-2-14　票据制单

> 📖**素养课堂**
>
> 　　凭证的编制与审核不能由同一人兼任。
>
> 　　学生在实际工作中要有工作严谨、爱岗敬业、诚实守信的工作态度。

　　以上步骤即"购销业务制单"的任务实施流程环节，成本业务（即采购业务）操作流程与购销业务一致，但采购的发票显示在"进项发票"中，其他流程均一致，故不赘述。

任务三　费用类业务制单

🖥 任务情境

　　北京陈鸿商贸有限责任公司2023年12月费用类业务如下。

　　业务一：2023年12月2日，行政部取得一张房屋租金普通发票并以转账支票支付，其中，不含税金额3 000元，税率5%，税额150元。

　　业务二：2023年12月30日，计提货车折旧，货车原值100 000元，折旧年限为4年，残值率5%，月折旧额1 979.17元。

　　业务三：2023年12月30日，计提工资、社保费用，发放工资。

　　对于费用报销类单据，先采集、归类、审核保存，再从菜单栏进入"费用报销单"界面，填写费用报销业务的相关信息，包括选择费用类型、结算方式、发票类型，填写金额，在附件栏添加采集的票据，然后保存、生成记账凭证，查看和审核记账凭证。

🖥 任务准备

一、知识准备

1. 租赁费

　　企业经营租入设备等固定资产，支付租金时将不含税金额归集到对应部门费用科目，账务处理如下所示。

　　① 收到增值税专用发票。

　　借：管理费用/销售费用/制造费用

　　　　应交税费——应交增值税（进项税额）

　　　　　　贷：银行存款

　　② 收到增值税普通发票。

　　借：管理费用/销售费用/制造费用

　　　　　　贷：银行存款

2. 办公费

企业日常经营活动中购入办公用品，应按使用部门归集费用，若费用金额较小，则可统一计入管理费用，账务处理如下所示。

① 收到增值税专用发票。

借：管理费用/销售费用/制造费用

　　应交税费——应交增值税（进项税额）

　　　贷：银行存款

② 收到增值税普通发票。

借：管理费用/销售费用/制造费用

　　　贷：银行存款

3. 业务招待费

企业发生的与生产经营活动有关的业务招待费，主要包括业务洽谈、产品推销、对外联络、公关交往、会议接待、来宾接待等所发生的费用，例如招待饭费、招待烟茶费、交通费等，账务处理如下所示。

① 收到增值税专用发票。

借：管理费用/销售费用/制造费用

　　应交税费——应交增值税（进项税额）

　　　贷：银行存款

② 收到增值税普通发票。

借：管理费用/销售费用/制造费用

　　　贷：银行存款

4. 差旅费

差旅费是指出差期间因办理公务而产生的交通费、住宿费和公杂费等各项费用。差旅费是行政事业单位和企业的一项重要的经常性支出项目。

纳税人购进国内旅客运输服务，其进项税额允许从销项税额中抵扣。

纳税人未取得增值税专用发票的，暂按照以下规定确定进项税额。

（1）取得增值税电子普通发票的，为发票上注明的税额。

（2）取得注明旅客身份信息的航空运输电子客票行程单的，按照下列公式计算进项税额：

$$航空旅客运输进项税额=（票价+燃油附加费）÷（1+9\%）×9\%$$

（3）取得注明旅客身份信息的铁路车票的，按照下列公式计算进项税额：

$$铁路旅客运输进项税额=票面金额÷（1+9\%）×9\%$$

（4）取得注明旅客身份信息的公路、水路等其他客票的，按照下列公式计算进项税额：

$$公路、水路等其他旅客运输进项税额=票面金额÷（1+3\%）×3\%$$

5. 职工工资、社保费用的计提

企业应该按期计算职工工资，并按时发放，相应的财务工作也主要分为两个环节，第一是计提工资、社保费用，此时工资尚未发放，确认为"应付职工薪酬"；第二是实际发放工资，应付职工薪酬减少。具体账务处理如下。

（1）计提职工工资，按照"谁受益，谁承担"，按部门归集处理。

借：管理费用/销售费用等

　　贷：应付职工薪酬——职工工资

（2）计提职工社保费用，区分企业负担和职工个人负担，账务处理如下。

借：管理费用/销售费用等

　　贷：应付职工薪酬——社会保险费

（3）实际发放工资，实发数应扣除从职工工资中代扣代缴的金额。

借：应付职工薪酬——职工工资

　　贷：其他应付款——代扣代缴个人社保

　　　　银行存款

二、流程认知

费用类业务操作流程如图 2-3-1 所示。

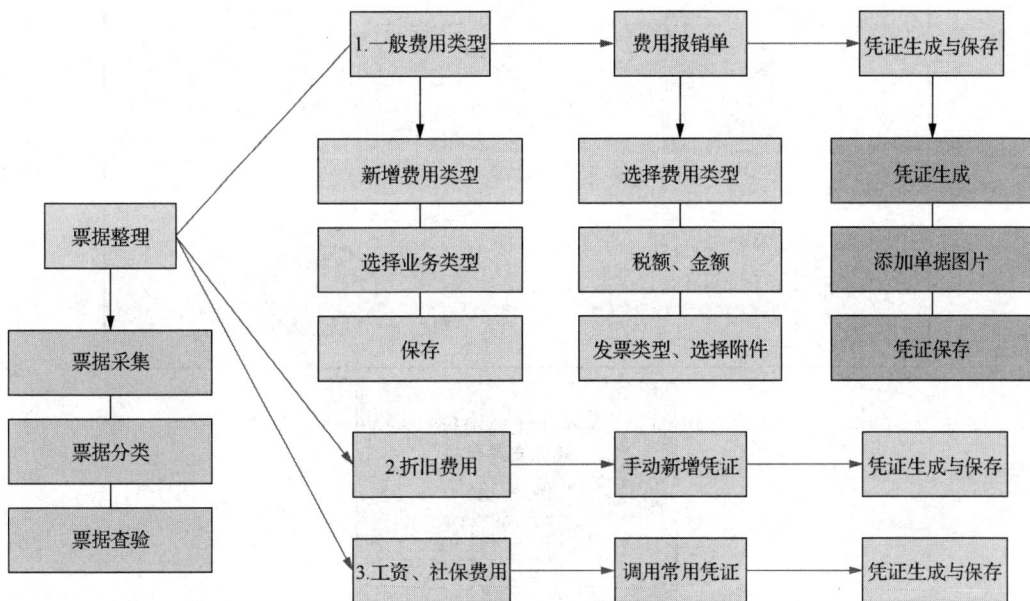

图 2-3-1　费用类业务操作流程

任务发布

完成平台案例企业的经济业务中不同费用类业务处理，确定费用类型，完成费用类业务的票据整理与制单。

任务实施

一、租赁业务费用报销的票据整理与制单

2023 年 12 月 2 日，行政部取得一张房屋租金普通发票并以转账支票支付。
北京祥盛物业有限公司的基本信息如下。

物业公司名称：北京祥盛物业有限公司

统一社会信用代码（纳税人识别号）：91110105786521093Y

经营地址：北京市朝阳区甜水园街 3 号院

电话：010-65876658

开户行：中国工商银行股份有限公司甜水园街支行

开户行银行账号：010005674392000336548

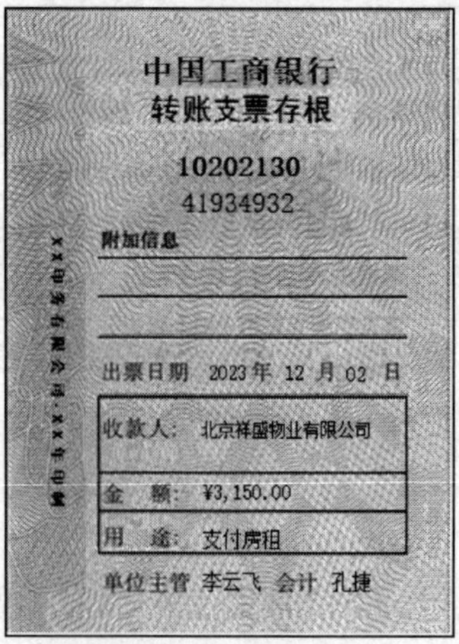

原始凭证如图 2-3-2 所示。

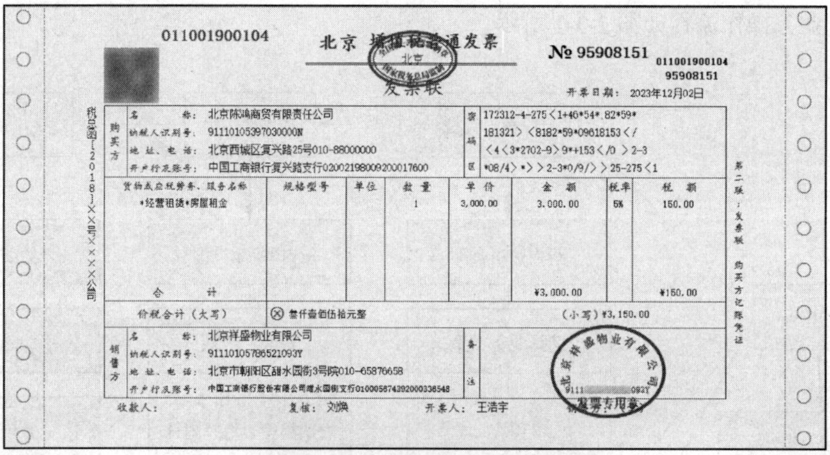

图 2-3-2　原始凭证

操作步骤

1. 票据整理

（1）单击"票据"菜单下的"票据采集"页签，单击"采集"按钮，然后单击"教学平台图片/PDF"，在弹出的发票详情信息界面勾选业务对应的 2 张原始单据，然后单击"确定"按钮，弹出对话框，单击"关闭"按钮，如图 2-3-3 所示。

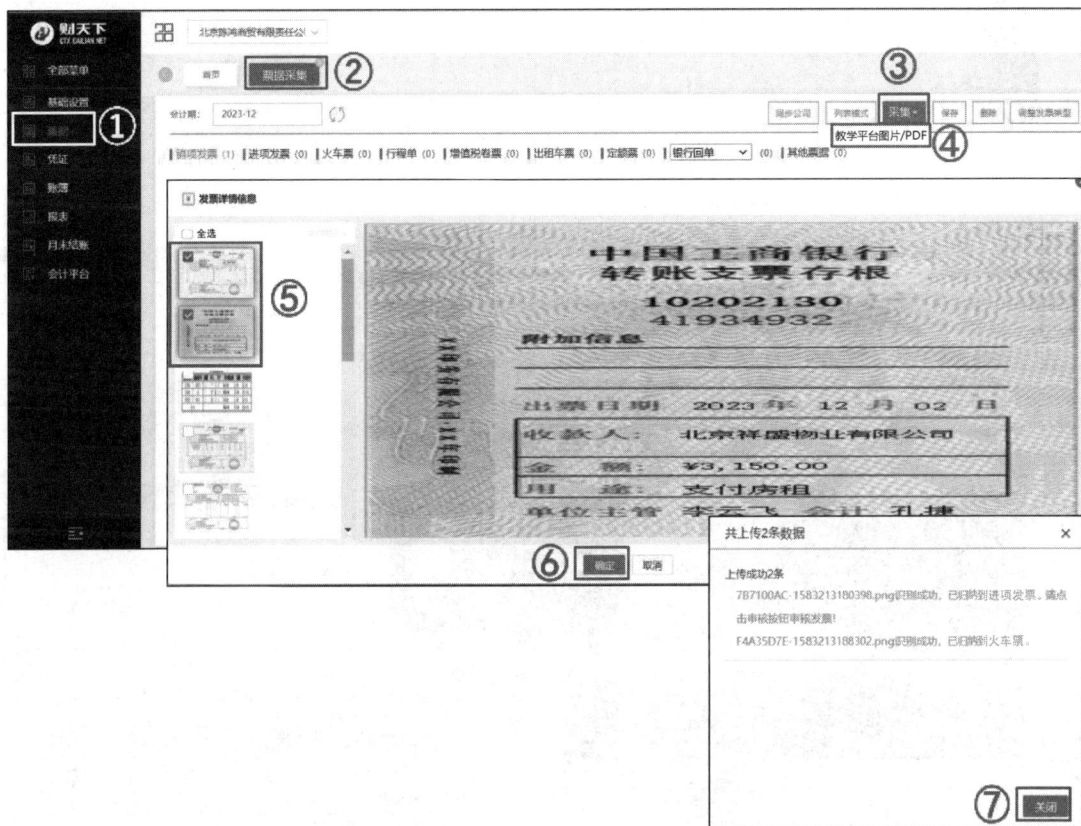

图 2-3-3　票据采集

（2）单击"进项发票"页签，然后单击右上方"调整发票类型"按钮，弹出"发票类型调整"对话框，单击下拉按钮，选择"其他票据"选项，然后单击"保存"按钮，如图 2-3-4所示。

（3）单击"火车票"页签，然后单击右上方"调整发票类型"按钮，弹出"发票类型调整"对话框，单击下拉按钮，选择"其他票据"选项，然后单击"保存"按钮，如图 2-3-5所示。

（4）单击"其他票据"页签，然后单击"审核"按钮，弹出对话框，单击"是"按钮。以"进项发票"为例，相关操作如图 2-3-6 所示。

图 2-3-4　调整票据类型（进项发票）

图 2-3-5　调整发票类型（转账支票）

2. 新增费用类型

（1）单击"会计平台"菜单下的"费用类型"页签，单击"招待费"前的"新增"按钮 ⊕ ，下方新增空白行，如图 2-3-7 所示。

（2）单击"费用类型"空白处，手动输入"租赁费"，单击"业务类型"空白处，选择业务类型，选择"报销租赁费"选项，完成新增费用类型，如图 2-3-8 所示。

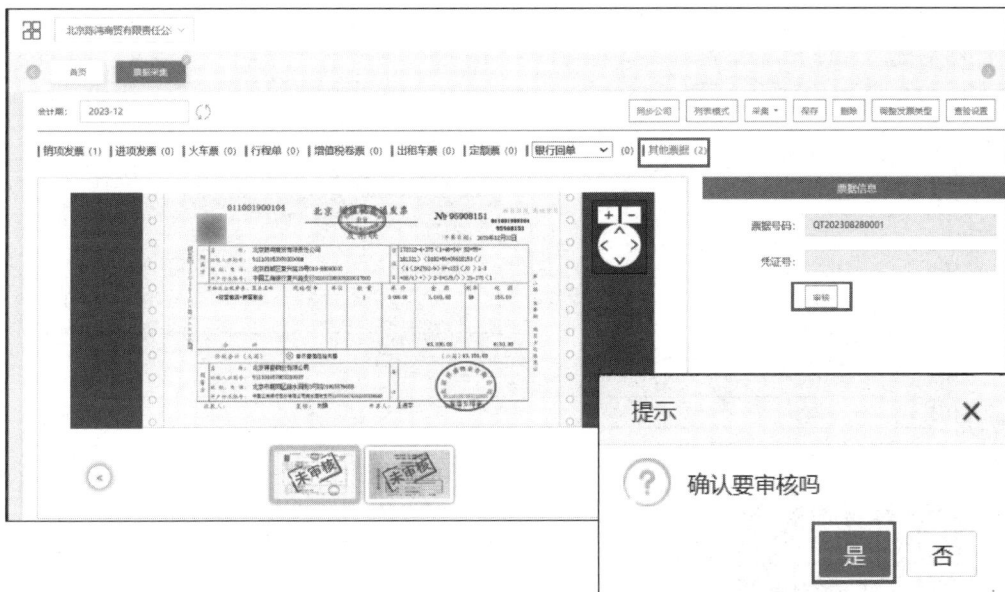

图 2-3-6 票据审核

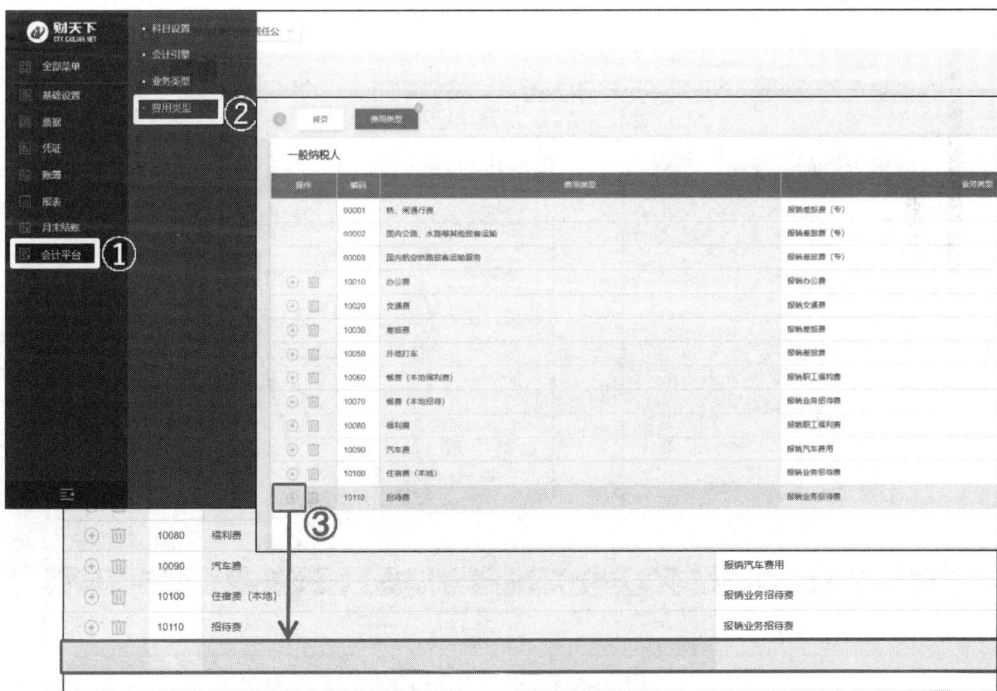

图 2-3-7 新增空白行

3. 新增费用报销单

（1）单击"凭证"菜单下的"费用报销单"页签，在打开的界面中单击"费用类型"空白处，在打开的列表框中选择"租赁费"选项，然后单击"结算方式"，在打开的列表框中选择"银行收支"选项，根据业务数据，录入相应金额，在"价税合计"栏中输入"3150"，"税额"栏中输入"150"，"发票类型"选择"其他票据"选项，如图 2-3-9 所示。

图 2-3-8　新增费用类型

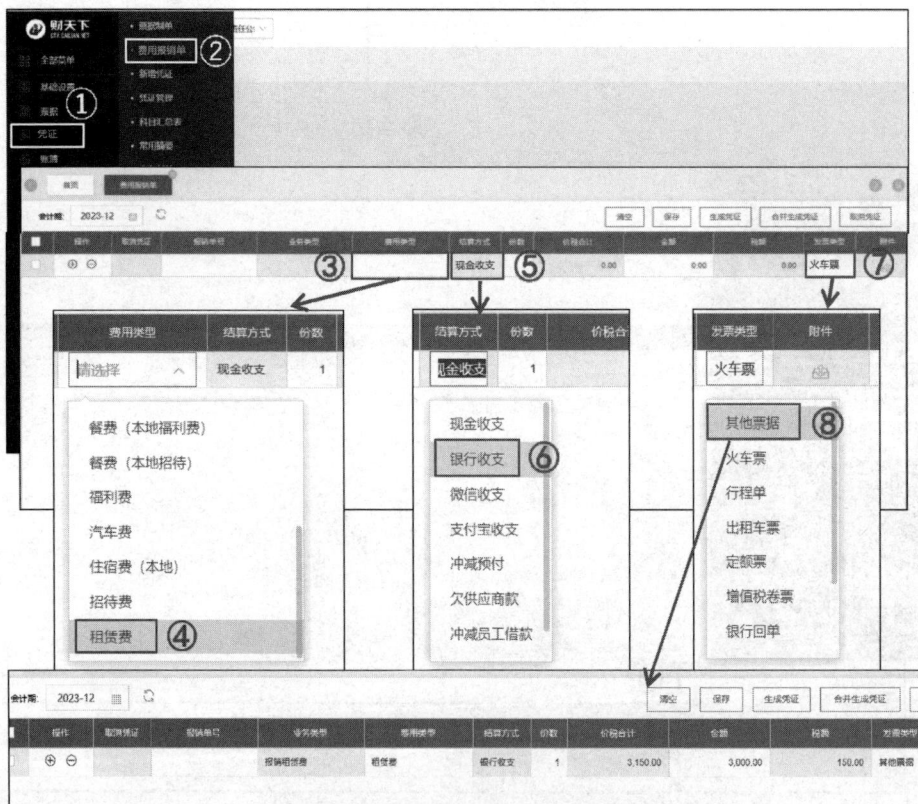

图 2-3-9　新增费用报销单

（2）单击"附件"按钮 ，打开"单据图片"对话框，在"单据图片"对话框中，双击 2 张原始单据，并单击"保存"按钮，如图 2-3-10 所示。

4．生成凭证

选中新增的费用报销单，然后单击"生成凭证"按钮，再单击"记-0002"，在打开的界面中单击"制单日期" 2023-12-03 ，修改日期为 2023 年 12 月 2 日，单击会计科目"660110 销售费用-租赁费"，在打开的会计科目列表框中选择"660210 管理费用-租赁费"，单击"保存"按钮，如图 2-3-11 所示。

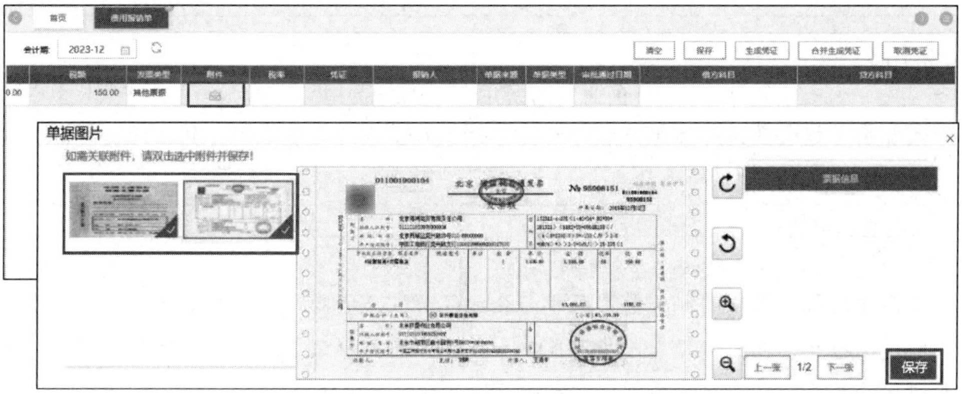

图 2-3-10　添加附件图片

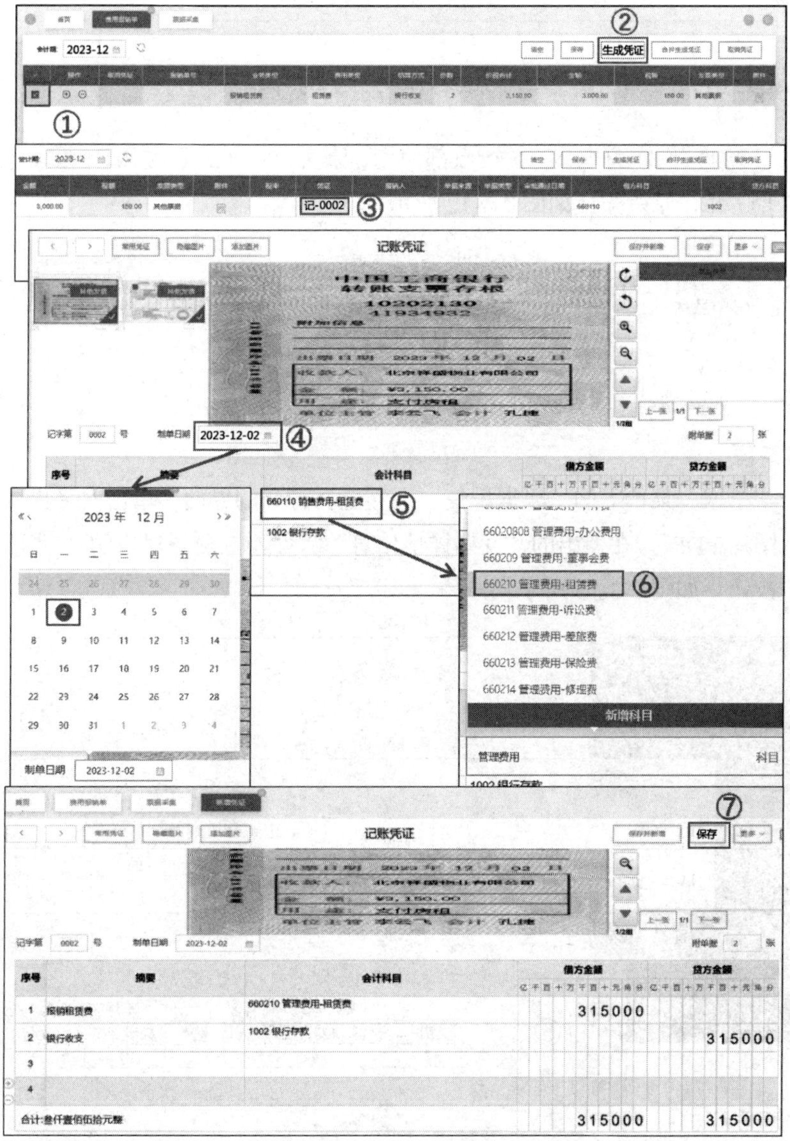

图 2-3-11　生成凭证

企业日常费用——财务费用

财务费用是指企业为筹集生产经营所需资金等而发生的筹资费用，包括利息支出（减利息收入）、汇兑损益以及相关的手续费。

素养课堂

员工出差过程中发生的相关费用属于与企业经营相关的费用，如员工垫付费用，企业可以根据实际情况报销，同时依据《中华人民共和国企业所得税法》及其实施条例的规定，企业所得税税前扣除应符合三个基本原则：真实性、相关性、合理性。真实性是税前扣除的首要原则，要求纳税人提供证明支出确属实际发生的合法、有效凭证。

二、计提固定资产当月折旧的票据整理与制单

公司货车于 2023 年 11 月购入，由行政部使用，原值 100 000 元，折旧年限 4 年，残值率 5%，月折旧额 1 979.17 元，原始凭证如图 2-3-12 所示。

陈鸿公司固定资产折旧明细表					金额单位：元
使用部门	固定资产名称	固定资产原值	使用年限	残值率	本月应提折旧额
行政部	货车	100 000	4	5%	1 979.17

图 2-3-12　原始凭证

操作步骤

1. 票据整理

（1）单击"票据"菜单下的"票据采集"页签，在打开的界面中单击"采集"按钮，然后单击"教学平台图片/PDF"，在弹出的"发票详情信息"界面勾选业务对应的 1 张原始单据，然后单击"确定"按钮，如图 2-3-13 所示。

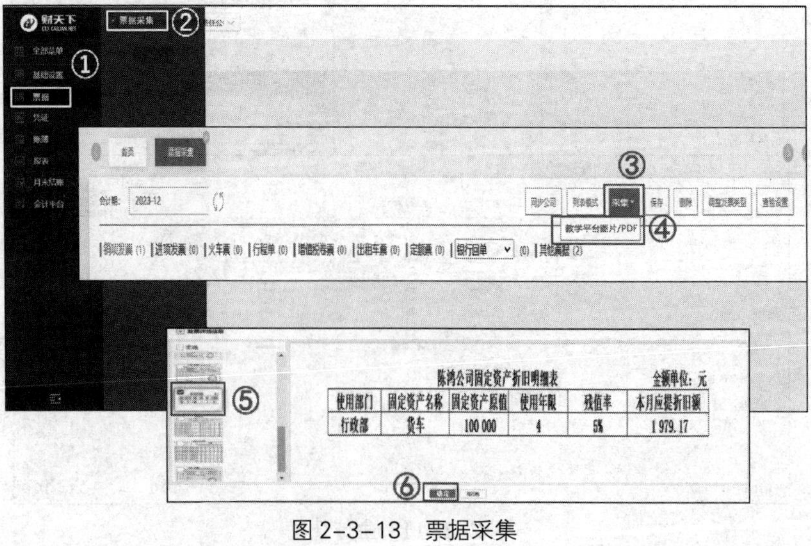

图 2-3-13　票据采集

（2）单击"其他票据"页签，单击"审核"按钮，打开对话框，单击"是"按钮，如图 2-3-14 所示。

图 2-3-14 票据审核

2. 手动新增凭证

（1）单击"凭证"菜单下的"新增凭证"页签，在打开的界面中单击"单据图片"按钮，打开"单据图片"对话框，单击"查询"按钮，如图 2-3-15 所示。

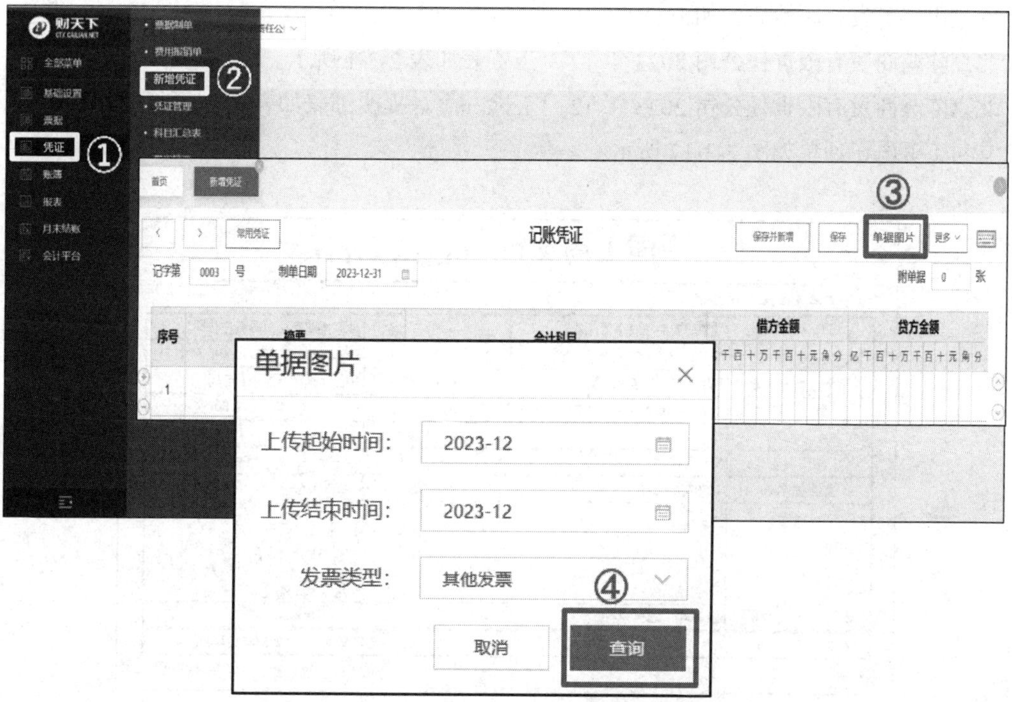

图 2-3-15 查询单据图片

（2）双击相应图片，在下方凭证处分别输入摘要、会计科目、金额等项目，然后单击“保存”按钮，如图 2-3-16 所示。

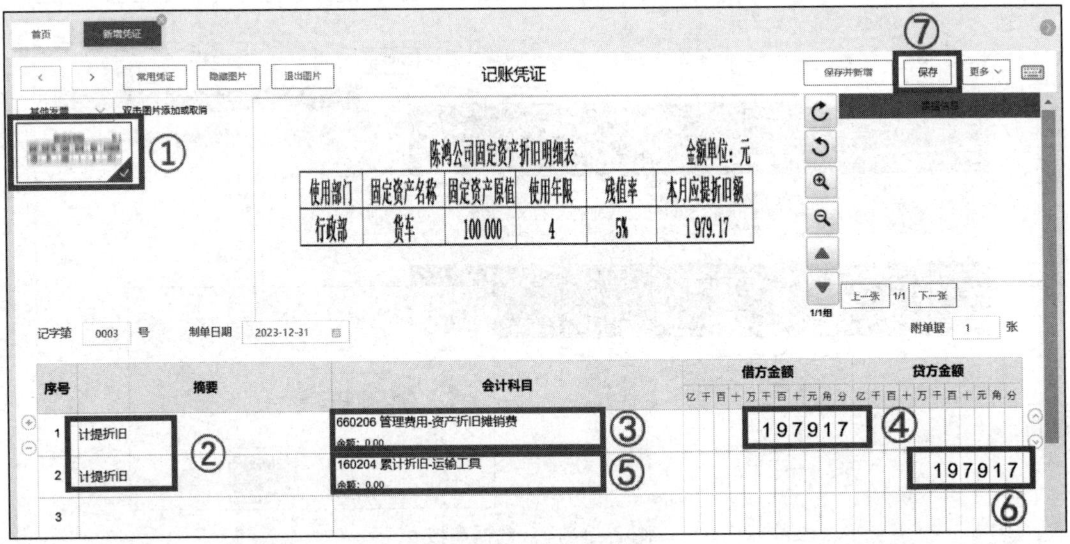

图 2-3-16　新增凭证

三、计提当月职工工资的票据整理与制单

2023 年 12 月 30 日，北京陈鸿商贸有限责任公司计提企业职工工资以及职工社保费用，并于当月发放职工工资，原始凭证如下。

北京陈鸿商贸有限责任公司 2023 年 12 月工资表如表 2-3-1 所示。

北京陈鸿商贸有限责任公司 2023 年 12 月五险一金计提明细表如表 2-3-2 所示。

支付工资电子回单如图 2-3-17 所示。

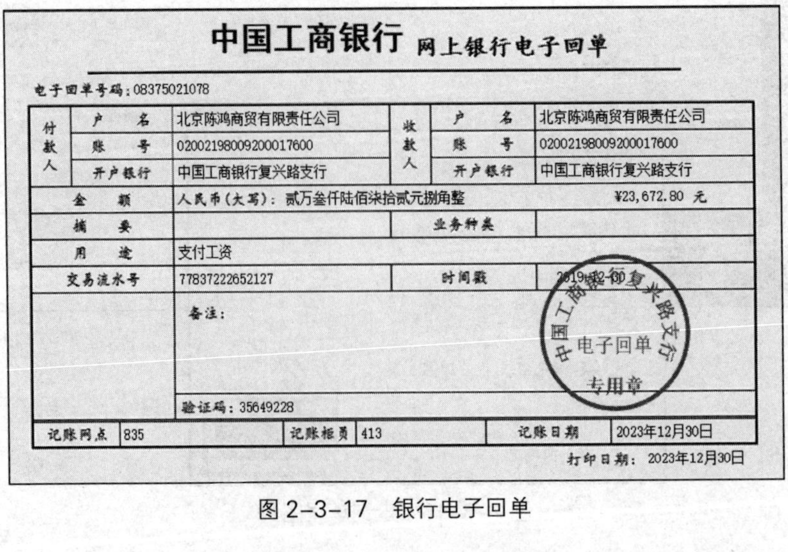

中国工商银行　网上银行电子回单

电子回单号码：08375021078

付款人	户　名	北京陈鸿商贸有限责任公司	收款人	户　名	北京陈鸿商贸有限责任公司
	账　号	0200219800920017600		账　号	0200219800920017600
	开户银行	中国工商银行复兴路支行		开户银行	中国工商银行复兴路支行
金　额		人民币（大写）：贰万叁仟陆佰柒拾贰元捌角整			¥23,672.80 元
摘　要			业务种类		
用　途		支付工资			
交易流水号		77837222652127	时间戳		2019-12-30
		备注：			
		验证码：35649228			
记账网点	835	记账柜员	413	记账日期	2023年12月30日

中国工商银行复兴路支行 电子回单 专用章

打印日期：2023年12月30日

图 2-3-17　银行电子回单

表 2-3-1

北京陈鸿商贸有限责任公司 2023 年 12 月工资表

金额单位：元

工号	姓名	部门	证件类型	证件号码	收入			扣款			应发合计	专项扣除					税前合计	个人所得税	实发合计
					基本工资	岗位津贴	绩效奖金	缺勤扣款	请假扣款	迟到扣款		基本养老保险	基本医疗保险	失业保险费	住房公积金	其他扣除			
20230001	李云飞	办公室	居民身份证	341221198112081313	5 000.00	200.00					5 200.00	400.00	100.00	10.00	600.00		4 090.00		4 090.00
20230002	张大彬	行政部	居民身份证	341221198311230949	3 500.00	200.00			100.00		3 600.00	280.00	70.00	7.00	420.00		2 823.00		2 823.00
20230003	孔捷	财务部	居民身份证	251321198804031216	3 500.00	200.00					3 700.00	280.00	70.00	7.00	420.00		2 923.00		2 923.00
20230004	赵刚	采购部	居民身份证	521221198912081317	3 000.00	200.00					3 200.00	240.00	60.00	6.00	360.00		2 534.00		2 534.00
20230005	楚静	库管部	居民身份证	211101198408110330	3 000.00	200.00					3 200.00	240.00	60.00	6.00	360.00		2 534.00		2 534.00
20230006	魏尚	销售部	居民身份证	121521199006210629	3 200.00	200.00	300.00				3 700.00	256.00	64.00	6.40	384.00		2 989.60		2 989.60
20230007	田雨	销售部	居民身份证	11012119881208112X	3 200.00	200.00	300.00		200.00		3 500.00	256.00	64.00	6.40	334.00		2 789.60		2 789.60
20230008	李斯	销售部	居民身份证	281221199312081861	3 200.00	200.00	300.00				3 700.00	256.00	64.00	6.40	384.00		2 989.60		2 989.60
合计					27 600.00	1 600.00	900.00	0.00	300.00	0.00	29 800.00	2 208.00	552.00	55.20	3 312.00	0.00	23 672.80	0.00	23 672.80

金额单位：元

表 2-3-2　　　　　　　北京陈鸿商贸有限责任公司 2023 年 12 月五险一金计提明细表

工号	姓名	部门	证件类型	证件号码	计提基数	企业承担部分					
						基本养老保险	基本医疗保险	失业保险费	工伤保险费	生育保险费	住房公积金
20230001	李云飞	办公室	居民身份证	34122119811208I313	5 000.00	800.00	500.00	40.00	10.00	40.00	600.00
20230002	张大彪	行政部	居民身份证	34122119831123O949	3 500.00	560.00	350.00	28.00	7.00	28.00	420.00
20230003	孔捷	财务部	居民身份证	25132119880403I216	3 500.00	560.00	350.00	28.00	7.00	28.00	420.00
20230004	赵刚	采购部	居民身份证	52122119891208I317	3 000.00	480.00	300.00	24.00	6.00	24.00	360.00
20230005	楚静	库管部	居民身份证	21110119840811O330	3 000.00	480.00	300.00	24.00	6.00	24.00	360.00
20230006	魏尚	销售部	居民身份证	12152119900621O629	3 200.00	512.00	320.00	25.60	6.40	25.60	384.00
20230007	田雨	销售部	居民身份证	11012119881208112X	3 200.00	512.00	320.00	25.60	6.40	25.60	384.00
20230008	李斯	销售部	居民身份证	28122119931208I861	3 200.00	512.00	320.00	25.60	6.40	25.60	384.00
合计					27 600.00	4 416.00	2 760.00	220.80	55.20	220.80	3 312.00

操作步骤

1. 票据整理

（1）单击"票据"菜单下的"票据采集"页签，在打开的界面中单击"采集"按钮，然后单击"教学平台图片/PDF"，在弹出的发票详情信息界面勾选业务对应的 1 张原始单据，然后单击"确定"按钮，弹出对话框，单击"关闭"按钮，如图 2-3-18 所示。

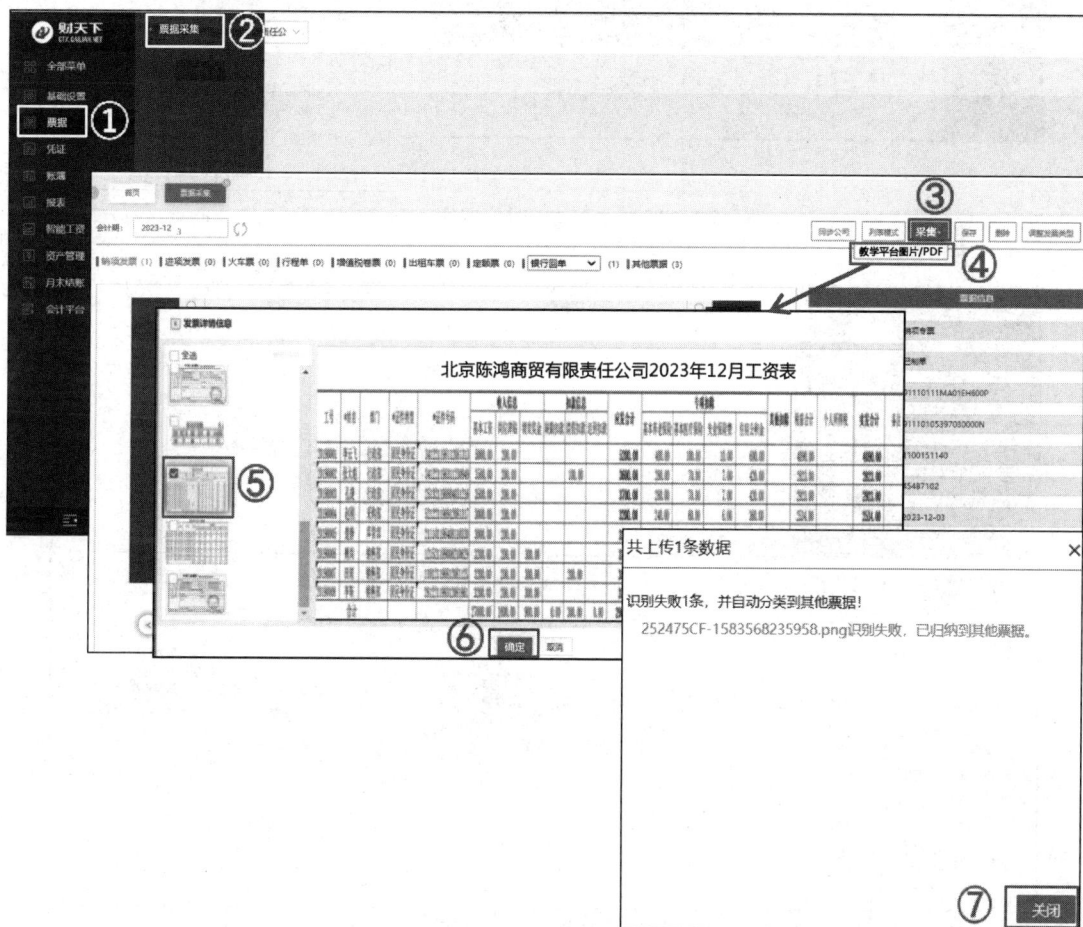

图 2-3-18 票据采集

（2）单击"其他票据"页签，然后，选中 12 月工资表图片，然后，单击右侧"审核"按钮，在打开的对话框中单击"是"按钮，如图 2-3-19 所示。

2. 调用常用凭证

单击"凭证"菜单下的"新增凭证"页签，在打开的界面中单击"常用凭证"按钮，左侧显示常用凭证模板，选择"计提工资"选项，右侧"会计科目"列内显示对应科目名称，然后在借方金额处，分别输入"18 900""10 900"，贷方金额输入"29 800"，最后，单击右上方"保存"按钮，如图 2-3-20 所示。

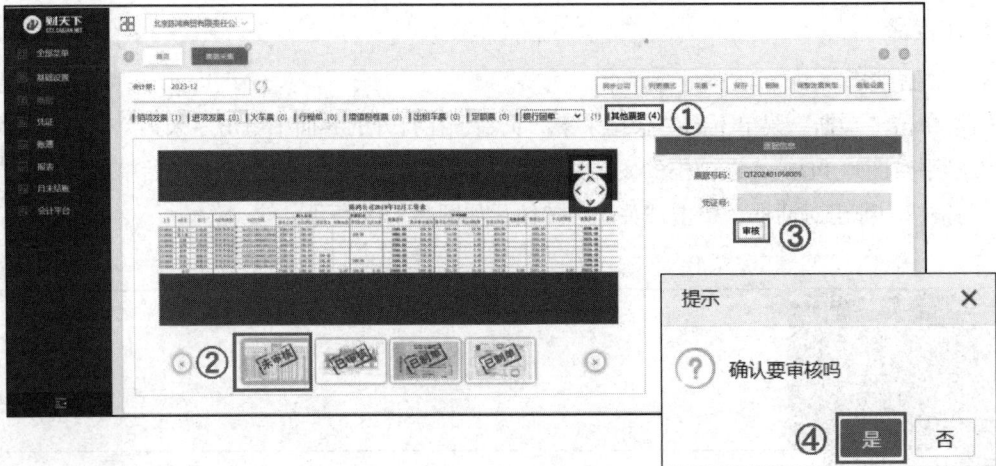

图 2-3-19　票据审核

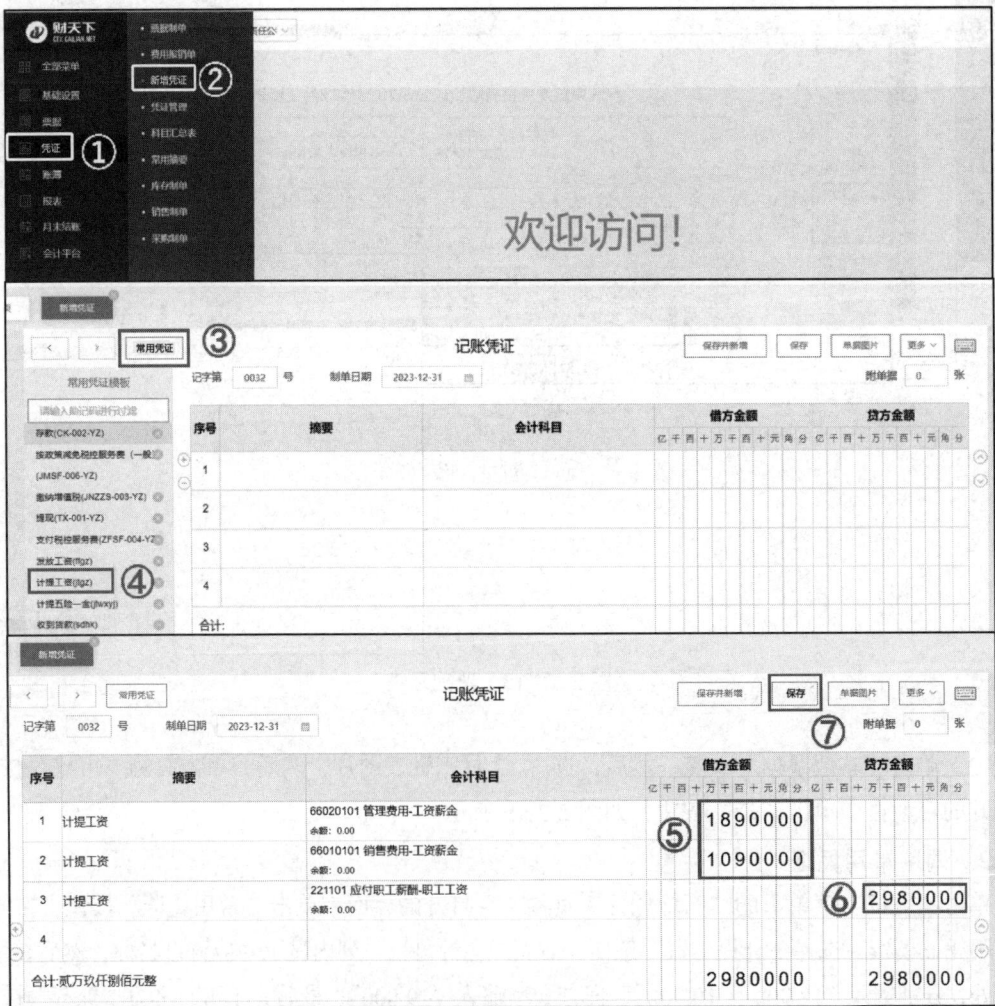

图 2-3-20　调用常用凭证

任务四　结算类业务制单

任务情境

北京陈鸿商贸有限责任公司 2023 年 12 月的银行结算类业务：收到 2023 年 12 月 1 日北京爱佳生活超市有限公司转账支票 1 张，当日将转账支票存入银行。

对于结算类单据，采集、归类、审核保存后，从菜单栏进入"新增凭证"界面，填写结算类业务的相关信息，在附件栏添加采集的票据，然后生成、保存记账凭证。由于结算类业务凭证具有重复性，可以设置常用模板，然后调用生成凭证。

任务准备

一、知识准备

1. 收款业务
企业收到销售等业务相关款项并存入银行账户，账务处理如下。

借：银行存款

　　贷：应收账款——××公司

2. 付款业务
企业支付采购类业务相关款项，账务处理如下。

借：应付账款——××公司

　　贷：银行存款

二、流程认知

结算类业务操作流程如图 2-4-1 所示。

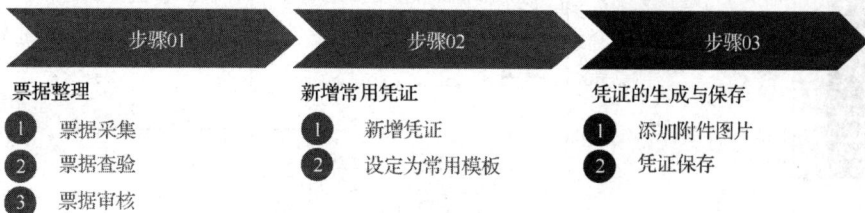

图 2-4-1　结算类业务操作流程

任务发布

完成平台案例企业中结算类业务的票据整理与制单。

任务实施

北京陈鸿商贸有限责任公司收到2023年12月1日北京爱佳生活超市有限公司转账支票1张，当日将相应款项存入银行，原始凭证如图2-4-2所示。

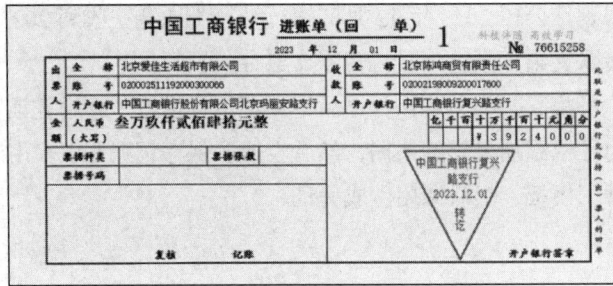

图 2-4-2　原始凭证

一、票据整理

操作步骤

（1）单击"票据"菜单下的"票据采集"页签，在打开的界面中单击"采集"按钮，然后单击"教学平台图片/PDF"，在弹出的发票详情信息界面勾选业务对应的 1 张原始单据，然后单击"确定"按钮，弹出对话框，单击"关闭"按钮，如图2-4-3所示。

图 2-4-3　票据采集

（2）单击"银行回单"页签，然后查验票据信息，根据图片内容修改"付款人账号""收款人账号""金额"栏的内容，然后单击"保存"按钮，再单击下方"审核"按钮，如图 2-4-4 所示。

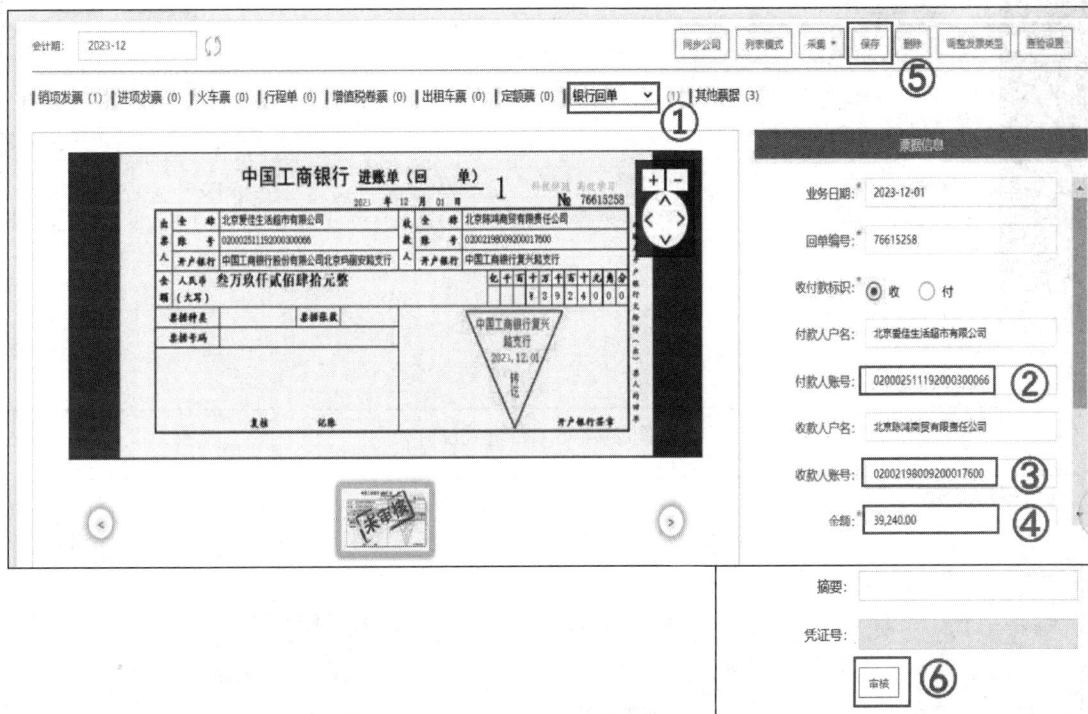

图 2-4-4　票据查验与审核

知识拓展

购销合同中的结算方式包括：现金结算、支票结算、汇票结算、托收承付。

购销合同，是指一方将货物的所有权或经营管理权转移给对方，对方支付价款的协议。合同主要条款包括货物名称、数量、质量和包装质量、价格、交货期限、违约责任等。

二、新增常用凭证

操作步骤

（1）单击"凭证"菜单下的"新增凭证"页签，根据收款业务账务处理，填写摘要、会计科目、金额（可输入任意数字）等内容，然后，单击"保存"按钮，如图 2-4-5 所示。

（2）在新增凭证界面，单击右侧"更多"按钮，在打开的列表框中选择"存为常用凭证"选项，打开"存为常用凭证"对话框，单击"确定"按钮，如图 2-4-6 所示。

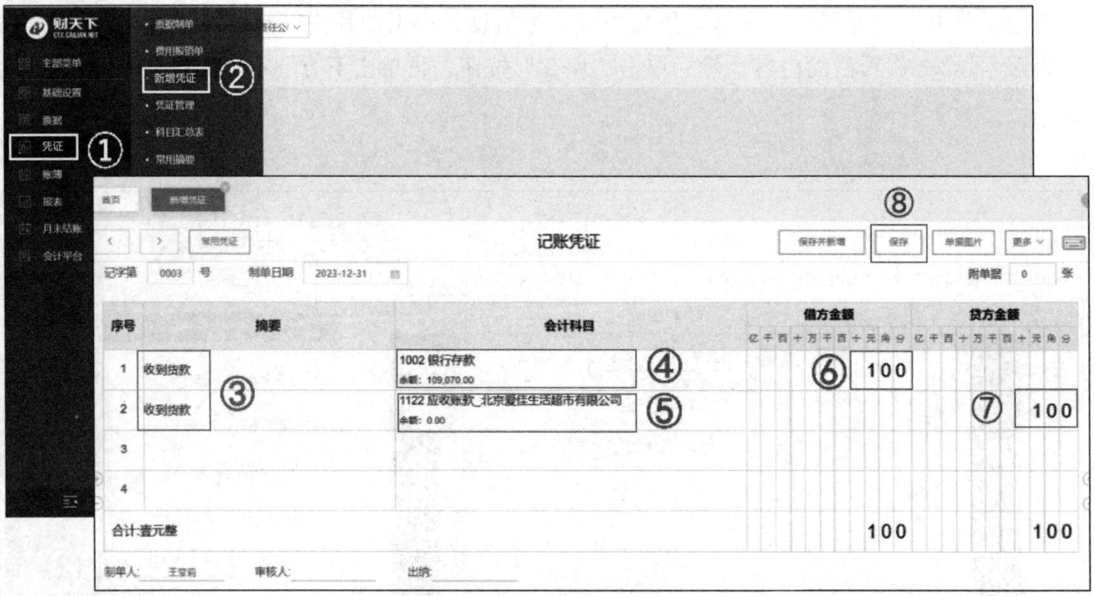

图 2-4-5　新增凭证

图 2-4-6　存为常用凭证

三、凭证的生成与保存

操作步骤

（1）单击"凭证"菜单下的"新增凭证"页签，单击打开界面右侧的"单据图片"按钮，打开"单据图片"对话框，单击"发票类型"栏的下拉按钮，在打开的列表框中，选择"银行回单"选项，单击"查询"按钮，如图 2-4-7 所示。

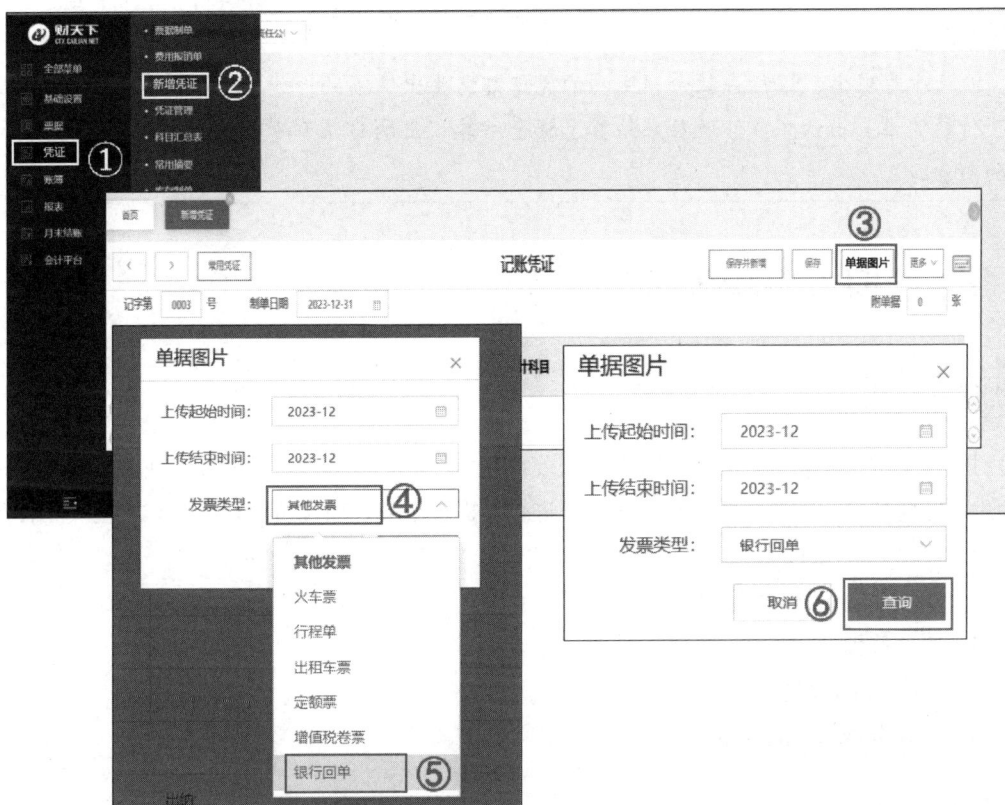

图 2-4-7　查询单据图片

（2）双击图片，然后单击"常用凭证"按钮，左侧显示常用凭证模板，选择"收到货款"选项，打开"提示"对话框，在空白栏处输入金额"39 240"，然后单击"确定"按钮，并单击"保存"按钮，如图 2-4-8 所示。

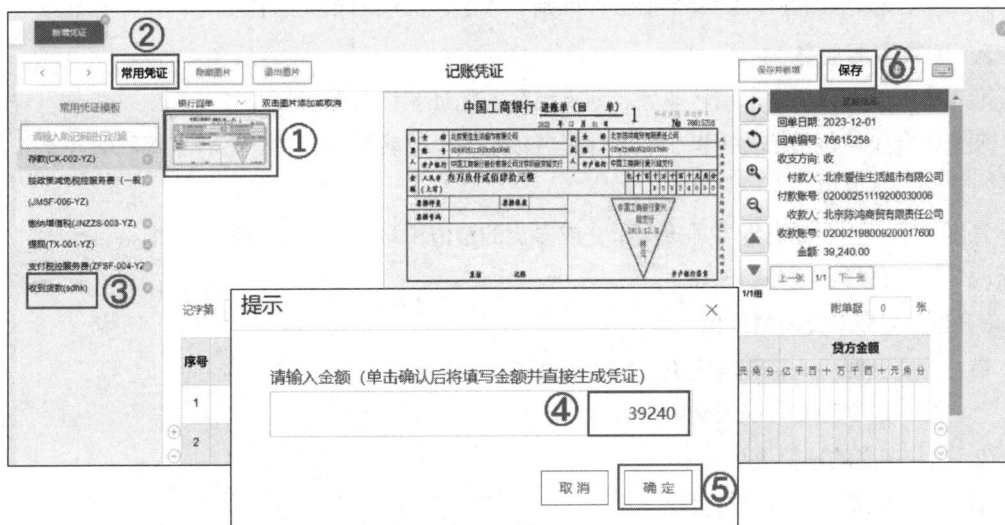

图 2-4-8　调用常用凭证

📖**素养课堂**

涉及库存现金、银行存款余额变动的凭证都需要出纳签字，如现金收、付款凭证，银行收、付款凭证。出纳工作涉及往来结算、资金结算。出纳要保障资金监管安全，严格履行自己的职责。

任务五　期末事项处理

📺 任务情境

对平台案例企业北京陈鸿商贸有限责任公司在 2023 年 12 月所发生的经济业务完成的账务处理而生成的凭证进行审核，对公司本月账务进行计提、结转各项税费等期末处理，主要工作流程如下。

（1）期末结转业务的结转方案生成凭证。

（2）票据整理。

（3）记账凭证审核。

（4）财务报表的生成与审核。

📺 任务准备

一、知识准备

1. 相关法规

《中华人民共和国会计法》《企业会计准则》等法律法规的相关内容。

2. 期末事项业务

期末事项业务包括期末结转业务、期末结账、凭证装订与保管等业务。

期末结转业务包括结转销售成本、计提各项税费、结转期间损益、结转本年利润等业务。

（1）结转增值税。

月度终了，企业应当将当月应交未交或多交的增值税自"应交增值税"明细科目转入"未交增值税"明细科目，账务处理如下。

① 当月应交未交的增值税。

借：应交税费——应交增值税（转出未交增值税）

　　贷：应交税费——未交增值税

② 当月多交的增值税。

借：应交税费——未交增值税

　　贷：应交税费——应交增值税（转出多交增值税）

（2）计提附加税。

城市维护建设税是以应交增值税和消费税税额之和为计税依据征收的一种税。其纳税人为缴纳增值税和消费税的单位和个人。税率因纳税人所在地不同而不同，从1%～7%不等。

借：税金及附加——城市维护建设税

　　　　　　——教育费附加

　　　　　　——地方教育附加

　　贷：应交税费——城市维护建设税

　　　　　　——教育费附加

　　　　　　——地方教育附加

（3）结转成本。

存货发出成本的计算方法主要包括4种：个别计价法、先进先出法、移动加权平均法、月末一次加权平均法。北京陈鸿商贸有限责任公司采用月末一次加权平均法计算本期发出存货成本，账务处理如下。

借：主营业务成本

　　贷：库存商品

💡 **知识拓展**

月末一次加权平均法是指以全部进货数量加上月初存货数量作为权数，去除当月全部进货成本加上月初存货成本，计算出当月存货的单位成本，以此为基础，计算出当月发出存货的成本和期末存货成本的一种方法。

计算公式如下。

存货单位成本=[月初库存存货的实际成本+∑（当月各批进货的实际单位成本×当月各批进货的数量）]/（月初库存存货数量+当月各批进货数量之和）

（4）计提所得税费用。

根据企业会计准则的规定，企业计算确定的当期所得税和递延所得税之和，即应从当期利润总额中扣除的所得税费用，计算公式如下。

所得税费用=当期所得税+递延所得税

当期所得税是指当期应交所得税，应交所得税是指企业按照企业所得税法计算确定的针对当期发生的交易和事项，应缴纳给税务部门的金额。应纳税所得额是在企业税前会计利润（即利润总额）的基础上调整确定的，计算公式如下。

应纳税所得额=税前会计利润+纳税调整增加额-纳税调整减少额

应交所得税=应纳税所得额×适用税率

计提所得税账务处理如下。

借：所得税费用

　　递延所得税资产

　　贷：应交税费——应交所得税

　　　　递延所得税负债

（5）结转本年利润。

会计期末，结转本年利润的方法有表结法和账结法两种。

① 表结法。

表结法下，各损益类科目每月月末只需结计出本月发生额和月末累计余额，不结转到"本年利润"科目，只有在年末时才将全年累计余额结转入"本年利润"科目。但每月月末要将损益类科目的本月发生额合计数填入利润表的本月数栏，同时将本月月末累计余额填入利润表的本年累计数栏，通过利润表反映各期的利润（或亏损）。表结法下，年中损益类科目无须结转入"本年利润"科目，减少了转账环节和工作量，同时并不影响利润表的编制及对有关损益指标的利用。

② 账结法。

账结法下，每月月末均需编制转账凭证，将在账上结计出的各损益类科目的余额结转入"本年利润"科目。结转后"本年利润"科目的本月余额反映当月实现的利润或发生的亏损，"本年利润"科目的本年余额反映本年累计实现的利润或发生的亏损。账结法在各月均可通过"本年利润"科目提供当月及本年累计的利润（或亏损）额，但增加了转账环节和工作量。

结转损益的账务处理如下。

结转收入类科目。

借：主营业务收入

其他业务收入

其他收益

投资收益

营业外收入

贷：本年利润

结转费用类科目。

借：本年利润

贷：主营业务成本

其他业务成本

税金及附加

管理费用

销售费用

财务费用

营业外支出

所得税费用

结转本年利润的账务处理如下。

借：本年利润

贷：利润分配——未分配利润

二、流程认知

1. 期末业务操作流程

期末业务操作流程如图 2-5-1 所示。

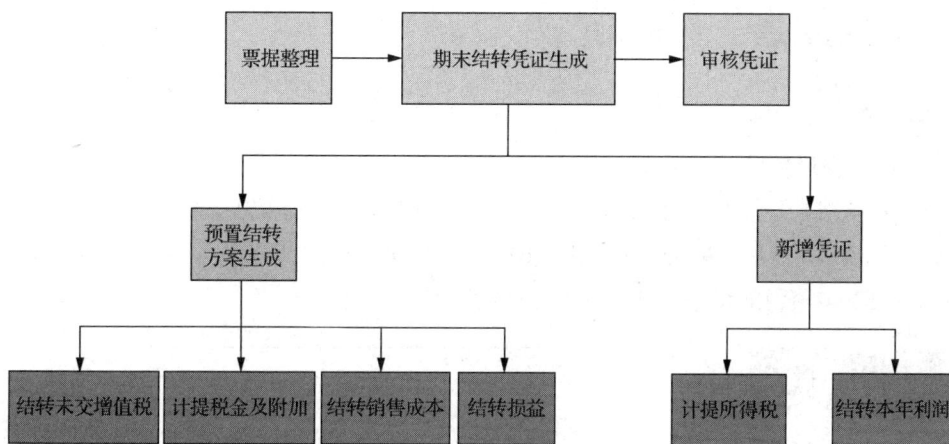

图 2-5-1　期末业务操作流程

2. 财务报表的生成与审核操作流程

财务报表的生成与审核操作流程如图 2-5-2 所示。

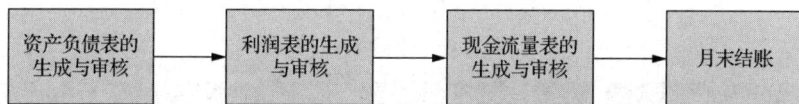

图 2-5-2　财务报表的生成与审核操作流程

📖**素养课堂**

　　新技术、智能工具的使用大大提高了财税工作的效率，业财税一体的财税工作平台的应用是财税工作变革的新方向，作为新时代的大学生，要不断开拓进取，勇于创新、敢于创新。

💻 **任务发布**

　　基于平台案例企业在 2023 年 12 月所发生的经济业务完成的账务处理而生成的业务凭证，对公司本月账务进行计提、结转各项税费等期末处理，并完成财务报表的审核与期末结账。

任务实施

假设本月没有其他业务发生，请对公司本月账务进行计提、结转各项税费等期末处理，并完成财务报表的审核与期末结账。

一、期末业务处理

操作步骤

1. 结转未交增值税

单击"月末结账"菜单下的"月末结转"页签，在预置结转方案中，单击"结转未交增值税"处的"计算"按钮，然后，单击该模块下方的"生成凭证"按钮，最后，单击"查看凭证"按钮，即完成结转未交增值税的账务处理，如图 2-5-3 所示。

图 2-5-3　结转未交增值税

2. 计提税金及附加

在预置结转方案中，单击"计提税金及附加"处的"计算"按钮，然后，单击该模块下方的"生成凭证"按钮，最后，单击"查看凭证"按钮，即完成计提税金及附加的账务处理，如图 2-5-4 所示。

图 2-5-4　计提税金及附加

3. 结转销售成本

在预置结转方案中，单击"结转销售成本"处的"设置"按钮，然后，在弹出的对话框中选中"按明细结转"，然后单击"保存"按钮，单击"结转销售成本"处的"计算"按钮，然后，单击该模块下方的"生成凭证"按钮，最后，单击"查看凭证"按钮，即完成结转销售成本的账务处理，如图 2-5-5 所示。

4. 计提当期所得税

由于本期不存在所得税纳税调整事项，先计算 12 月预缴所得税额：

陈鸿公司应交所得税=利润总额×25%×20%=（收入−费用）×25%×20%=（540 000−305 760.35）×25%×20%=11711.98（元）

单击"凭证"菜单下的"新增凭证"页签，在凭证空白处填写摘要、会计科目、金额等内容，然后，单击"审核"按钮，如图 2-5-6 所示。

图 2-5-5　结转销售成本

图 2-5-6　计提当期所得税

5. 结转当期损益

在预置结转方案中，单击"损益结转"处的"计算"按钮，然后，单击该模块下方的"生成凭证"按钮，最后单击"查看凭证"按钮，即完成损益结转的账务处理，如图 2-5-7 所示。

图 2-5-7 损益结转

6. 结转本年利润

单击"凭证"菜单下的"新增凭证"页签，在凭证空白处填写摘要、会计科目、金额等内容，然后，单击"保存"按钮，如图 2-5-8 所示。

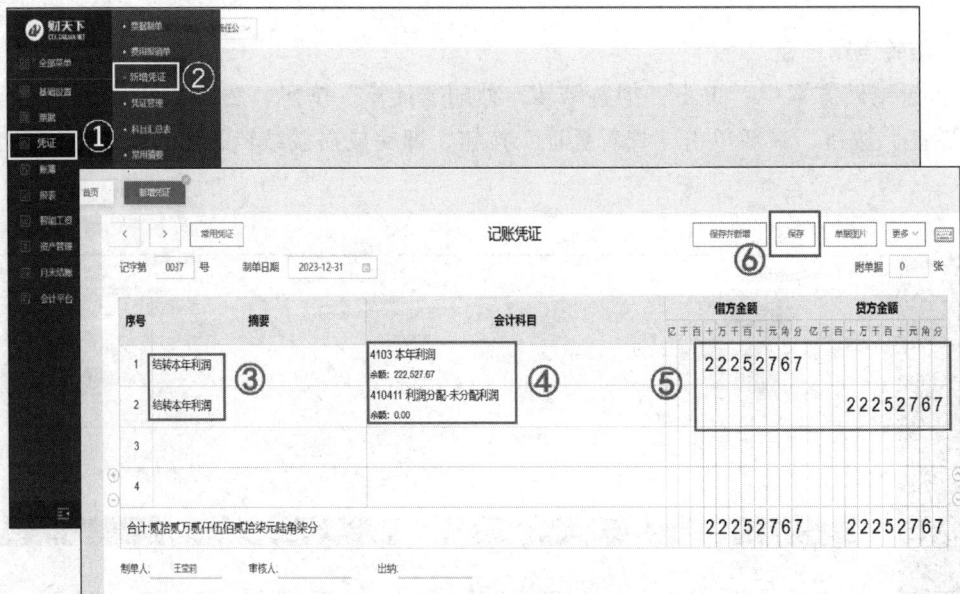

图 2-5-8 结转本年利润

二、财务报表的审核与期末结账

操作步骤

1. 资产负债表、利润表、现金流量表的审核

单击"报表"菜单下"财务报表"页签，在打开的界面中单击"资产负债表"页签，然后单击"审核"按钮，如图 2-5-9 所示。审核利润表、现金流量表的操作类似。

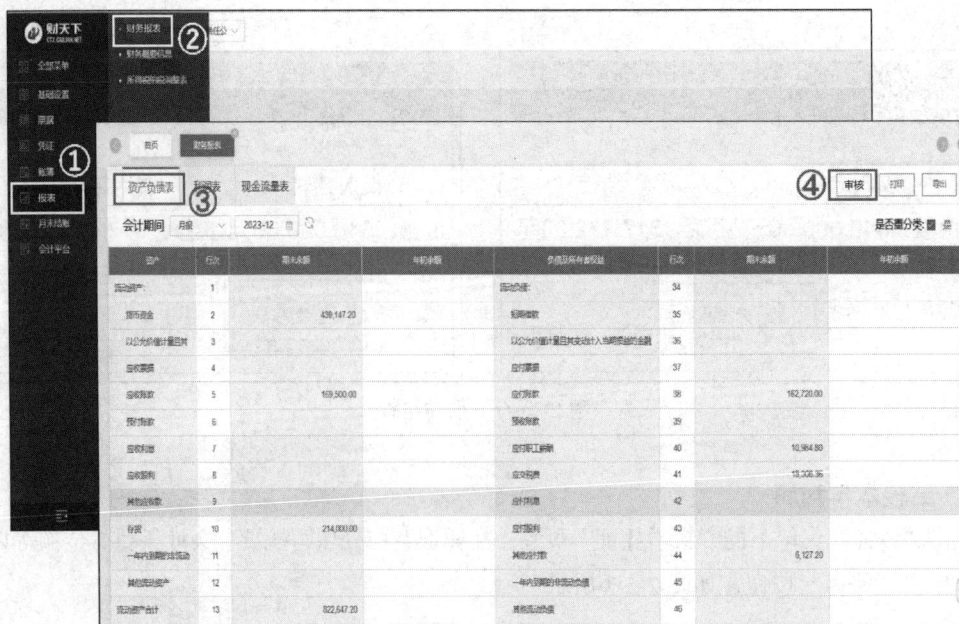

图 2-5-9 财务报表审核

2. 期末结账

单击"月末结账"菜单下"月末结账"页签，在打开的界面单击"月末检查结账"按钮，如图 2-5-10 所示。

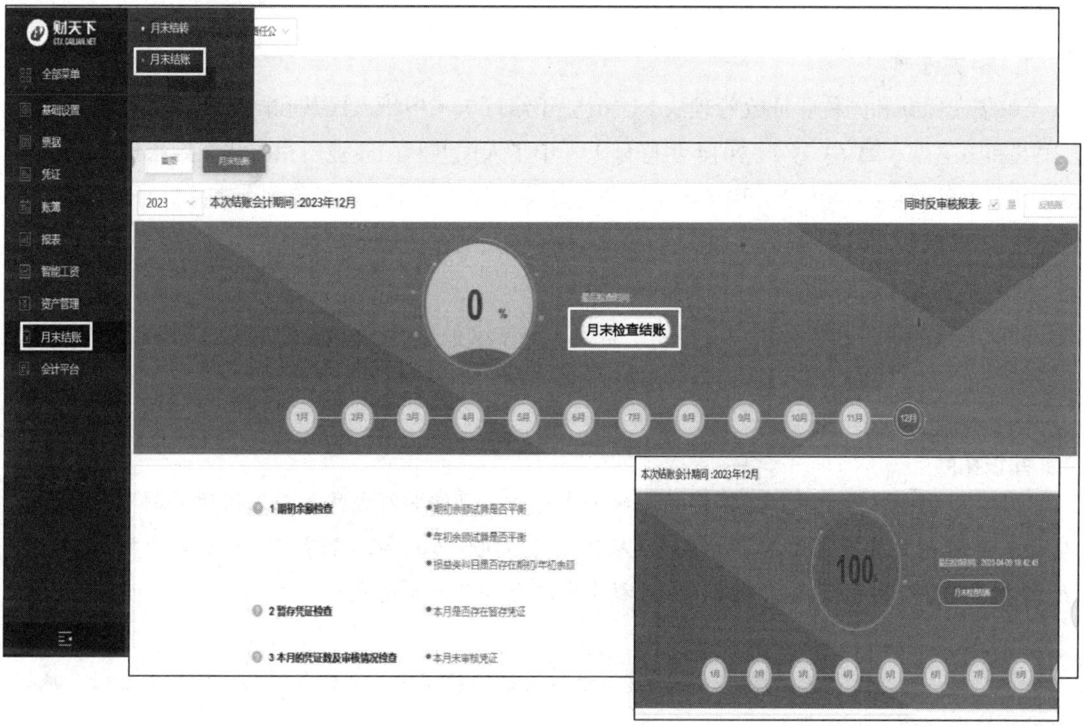

图 2-5-10 期末结账

任务六 纳税申报

任务情境

李自健是智能财税共享中心报税岗的一名员工，其岗位职责是对纳税客户的各项纳税项目进行纳税申报。2024 年 1 月 8 日，李自健为一般纳税人北京陈鸿商贸有限责任公司进行 2023 年 12 月的纳税申报，具体要求如下。

（1）生成并补充填写增值税纳税申报表，填写增值税减免税额。

（2）对增值税纳税申报表检查无误后进行纳税申报。

（3）核对所得税纳税申报表中营业收入、营业成本、利润总额等数据。

（4）填写所得税减免税额，计算所得税税额。

（5）对所得税预缴申报表检查无误后进行纳税申报。

任务准备

一、知识准备

1. 相关法规

《中华人民共和国税收征收管理法》（2015 年修订）、《中华人民共和国企业所得税法》（中华人民共和国主席令第 63 号）（2018 年修订）、《中华人民共和国企业所得税法实施条例》（中华人民共和国国务院令第 512 号）和《国家税务总局关于发布〈企业所得税税前扣除凭证管理办法〉的公告》（国家税务总局公告 2018 年第 28 号）等相关法律法规的基本内容。

2. 纳税申报的税种

纳税申报的税种主要包括增值税、消费税、城市维护建设税、教育费附加、地方教育附加、企业所得税、个人所得税、房产税、城镇土地使用税、车船税、印花税等。

> **知识拓展**
>
> 小型微利企业是指从事国家非限制和禁止行业，且同时符合年度应纳税所得额不超过 300 万元、从业人数不超过 300 人、资产总额不超过 5 000 万元等三个条件的企业。小型微利企业所得税优惠综合运用了两种形式，一是税率式减免，二是税基式减免。
>
> 1. 税率式减免
>
> 《中华人民共和国企业所得税法》第二十八条第一款规定，符合条件的小型微利企业，减按 20%的税率征收企业所得税。
>
> 2. 税基式减免
>
> 《财政部 税务总局关于进一步支持小微企业和个体工商户发展有关税费政策的公告》（财政部 税务总局公告 2023 年第 12 号）第三条规定，2023 年 1 月 1 日至 2027 年 12 月 31 日，对小型微利企业年应纳税所得额不超过 300 万元的部分，减按 25%计算应纳税所得额，按 20%的税率缴纳企业所得税。

二、流程认知

纳税申报操作流程如图 2-6-1 所示。

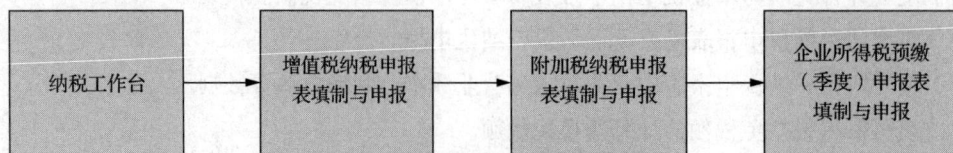

图 2-6-1　纳税申报操作流程

任务发布

对平台案例企业 2023 年 12 月所发生的经济业务进行增值税、附加税、企业所得税预缴（季度）的纳税申报。

任务实施

一、增值税纳税申报

智能财税共享中心员工李自健按照合同业务要求为一般纳税人北京陈鸿商贸有限责任公司进行 2023 年 12 月的增值税纳税申报。

操作步骤

（1）单击"纳税工作台"菜单，然后在纳税工作台界面中，单击"申报日期"，将日期调整为 2024 年 1 月，然后，单击"增值税纳税申报表"，如图 2-6-2 所示，进入增值税纳税申报表界面。

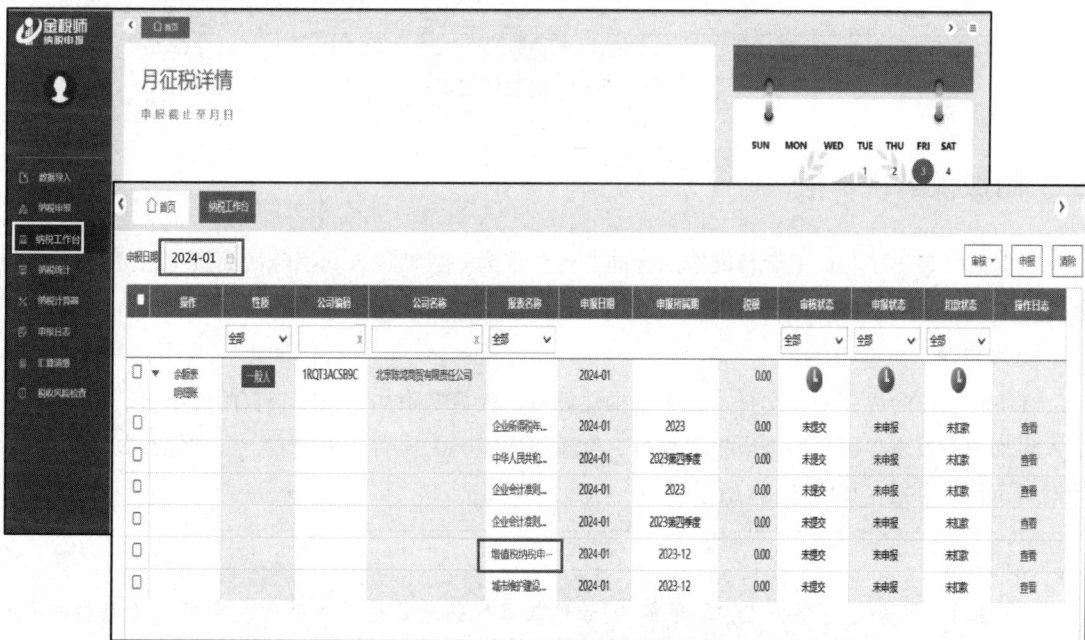

图 2-6-2　纳税工作台

（2）检查"增值税纳税申报表"主表及附表内容，无误后，在主表 13 栏次"上期留抵税额"项目中，输入"29 150"，然后，单击右上角"保存"按钮，然后，进行审核、申报，如图 2-6-3 所示。

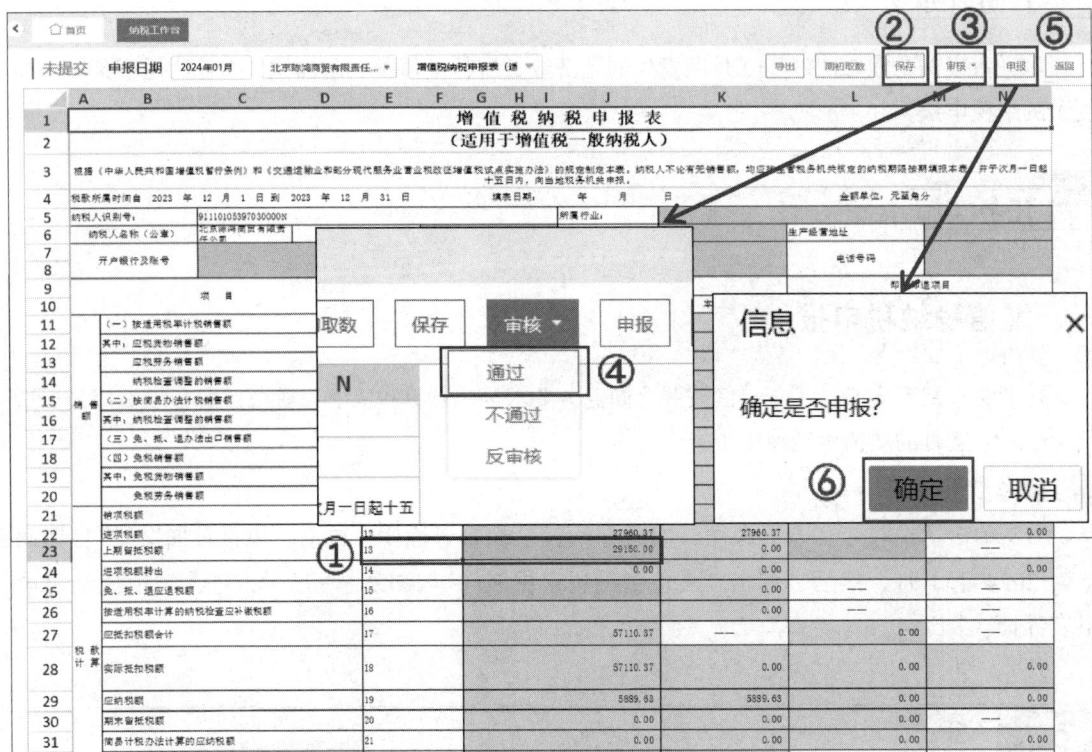

图 2-6-3　增值税纳税申报

二、附加税纳税申报

智能财税共享中心员工李自健按照合同业务要求为一般纳税人北京陈鸿商贸有限责任公司进行 2023 年 12 月的附加税纳税申报。

操作步骤

在纳税工作台界面中，选择"城市维护建设税、教育费附加、地方教育附加申报表"选项，进入附加税申报表界面，检查申报表项目、金额等内容，无误后，单击右上方"保存"按钮，然后进行审核、申报，如图 2-6-4 所示。

知识拓展

依据国家税务总局公告 2021 年第 9 号《国家税务总局关于简并税费申报有关事项的公告》，自 2021 年 5 月 1 日起，《增值税及附加税费申报表（一般纳税人适用）》及其附列资料等最新报表开始使用。

自 2021 年 6 月 1 日起，纳税人申报缴纳城镇土地使用税、房产税、车船税、印花税、耕地占用税、资源税、土地增值税、契税、环境保护税、烟叶税中一个或多个税种时，使用《财产和行为税纳税申报表》。

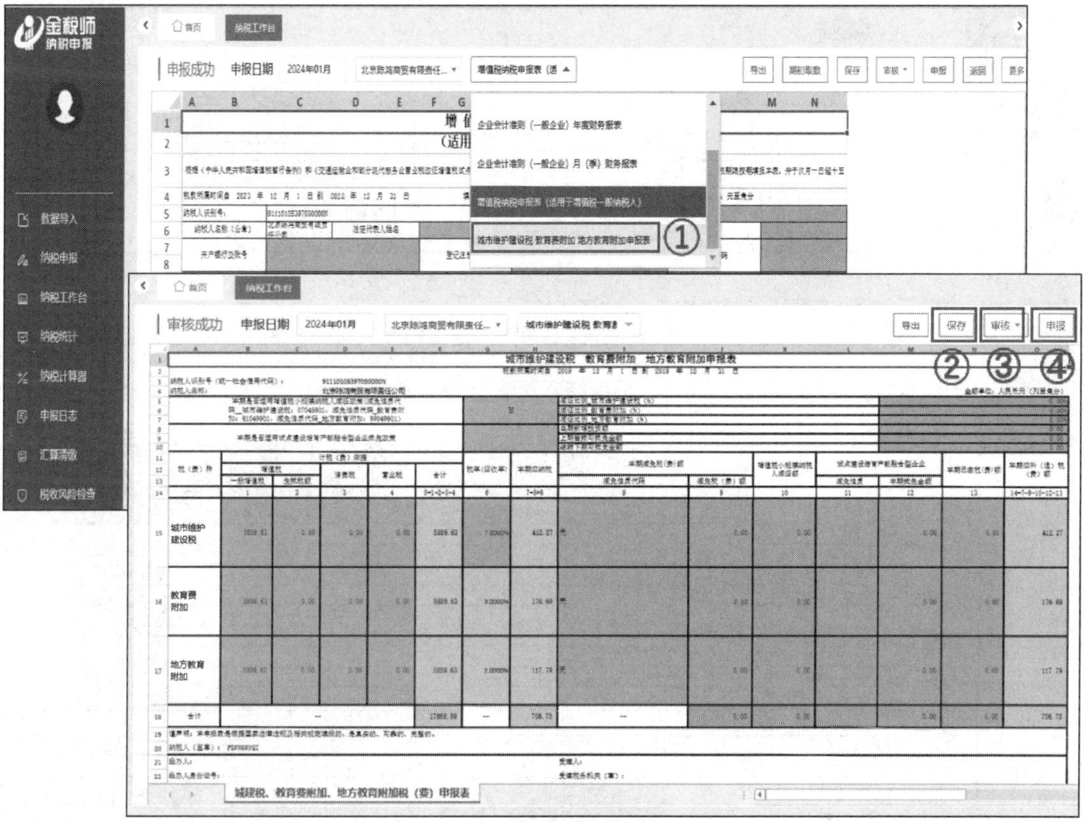

图 2-6-4　附加税纳税申报

三、企业所得税预缴（季度）纳税申报

智能财税共享中心员工李自健按照合同业务要求为一般纳税人北京陈鸿商贸有限责任公司进行 2023 年 12 月的企业所得税预缴（季度）纳税申报。

操作步骤

在纳税工作台界面中选择"中华人民共和国企业所得税月（季）度预缴纳税申报表（A类）"选项，进入企业所得税预缴纳税申报表界面，然后在"按季度填报信息"栏填写相关信息，最后，检查企业所得税季度预缴纳税申报表金额无误后，单击右上方"保存"按钮，然后进行审核、申报，如图 2-6-5 所示。

📖 素养课堂

中共中央办公厅、国务院办公厅于 2021 年 3 月 24 日公布《关于进一步深化税收征管改革的意见》（下称"意见"），对推进税收征管数字化升级、完善税务执法制度和机制、推行优质税费服务、精准实施税务监管等提出进一步要求。意见指出，深化税收征管改革，要着力建设"以服务纳税人缴费人为中心、以发票电子化改革为突破口、以税收大数据为驱动力"的智慧税务。新时代大学生更应学会应用新技术提升自身专业能力，增强专业自信。

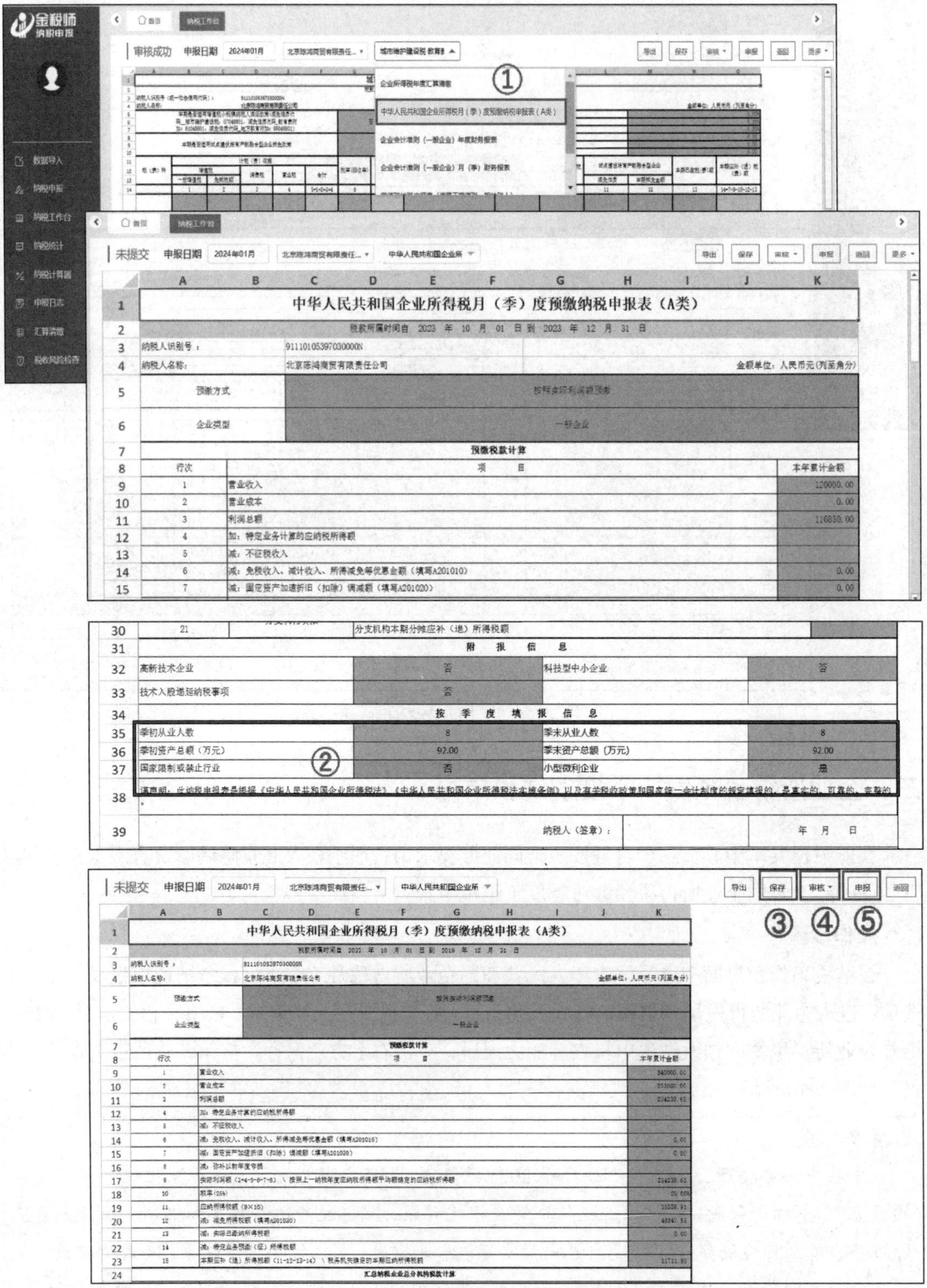

图 2-6-5　企业所得税季度预缴申报

项目三

外包业务

【知识目标】

1. 掌握企业纳税申报外包、商旅费用报销外包、薪税业务外包、购销业务外包、成本核算外包、固定资产外包业务的会计核算要求。

2. 掌握企业日常经济业务的账务处理程序。

3. 熟悉企业增值税、个人所得税、企业所得税等税收法律知识。

【能力目标】

1. 能够完成企业纳税申报外包、商旅费用报销外包、薪税业务外包、购销业务外包、成本核算外包、固定资产外包业务处理。

2. 能够完成企业日常经济业务的账务处理。

3. 能够熟练使用智能财税平台完成企业各类外包业务的账务处理。

【素质目标】

1. 培养纵观全局，全面考虑问题的逻辑思维能力。

2. 培养创新能力，以及善于解决问题的能力。

外包业务服务的含义

任务一　纳税申报外包

纳税申报外包主要是智能财税共享中心根据委托企业的要求，利用企业现有的核算系统导入金税师平台进行纳税申报。该平台目标是实现向税务机关"一键报税"。金税师有助于企业进行纳税申报，从发票、财务报表到纳税申报表需要解决两大问题：一是财税科目的智能化转换和数百种平台与金税师接口问题；二是个性化、非系统信息化数据对纳税申报的影响。

> **📖素养课堂**
>
> 社会大背景下，尤其是大数据智能化时代，财务人员应当坚定理想信念，树立法治观念，强化法治理念、法治原则认知，学会运用法治思维和方式维护自身合法权益，提高化解矛盾纠纷的能力。规范纳税信用管理，纳税人应诚信自律，提高税法遵从度，在未来的工作岗位上要严守做人底线、不越法律红线，深切体会税收对国家的重要意义与纳税人的光荣职责。

▣ 任务情境

北京子林文化有限公司是一家以文化活动策划及实施、赛事活动策划及推广、摄影服务等为主营业务的公司，该公司为一般纳税人，2023 年 12 月将其纳税申报业务外包给智能财税共享中心办理，双方签订合同，合同约定按国家有关规定，智能财税共享中心负责公司纳税报表复核与申报业务。

北京子林文化有限公司的基本信息如下。

账套号：302

账套名称：北京子林文化有限公司

存储路径：计算机 D 盘新建文件夹"北京子林文化有限公司"

账套启用会计期：2023 年 12 月

公司法定代表人：冯庄

企业类型：服务企业

行业性质：2007 年新会计制度科目

单位地址：北京市怀柔区府前东街 58 号

邮政编码：101400

电话：010-69601285

统一社会信用代码（纳税人识别号）：95730106317958313D

开户行：中国工商银行府前东街分行

开户行银行账号：21997394464679

本位币代码：RMB（人民币）

预置科目：按行业性质预置科目

公司 2023 年第四季度季初从业人数为 4 人，季末从业人数为 5 人，季初资产总额 2 000 000.00 元，季末资产总额 2 036 750.00 元。

▣ 任务准备

一、知识准备

会计报表是反映企业一定时期内财务状况和经营成果的书面性报告文件，它是纳税人计算应纳税款的重要依据，也是税务机关进行税务稽查的必要资料。在纳税申报表填写完毕后，需要对表格中内容进行复核，确保无误后才可进行申报。

申报时，纳税人应按税法规定：按期向当地主管税务机关报送会计报表；一般纳税人每月 1 日必须进行防伪税控开票机的抄税工作，如没有进行抄税工作，则不能申报。

二、流程认知

纳税申报外包操作流程如图 3-1-1 所示。

图 3-1-1　纳税申报外包操作流程

任务发布

完成平台案例企业的纳税申报，进行财务报表、增值税纳税申报表、企业所得税季度预缴纳税申报表的导入、审核与纳税申报等操作。

任务实施

一、导入企业财务报表并审核

纳税申报外包会在金税师平台进行相关操作。单击"开始练习"按钮即进入金税师纳税申报平台，在金税师纳税申报平台进行企业财务报表的导入与审核。

纳税申报业务

操作步骤

（1）单击"数据导入"菜单下的"财报"页签，弹出企业财务报表相关信息，单击"季度"页签，选择年份、季度，根据案例要求选择 2023 年季度四，如图 3-1-2 所示。

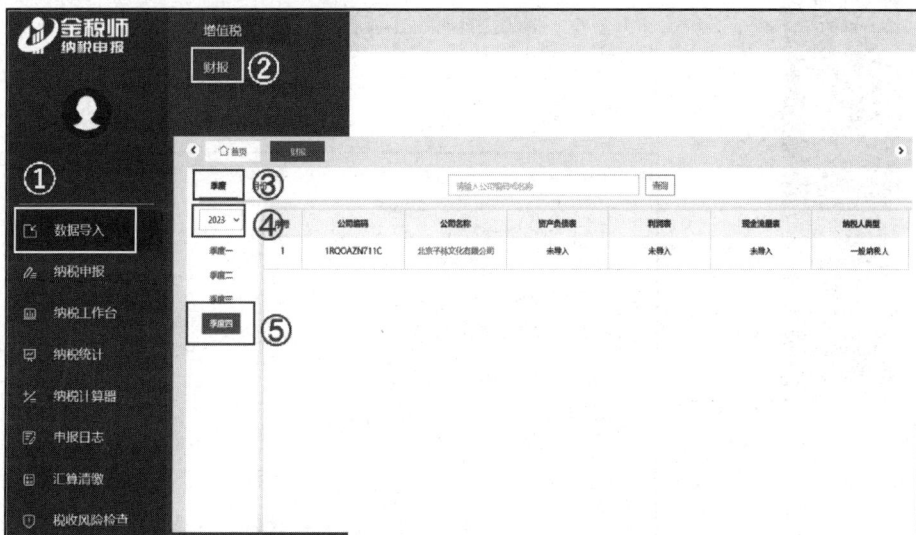

图 3-1-2　选择财务报表对应年份、季度

（2）单击公司名称"北京子林文化有限公司"，弹出基础设置界面，单击"保存"按钮，如图 3-1-3 所示。

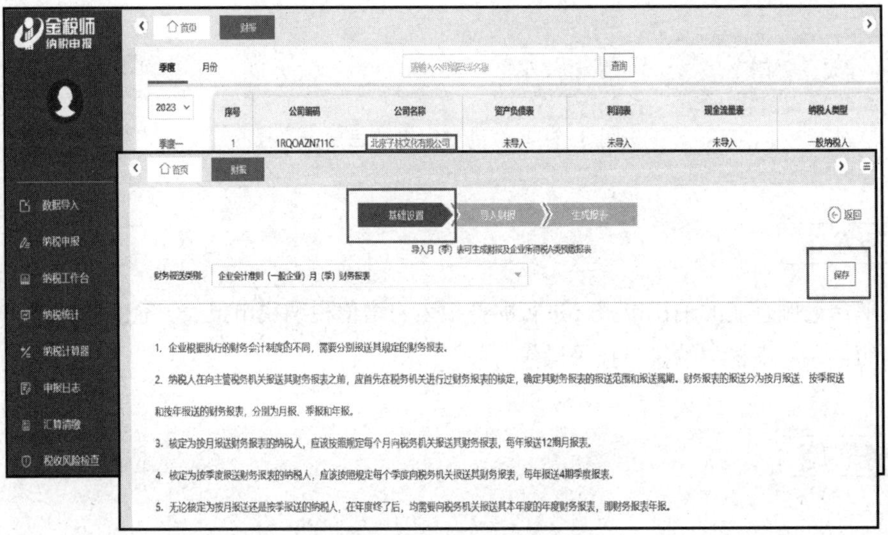

图 3-1-3　保存基础设置

（3）保存基础设置后自动跳转至导入财报界面，在"利润表"和"资产负债表"的对应项目下，分别单击"教学平台导入 EXCEL"按钮，然后单击"利润表""资产负债表"，在弹出的"文件上传"对话框中分别导入一般企业利润表、一般企业资产负债表，最后单击"确定"按钮。以导入利润表为例，相关操作如图 3-1-4 所示。

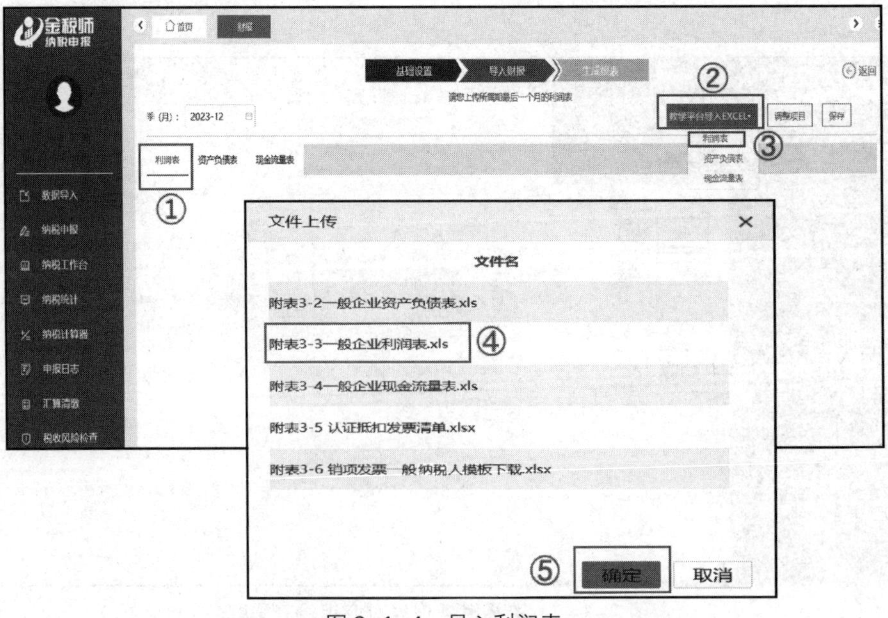

图 3-1-4　导入利润表

（4）利润表、资产负债表导入成功后单击"保存"按钮，弹出纳税工作台界面，核对数据无误后依次单击"保存""审核""通过"按钮，如图 3-1-5 所示。

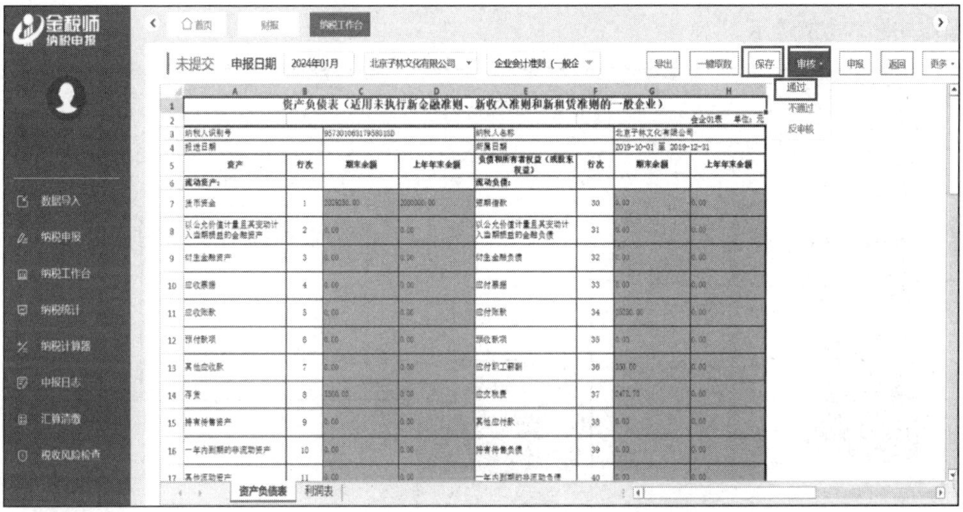

图 3-1-5 报表审核

二、增值税纳税申报表的审核与纳税申报

根据资料完成增值税纳税申报表的审核与纳税申报。

操作步骤

（1）单击"数据导入"菜单下的"增值税"页签，单击"季度"页签，根据案例要求选择年份、月份，选择 2023 年 12 月，如图 3-1-6 所示。

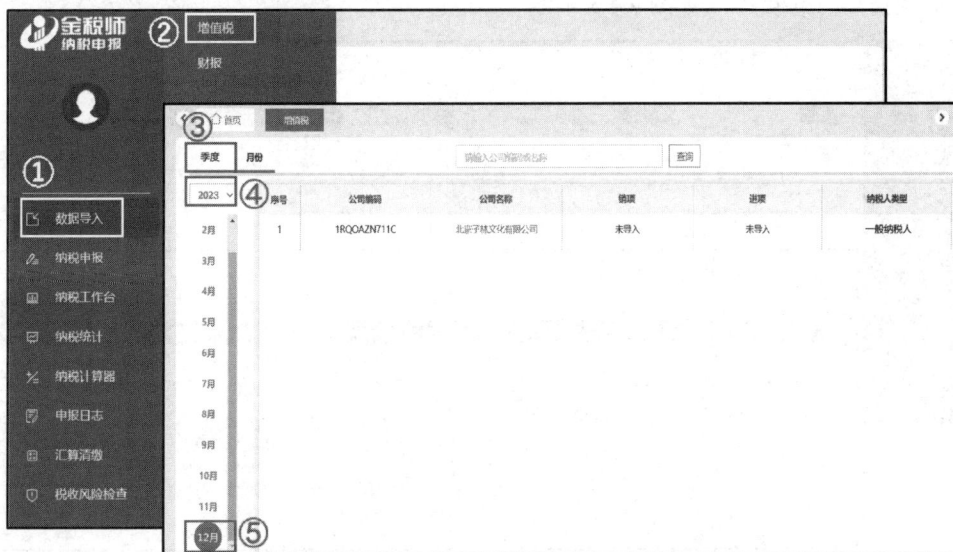

图 3-1-6 增值税申报年份、月份选择

（2）单击公司名称"北京子林文化有限公司"，弹出增值税导入界面，依次选择"进项""销项"项目，单击"导入"按钮，单击"教学平台导入"按钮，在弹出的"文件上传"对话框中依次选择进项、销项对应文件（附表 3-5、附表 3-6），单击"确定"按钮。以上传进项数据为例，相关操作如图 3-1-7 所示。

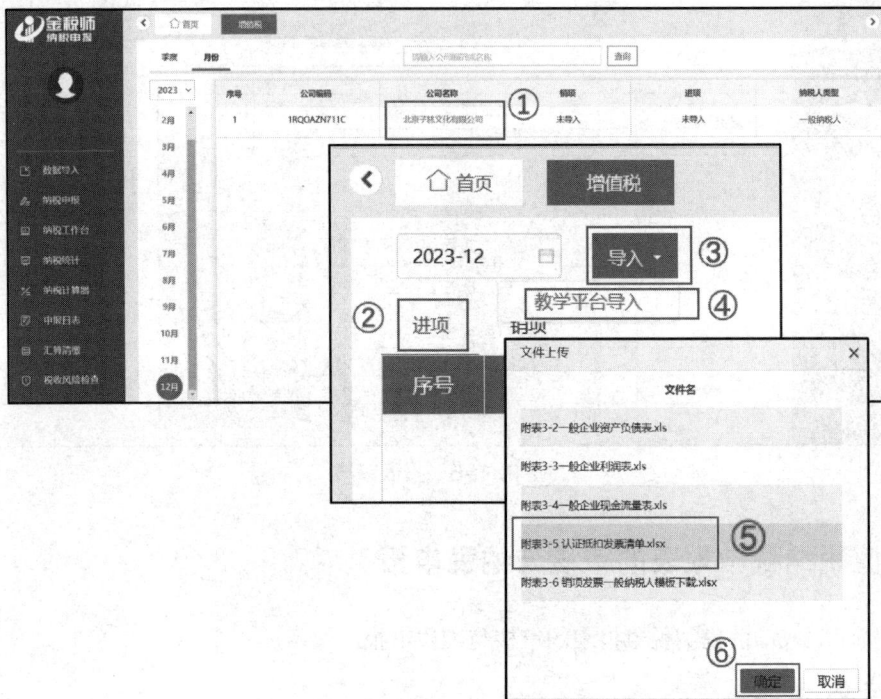

图 3-1-7　上传进项数据

（3）单击"纳税工作台"菜单，弹出纳税工作台相关信息，将申报日期调整为 2024 年 1 月，单击"增值税纳税申报表"，如图 3-1-8 所示。

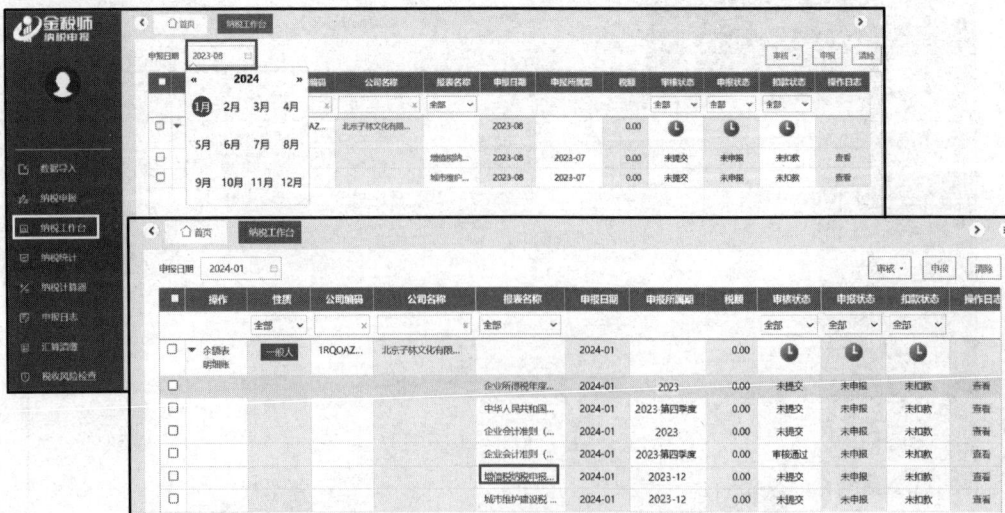

图 3-1-8　打开增值税纳税申报表

（4）核对增值税纳税申报表数据，核对数据无误后依次单击"保存""审核""通过""申报"按钮，单击"确定"按钮，如图 3-1-9 所示。

图 3-1-9 增值税纳税申报

三、企业所得税季度预缴纳税申报表审核与纳税申报

根据资料完成企业所得税季度预缴纳税申报表的审核与纳税申报。

操作步骤

（1）在金税师平台，单击"纳税工作台"进入纳税工作台界面，根据案例要求修改申报日期为 2024 年 1 月，单击"中华人民共和国企业所得税月（季）度预缴纳税申报表（A 类）"，如图 3-1-10 所示。

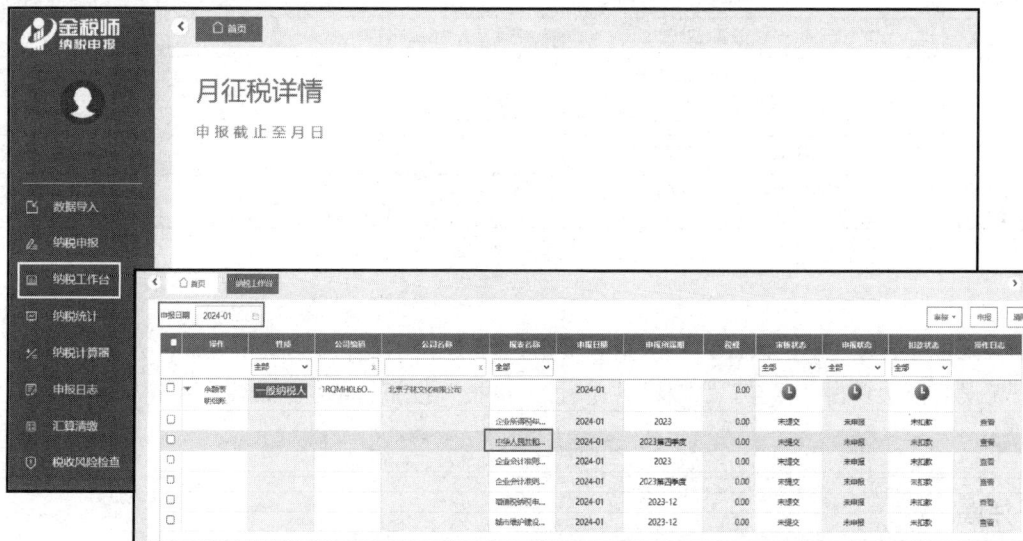

图 3-1-10 打开企业所得税纳税申报表

（2）根据案例信息填写"按季度填报信息"栏，该企业是小型微利企业，如图 3-1-11 所示。

按 季 度 填 报 信 息			
季初从业人数	4	季末从业人数	5
季初资产总额 / 万元	200.00	季末资产总额 / 万元	203.68
国家限制或禁止行业	否	小型微利企业	是

图 3-1-11　按季度填报信息

（3）单击附表"减免所得税优惠明细表"，查看"符合条件的小型微利企业减免企业所得税"的本年累计金额是否显示及金额是否正确，如图 3-1-12 所示。

	A	B	C
1		**减免所得税优惠明细表**	
2	行次	项　目	本年累计金额
3	1	一、符合条件的小型微利企业减免企业所得税	2055.15
4	2	二、国家需要重点扶持的高新技术企业减按15%的税率征收企业所得税	
5	3	三、经济特区和上海浦东新区新设立的高新技术企业在区内取得的所得定期减免企业所得税	
6	4	四、受灾地区农村信用社免征企业所得税	
7	5	五、动漫企业自主开发、生产动漫产品定期减免企业所得税	
8	6	六、线宽小于0.8微米（含）的集成电路生产企业减免企业所得税	
9	7	七、线宽小于0.25微米的集成电路生产企业减按15%税率征收企业所得税	
10	8	八、投资额超过80亿元的集成电路生产企业减按15%税率征收企业所得税	
11	9	九、线宽小于0.25微米的集成电路生产企业减免企业所得税	
12	10	十、投资额超过80亿元的集成电路生产企业减免企业所得税	
13	11	十一、线宽小于130纳米的集成电路生产企业减免企业所得税	
14	12	十二、线宽小于65纳米或投资额超过150亿元的集成电路生产企业减免企业所得税	
15	13	十三、新办集成电路设计企业减免企业所得税	
16	14	十四、国家规划布局内集成电路设计企业可减按10%的税率征收企业所得税	
17	15	十五、符合条件的软件企业减免企业所得税	
18	16	十六、国家规划布局内重点软件企业可减按10%的税率征收企业所得税	

免税收入、减计收入、所得减免等优惠明细表　固定资产加速折旧(扣除)优惠明细表　**减免所得税优惠明细表**　汇总纳税分支机构所得税分配...

图 3-1-12　查看减免所得税优惠

（4）返回主表"中华人民共和国企业所得税月（季）度预缴纳税申报表（A 类）"，核对数据无误后依次单击"保存""审核""通过""申报"按钮，单击"确定"按钮，如图 3-1-13 所示。

注意
企业所得税纳税申报需确认企业是否为小型微利企业。

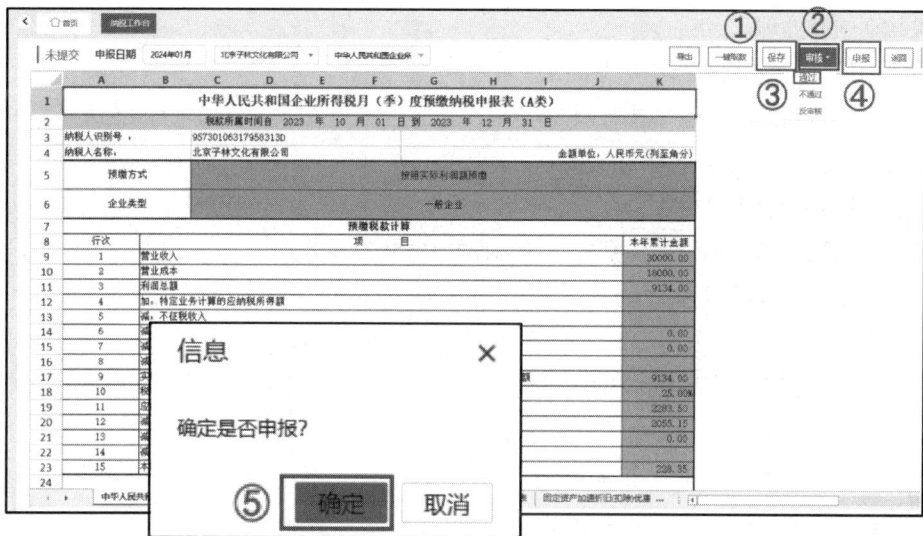

图 3-1-13 企业所得税纳税申报

任务二 商旅费用报销外包

商旅费用报销外包主要是智能财税共享中心根据委托企业的要求,完成委托企业的差旅费用报销业务,并提供出差申请及火车票、行程单、酒店预订和费用报销相关信息。在本任务中,负责商旅费用报销外包的财务人员需要依托平台将企业的业务流和财务流一体化生成的差旅费用报销相关单据进行处理,完成数据流转和存储,帮助委托企业提高业财一体化的管理水平。

📖素养课堂

"经济越发展,会计越重要"。在当前智能化企业管理的大背景下,财务人员必须适应新岗位的技能要求,善于接受新理念,学习新知识和掌握新技术,提高自身综合素质。

财务人员在处理差旅费报销业务时应做到以下几点。①树立服务公司意识,以公允、客观的态度核算每一笔业务,严格遵守会计准则。②有严谨的工作作风和敬业精神,养成良好的职业习惯。③理论联系实际,根据有关城市间交通费、住宿费、伙食补助费、市内交通费等的细则,结合实际业务进行具体问题具体分析,比如是否需要填制出差申请单,是否能够出差归来直接填写差旅费用报销单,等等。

💻 任务情境

深圳助学信息科技有限公司,位于深圳市,主要从事软件和信息技术服务。根据企业工商注册等资料,公司适用 2007 企业会计准则,为一般纳税人,属于中型软件信息企业。公司设立总经办、市场营销部、人事部、财务部 4 个部门。该公司于 2023 年 11 月将差旅费用报销业务外包给智能财税共享中心处理。

深圳助学信息科技有限公司的基本信息如下。

公司名称：深圳助学信息科技有限公司

会计准则：2007 企业会计准则

建账会计期：2023 年 11 月

统一社会信用代码（纳税人识别号）：91410301355873469M

纳税人类型：一般纳税人

法定代表人：刘宇

经营地址：深圳市福田区技术开发区 66 号

电话：0755-86556688

开户行：中国工商银行深圳市福田支行

开户行银行账号：6222002298552100199

邮箱：zxkj@yh.com.cn

记账本位币：人民币

人民币单位：元

行业：软件信息

类型：中型企业

任务准备

一、知识准备

1. 差旅费的报销范围

（1）差旅费：出差旅途中产生的费用支出，包括车、船、火车、飞机的票费，住宿费、伙食补助及其他方面的支出。

（2）一般情况下，单位补助出差伙食费就不再报销外地餐费，或者报销外地餐费就不再补助出差伙食费。

（3）差旅费的证明材料包括：交通费凭证、住宿费凭证、杂费凭证等。

常见差旅费类型如表 3-2-1 所示。

表 3-2-1　　　　　　　　　　　　常见差旅费类型

费用类别	基本含义	相关票据
公共交通费	出差过程中发生的公共交通费以及发生的相关手续费	公交车票、乘车记录单等
出租车费	出差过程中发生的出租车费	出租车票
住宿费	出差过程中发生的住宿费	住宿发票
差旅补助	出差补助	
订票、订宿费	出差过程中预订车票、酒店产生的费用	订票、订宿发票

2. 如何报销差旅费

（1）出差结束后提供相关报销凭证，包括出差审批单、机票、车票、住宿费发票等凭证。住宿费、机票支出等按规定用公务卡结算。

（2）财务部门审核出差费用开支，对于未经批准出差、超出限额的费用不予报销。

3. 商旅费用税务处理相关政策

购进境内旅客运输服务的抵扣政策如表 3-2-2 所示。

表 3-2-2   购进境内旅客运输服务的抵扣政策

取得的抵扣凭证	可抵扣的进项税额
增值税电子普通发票	发票上注明的税额（凭票抵扣）
注明旅客身份信息的航空运输电子客票行程单	（票价+燃油附加费）÷（1+9%）×9%
注明旅客身份信息的铁路车票	票面金额÷（1+9%）×9%
注明旅客身份信息的公路、水路等其他客票	票面金额÷（1+3%）×3%

商旅费用税务处理相关政策举例如下。

行程单如图 3-2-1 所示。

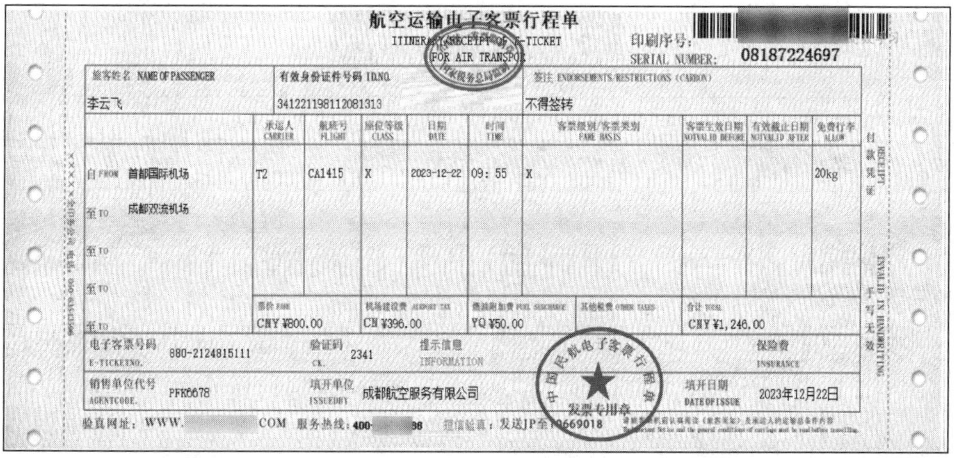

图 3-2-1   行程单

该行程单可抵扣的进项税额=（800+50）÷（1+9%）×9%=70.18（元）（四舍五入保留两位小数）。

火车票如图 3-2-2 所示。

该火车票可抵扣的进项税额=65÷（1+9%）×9%=5.37（元）（四舍五入保留两位小数）。

4. 抵扣进项税额的相关限制

（1）发票限制：增值税电子普通发票可以抵扣进项税额，增值税普通发票（纸质）不得抵扣。

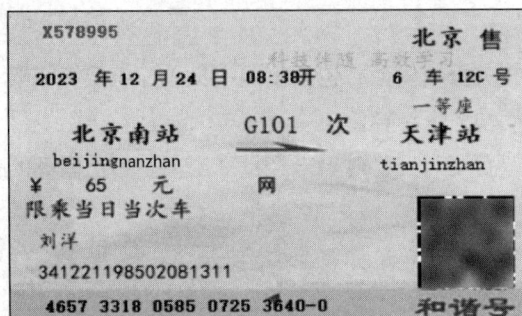

图 3-2-2　火车票

（2）用途限制：购进的货物用于简易计税方法计税项目、免征增值税项目、集体福利或个人消费的，不得抵扣进项税额。

（3）开票信息要求的限制：增值税电子普通发票上注明的购买方"名称""纳税人识别号"等信息，应当与实际抵扣税款的纳税人一致，不一致的话不得抵扣。

二、流程认知

商旅费用报销外包操作流程如图 3-2-3 所示。

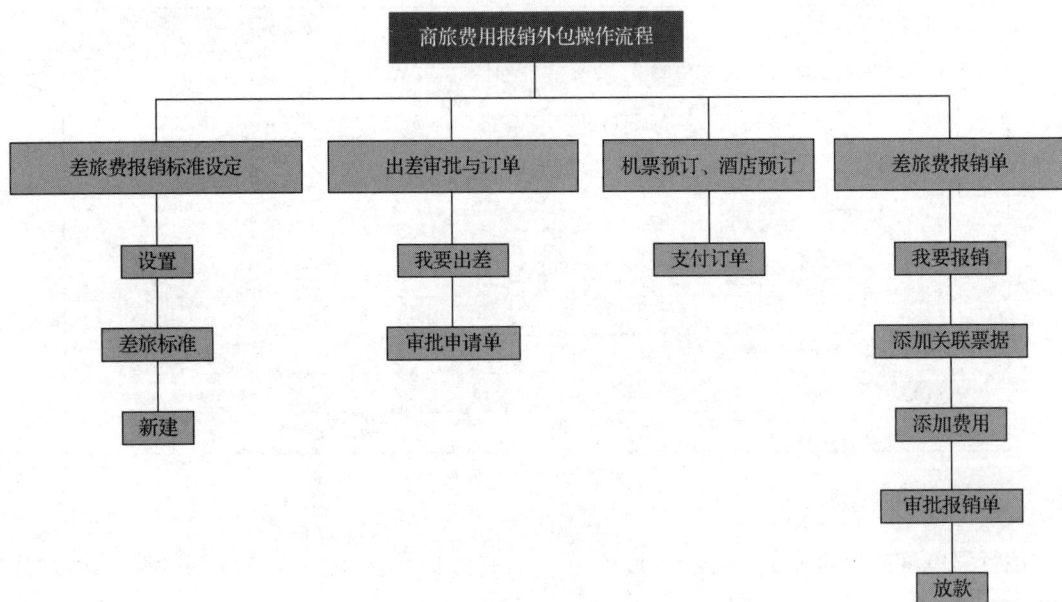

图 3-2-3　商旅费用报销外包操作流程

🖥️ **任务发布**

完成平台案例企业的商旅费用报销，进行差旅费报销标准设置，出差申请单的填写及审批，机票、酒店预订，差旅费用报销单填写、审批及放款等操作。

一、差旅费报销标准设置

操作步骤

打开商旅费控平台，单击"设置"菜单下的"差旅标准"页签，弹出差旅标准相关设置界面，分别在"机票标准""酒店标准""火车票标准""差补标准"项目下，单击"新建"按钮，根据案例要求进行对应项目设置。以设置机票标准为例，相关操作如图 3-2-4 所示。

图 3-2-4　设置机票标准

二、出差申请单的填写及审批

2023 年 11 月 5 日，公司财务部员工张明申请去北京出差，按照公司要求，填写出差申请单。出差信息如下。

出差人：张明

出差事由：参加财务制度培训会议

出差类型：培训出差

出差日期：2023-11-5—2023-11-10

出发地：深圳

费用归属：财务部

交通工具：飞机

住宿地点：酒店

操作步骤

（1）打开商旅费控平台，单击"我要出差"按钮，在弹出的界面填写出差申请单，然后依次单击"保存""提交"按钮。以上述出差信息为例，相关操作如图 3-2-5 所示。

图 3-2-5　填写出差申请单

（2）单击"审批"菜单下"出差申请"页签，单击"审批"按钮，在"出差申请单"对话框中单击"同意"按钮，如图 3-2-6 所示。

图 3-2-6　审批出差申请单

三、机票、酒店预订

按照公司标准在商旅费控平台上订票出行。

（1）2023-11-5，深圳至北京的机票订单，采用公司月结方式支付。

（2）2023-11-10，北京至深圳的机票订单，采用公司月结方式支付。

操作步骤

1. 在商旅费控平台订机票

（1）单击"首页"菜单下"机票预订"页签，依次选择往返、出行人员、出发及到达城市、出发及返程时间，单击"查询"按钮，如图 3-2-7 所示。

图 3-2-7　查询机票

（2）在查询界面选择去程航班，单击"选定去程"按钮，然后选择回程航班，单击"选定回程"按钮，最后在订单界面，单击"提交订单"按钮，如图 3-2-8、图 3-2-9 和图 3-2-10 所示。

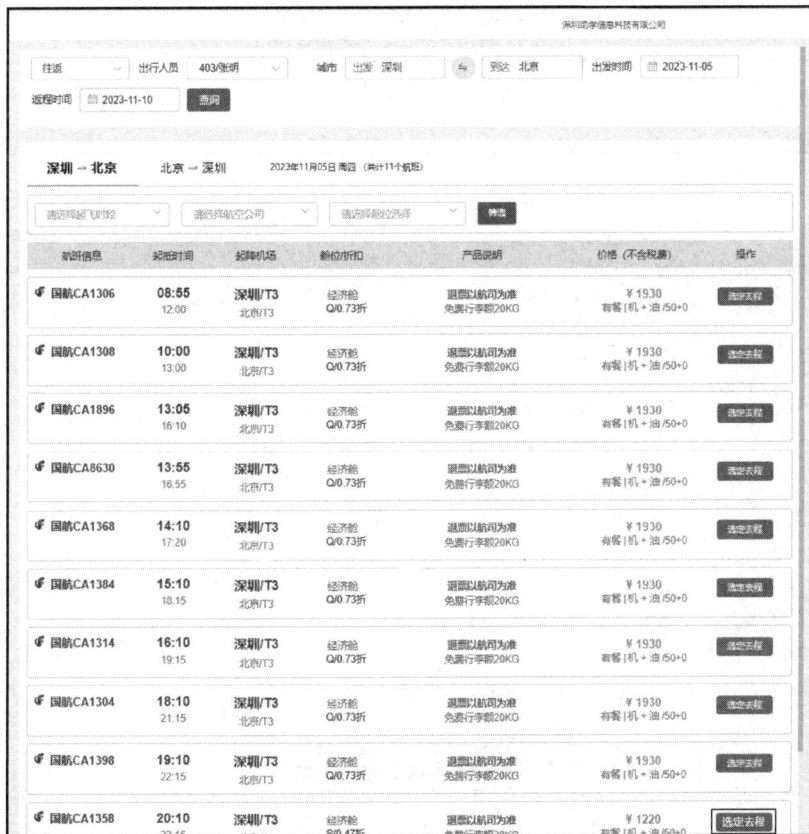

图 3-2-8　选定去程

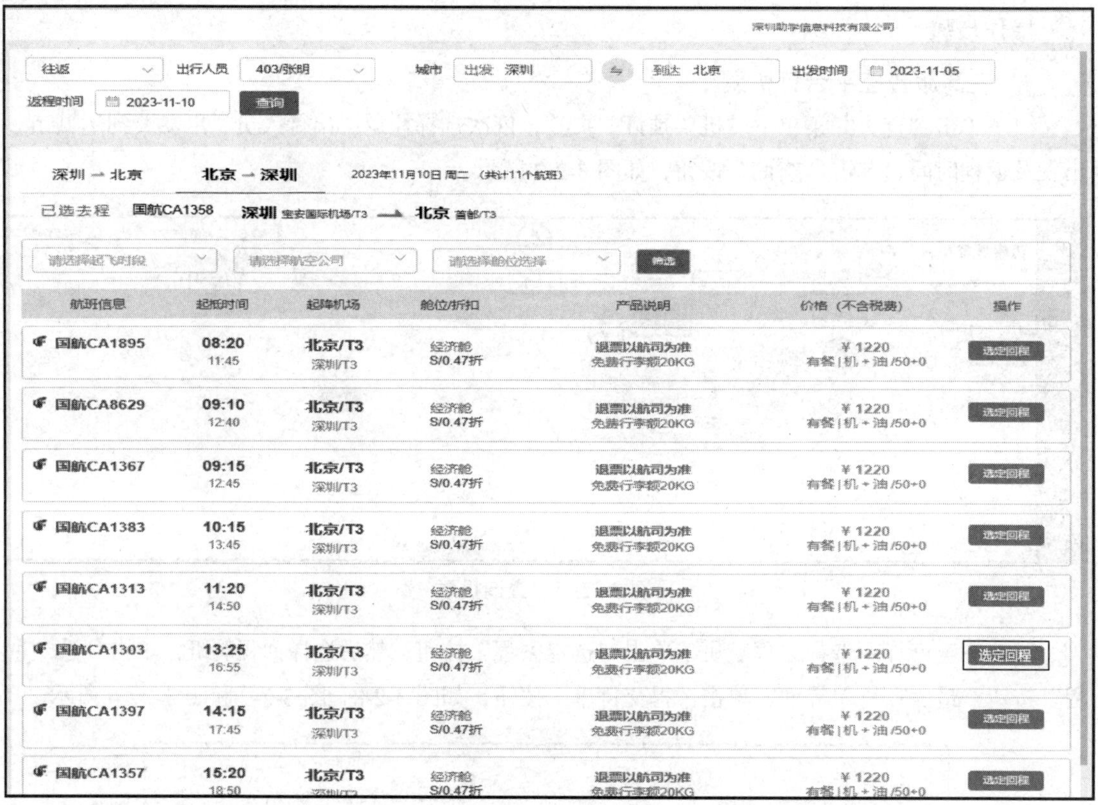

图 3-2-9　选定回程

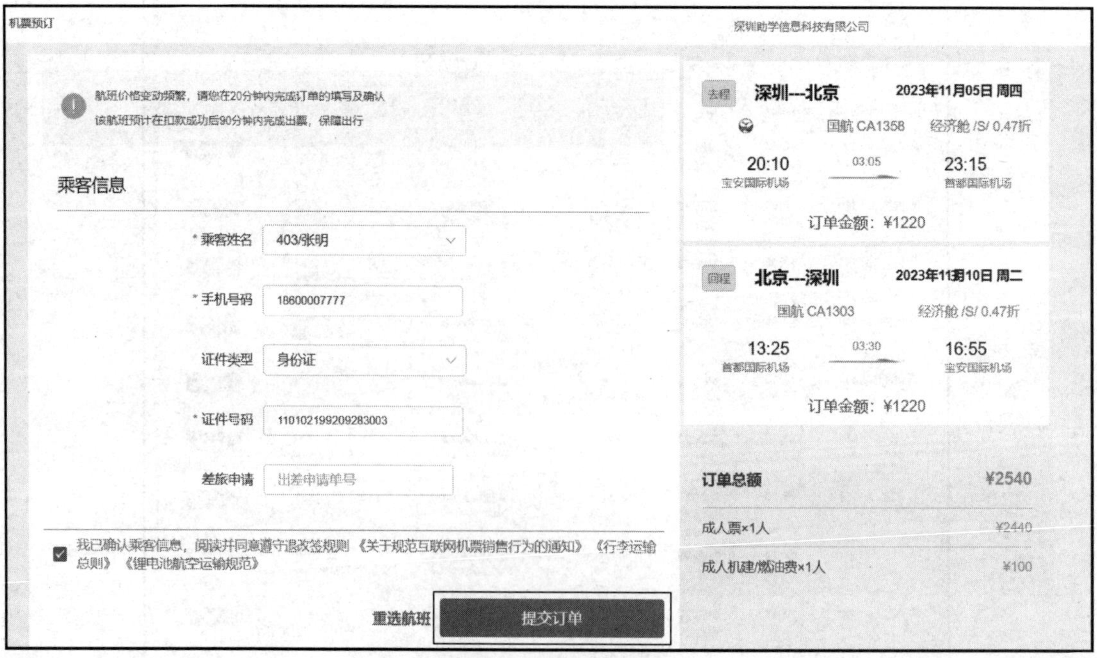

图 3-2-10　提交订单

（3）在订单详情界面，依次单击去程、回程栏中的"支付订单"按钮，在弹出的对话框中选择"公司月结"选项，单击"立即支付"按钮，如图3-2-11所示。

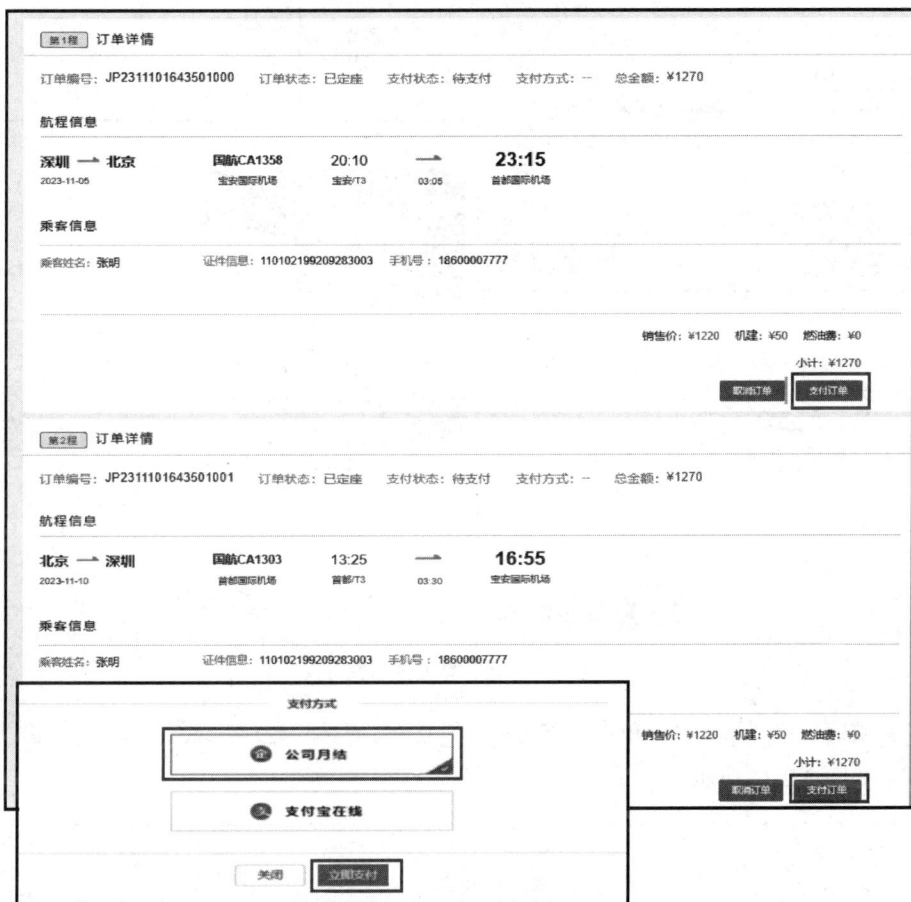

图3-2-11　支付机票订单

2. 在商旅平台订酒店

（1）单击"首页"菜单下"酒店预订"页签，依次选择入住城市、出行人员、时间及酒店名称，单击"查询"按钮，如图3-2-12所示。

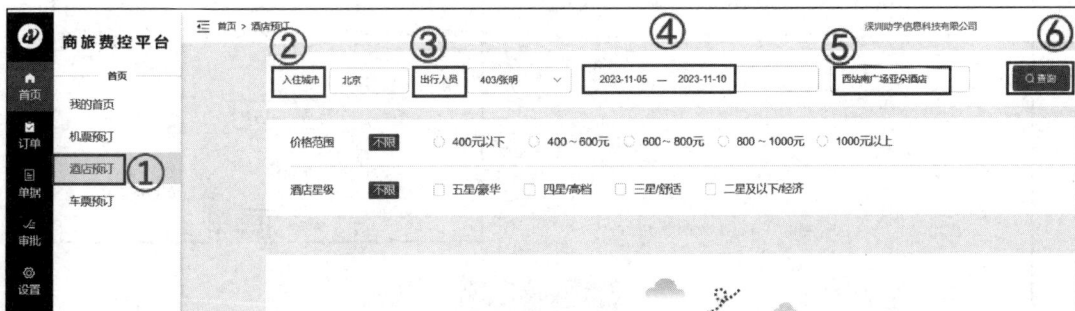

图3-2-12　酒店查询

（2）在查询界面单击"查看详情"按钮，在酒店预订界面选择房间标准，单击雅致房"预订"按钮，然后在预订信息界面，选择到店时间，单击"提交订单"按钮，如图3-2-13所示。

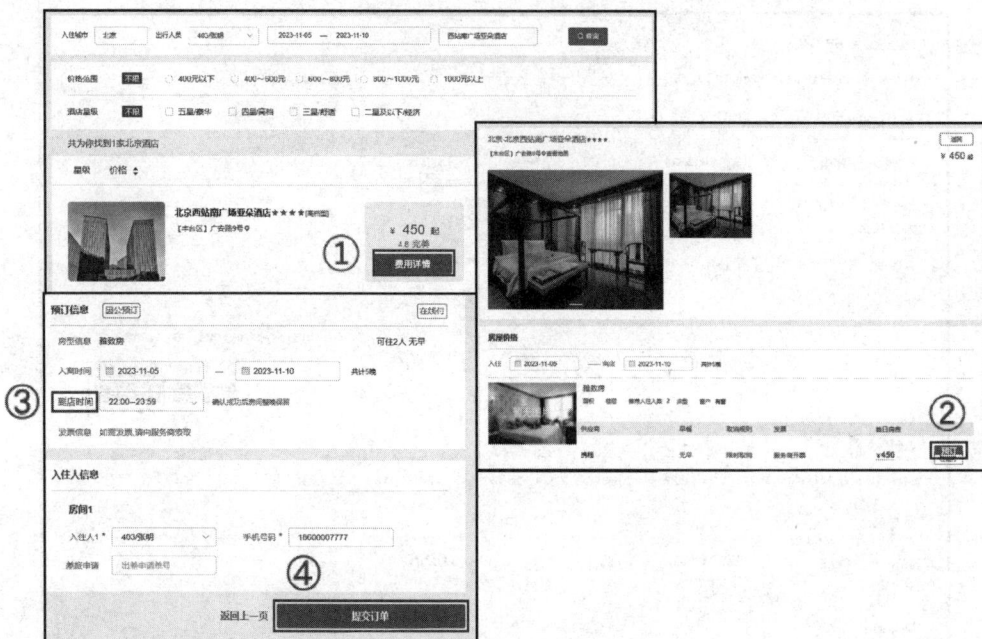

图3-2-13 酒店房间预订

（3）在酒店订单详情界面，单击"支付订单"按钮，选择"公司月结"选项，单击"立即支付"按钮，如图3-2-14所示。

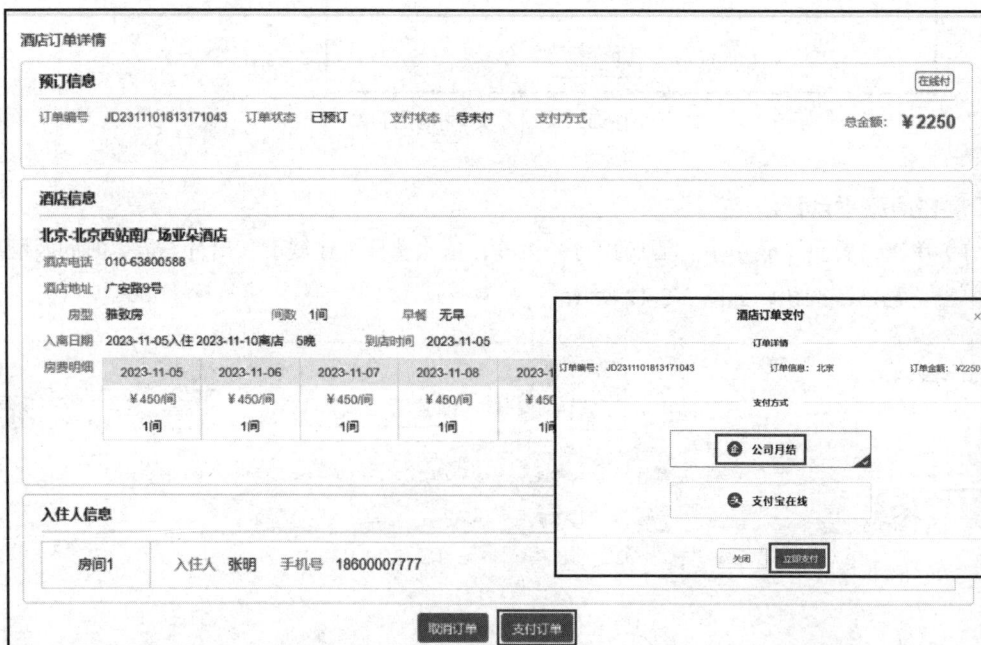

图3-2-14 支付订单

四、差旅费用报销单的填写、审批及放款

2023 年 11 月 11 日，张明出差回来根据实际情况填写差旅费用报销单并提交审批，相应人员审核并放款。

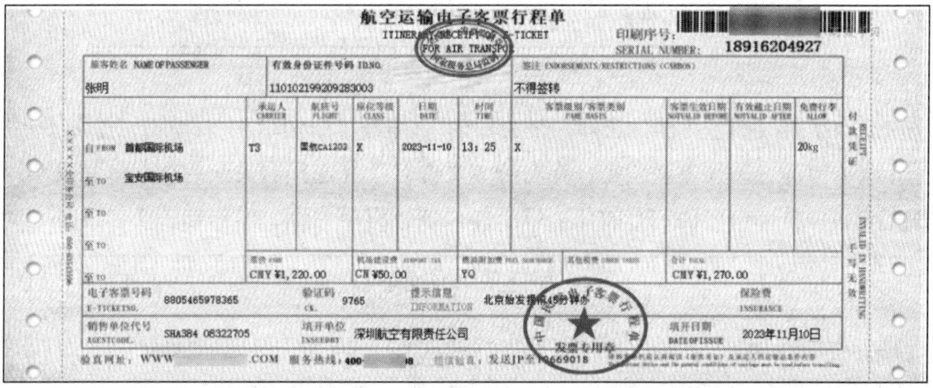

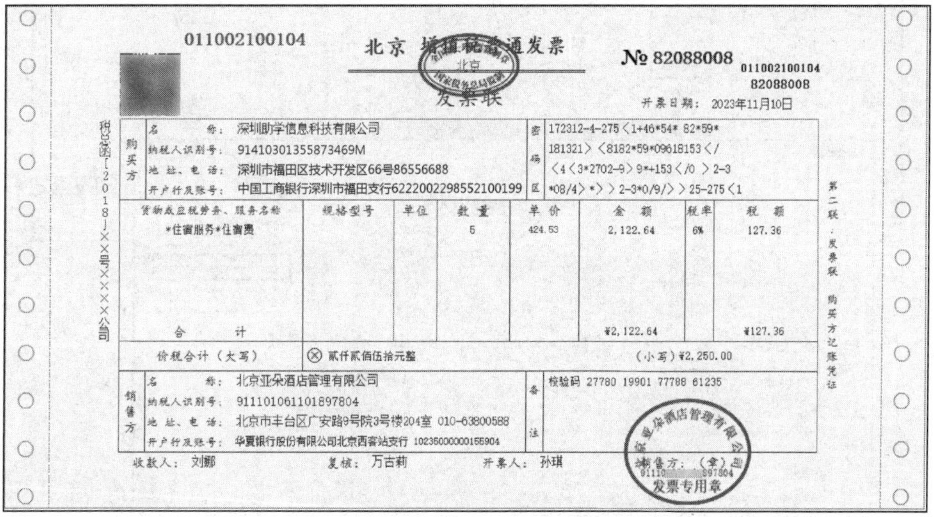

出差票据如图 3-2-15 所示。

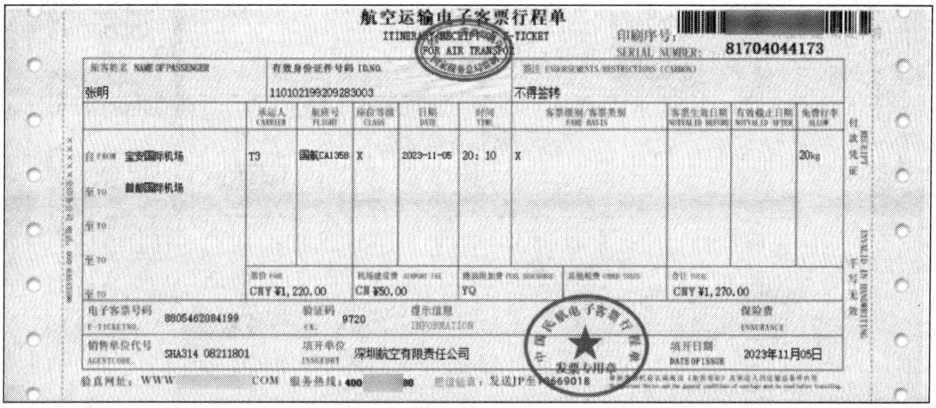

图 3-2-15　出差票据

操作步骤

（1）打开商旅费控平台，单击"我要报销"按钮，单击"新增报销"按钮，在新增报销界面，选中"关联申请单新增"，勾选张明的出差申请单，再单击"确定"按钮，如图3-2-16所示。

图3-2-16　新增报销

（2）在差旅费用报销单界面，选择"报销日期"，填写"报销事由"，单击"添加费用"按钮，然后在选择票据界面，添加关联票据，在右侧"文件名"处选择需关联的行程单和发票，将三张票据添加完成后，再单击"确定"按钮。以添加机票行程单为例，操作如图3-2-17所示。

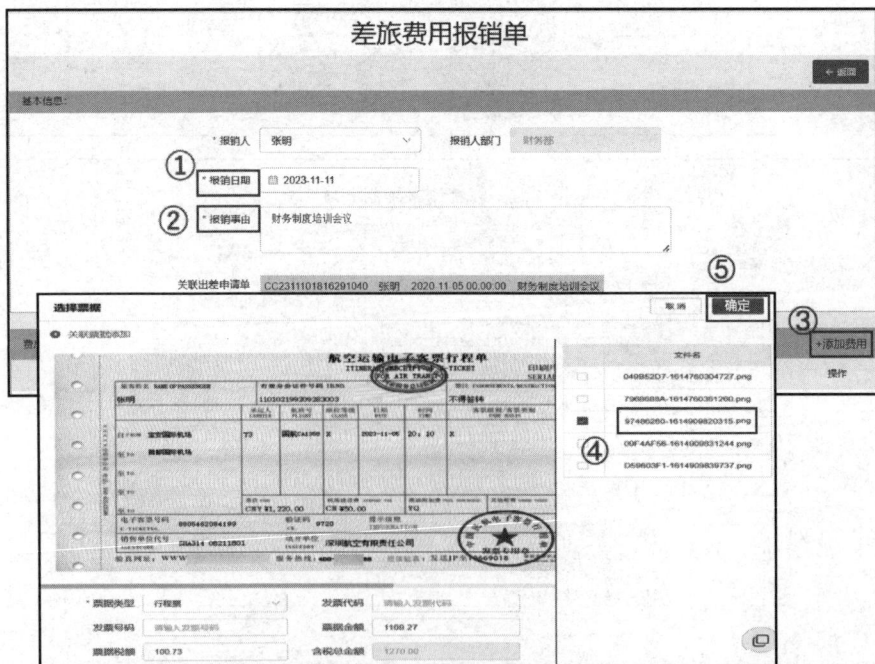

图3-2-17　添加票据

（3）在差旅费用报销单界面，选择费用类型，输入补助天数，再单击"提交"按钮，如图 3-2-18 所示。

图 3-2-18 提交差旅费用报销单

（4）单击"审批"菜单下"报销申请"页签，再单击"审批"按钮，如图 3-2-19 所示。

图 3-2-19 审批差旅费用报销单

（5）最后在差旅费用报销单界面，依次单击"同意"和"放款"按钮即可完成审批及放款，如图 3-2-20 所示。

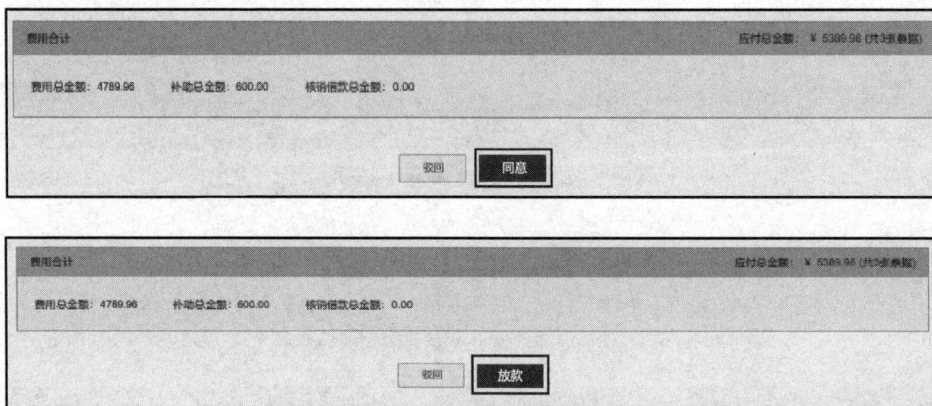

图 3-2-20　审批同意及放款

知识拓展

商旅业务结束，系统会生成对应的会计凭证。一般而言，在智能财税共享平台上生成的会计分录为：

借：管理费用——差旅费

应交税费——应交增值税（可抵扣进项税额）

贷：银行存款

任务三　薪税业务外包

薪税业务外包主要是智能财税共享中心根据委托企业提供的资料，完成委托企业的工资核算、五险一金核算、个人所得税核算等。在本任务中，采用智能工资核算平台，将企业的业务流与财务流进行对接，通过业务处理，自动进行账务处理，完成数据流转和存储，帮助委托企业提高业财一体化的管理水平。

素养课堂

《国家税务总局关于办理 2022 年度个人所得税综合所得汇算清缴事项的公告》，确保了汇算清缴的常态化服务，同时与以前年度的汇算相比，又有以下变化：一是增加了 3 岁以下婴幼儿照护专项附加扣除、个人养老金等可以在汇算中予以扣除的规定；二是进一步完善了预约办税制度；三是新增了对生活负担较重的纳税人优先退税的规定。这些举措是党中央、国务院着眼于优化税收制度、推进经济发展、惠及民生的重大决策，是推动国家治理体系和治理能力现代化的重要手段。

任务情境

北京乐嘉食品有限责任公司，位于北京市，以生产销售休闲食品为主，2023 年 8 月将其工资单编制及发放工资的账务处理业务外包给智能财税共享中心办理。人力资源部提供人员花名册、工资数据、考勤表、薪酬政策等工资计算所需要的资料。

北京乐嘉食品有限责任公司的基本信息如下。

公司名称：北京乐嘉食品有限责任公司

会计准则：2007 企业会计准则

建账会计期：2023 年 8 月

统一社会信用代码（纳税人识别号）：91110112100157822A

纳税人类型：一般纳税人

法定代表人：王乐

经营地址：北京市怀柔工业区 5 号

电话：010-67559876

开户行：中国工商银行迎宾路支行

开户行银行账号：62982911179443261

邮箱：lispl@yh.com.cn

记账本位币：人民币

行业：工业

类型：中型企业

北京乐嘉食品有限责任公司设立总经办、运营部、销售部、采购部、人事部、库管部、行政部、生产部和财务部 9 个部门。员工的收入不包括加班工资、差旅补贴、话补、高温补贴和采暖补贴。

五险一金基础信息如表 3-3-1 所示。

表 3-3-1　　　　　　　　　　　　五险一金基础信息

缴纳项目	基数/元	个人缴纳		公司缴纳	
		比例	金额/元	比例	金额/元
基本养老保险	4 000	8.00%	320.00	16.00%	640.00
基本医疗保险	4 000	2.00%	80.00	10.00%	400.00
失业保险	4 000	0.20%	8.00	0.80%	32.00
工伤保险	4 000			0.20%	8.00
生育保险	4 000			0.80%	32.00
住房公积金	4 000	12.00%	480.00	12.00%	480.00
合计			888.00		1 592.00

任务准备

一、知识准备

1. 职工薪酬的核算

职工薪酬是指企业为获得职工提供的服务或解除劳动关系而给予的各种形式的报酬或补偿。职工薪酬包括短期薪酬、离职后福利、辞退福利和其他长期职工福利。企业提供给职工配偶、子女、受赡养人、已故员工遗属及其他受益人等的福利，也属于职工薪酬。

短期薪酬是指企业在职工提供相关服务的年度报告期间结束后 12 个月内需要全部予以支付的职工薪酬，因解除与职工的劳动关系给予的补偿除外。短期薪酬具体包括：职工工资、奖金、津贴和补贴、职工福利费、医疗保险费等社会保险费、住房公积金、工会经费和职工教育经费、短期带薪缺勤和短期利润分享计划等。

基本养老保险和失业保险属于离职后福利。

（1）会计科目。

企业应设置"应付职工薪酬"科目，核算应付职工薪酬的计提、结算、使用等情况。该科目的贷方登记已分配计入有关成本费用项目的职工薪酬，借方登记实际发放的职工薪酬，包括扣还的款项等；期末贷方余额，反映企业应付未付的职工薪酬。

"应付职工薪酬"科目应按照"工资""职工福利费""非货币性福利""社会保险费""住房公积金""工会经费""职工教育经费""带薪缺勤""利润分享计划""设定提存计划""设定受益计划""辞退福利"等职工薪酬项目设置明细账进行明细核算。

企业应当在职工为其提供服务的会计期间，将实际发生的短期薪酬确认为负债，并计入当期损益，其他会计准则要求或允许计入资产成本的除外。

（2）会计处理。

对于职工工资、奖金、津贴和补贴等货币性职工薪酬，企业应当在职工为其提供服务的会计期间，将实际发生的职工工资、奖金、津贴和补贴等，根据职工服务的受益对象，将应确认的职工薪酬，借记"生产成本""制造费用""管理费用""销售费用"等科目，贷记"应付职工薪酬——工资"科目。

借：生产成本——基本生产成本
　　制造费用
　　管理费用
　　销售费用
　　在建工程
　　研发支出
　　贷：应付职工薪酬——工资

对于企业为职工缴纳的社会保险费和住房公积金，应当按规定的计提基础和比例，根据职工服务的受益对象，借记"生产成本""制造费用""管理费用""销售费用"等科目，贷记"应付职工薪酬——社会保险费"等科目。

借：生产成本——基本生产成本

　　制造费用

　　管理费用

　　销售费用

　　在建工程

　　研发支出

　　贷：应付职工薪酬——社会保险费

　　　　应付职工薪酬——住房公积金

企业每月发放工资时，对于职工个人承担的社会保险费和住房公积金，应从职工工资中代扣代缴，同时代扣需要缴纳的个人所得税。

借：应付职工薪酬——工资

　　贷：其他应付款——代扣个人社会保险费

　　　　其他应付款——代扣个人住房公积金

　　　　应交税费——应交个人所得税

　　　　银行存款

企业实际为职工缴纳社会保险费和住房公积金的会计处理如下。

借：应付职工薪酬——社会保险费

　　应付职工薪酬——住房公积金

　　其他应付款——代扣个人社会保险费

　　其他应付款——代扣个人住房公积金

　　贷：银行存款

企业实际为职工缴纳个人所得税的会计处理如下。

借：应交税费——应交个人所得税

　　贷：银行存款

2. 综合所得预扣预缴

个人所得税的综合所得项目包括工资、薪金所得，劳务报酬所得，稿酬所得，特许权使用费所得。

> **知识拓展**
>
> 　　工资、薪金所得是指个人因"任职或者受雇"而取得的所得，属于"非独立"个人劳动所得。但是以下项目不属于工资、薪金所得：独生子女补贴；托儿补助费；差旅费津贴、误餐补助；执行公务员工资制度未纳入基本工资总额的补贴、津贴差额和家属成员的副食补贴。

（1）工资、薪金所得预扣预缴。

工资、薪金所得预扣预缴适用七级超额累进预扣率，如表 3-3-2 所示。

表 3-3-2 工资、薪金所得预扣预缴税率表

级数	累计预扣预缴应纳税所得额	预扣率	速算扣除数/元
1	不超过 36 000 元的	3%	0
2	超过 36 000 元至 144 000 元的部分	10%	2 520
3	超过 144 000 元至 300 000 元的部分	20%	16 920
4	超过 300 000 元至 420 000 元的部分	25%	31 920
5	超过 420 000 元至 660 000 元的部分	30%	52 920
6	超过 660 000 元至 960 000 元的部分	35%	85 920
7	超过 960 000 元的部分	45%	18 1920

在计算工资、薪金所得预扣预缴税额时，进行累计计算，公式如下。

累计预扣预缴应纳税所得额=累计收入-累计免税收入-累计减除费用-累计专项扣除-

累计专项附加扣除-累计依法确定的其他扣除本期应预扣预缴税额

=（累计预扣预缴应纳税所得额×预扣率-速算扣除数）-

累计减免税额-累计已预扣预缴税额

① 减除费用按"5 000 元/月"累计。

② 专项扣除包括居民个人按照国家规定的范围和标准缴纳的基本养老保险、基本医疗保险、失业保险和住房公积金。

③ 专项附加扣除包括子女教育、继续教育、大病医疗、住房贷款利息或住房租金、赡养老人、3 岁以下婴幼儿照护等 7 项。

子女教育。纳税人的子女接受学前教育和学历教育的相关支出，按照每个子女每年 24 000 元（每月 2 000 元）的标准定额扣除。

继续教育。纳税人在中国境内接受学历（学位）继续教育的支出，在学历（学位）教育期间按照每年 4 800 元（每月 400 元）定额扣除。同一学历（学位）继续教育的扣除期限不能超过 48 个月。纳税人接受技能人员职业资格继续教育、专业技术人员职业资格继续教育的支出，在取得相关证书的当年，按照 3 600 元定额扣除。

大病医疗。在一个纳税年度内，纳税人发生的与基本医保相关的医药费用支出，扣除医保报销后个人负担（医保目录范围内的自付部分）累计超过 15 000 元的部分，由纳税人在办理年度汇算清缴时，在 80 000 元的限额内据实扣除。

住房贷款利息。纳税人本人或者配偶单独或者共同使用商业银行或者住房公积金个人住房贷款为本人或者其配偶购买中国境内住房，发生的首套住房贷款利息支出，在实际发生贷款利息的年度，按照每年 12 000 元（每月 1 000 元）的标准定额扣除，扣除期限最长不超过 240 个月。

住房租金。纳税人在主要工作城市没有自有住房而发生的住房租金支出，可以按照以下标准定额扣除。直辖市、省会（首府）城市、计划单列市以及国务院确定的其他城市，扣除标准为每月1 500元。除前文所列城市以外，市辖区户籍人口超过100万的城市，扣除标准为每月1 100元；市辖区户籍人口不超过100万的城市，扣除标准为每月800元。

赡养老人。纳税人为独生子女的，按照每月3 000元的标准定额扣除，纳税人为非独生子女的，由其与兄弟姐妹分摊每月3 000元的扣除限额，每人分摊的额度不超过每月1 500元。

3岁以下婴幼儿照护费。按照每个婴幼儿每月2 000元的标准定额扣除。

④ 其他扣除包括个人缴付的符合国家规定的企业年金、职业年金，个人购买的符合国家规定的商业健康保险、税收递延型商业养老保险的支出，以及国务院规定可以扣除的其他项目。

（2）劳务报酬所得预扣预缴。

劳务报酬所得预扣预缴适用三级超额累进预扣率，如表3-3-3所示。

表3-3-3　　　　　　　　劳务报酬所得预扣预缴税率表

级数	预扣预缴应纳税所得额	预扣率	速算扣除数/元
1	不超过20 000元的	20%	0
2	超过20 000元至50 000元的部分	30%	2 000
3	超过50 000元的部分	40%	7 000

① 每次收入额≤4 000元的。

$$应纳税所得额=每次收入额-800$$

② 每次收入额＞4 000元的。

$$应纳税所得额=每次收入额×（1-20\%）$$

（3）稿酬所得、特许权使用费所得预扣预缴。

稿酬所得、特许权使用费所得预扣预缴适用20%的比例税率。

① 每次收入额≤4 000元的。

$$应纳税所得额=每次收入额-800$$

② 每次收入额＞4 000元的。

$$应纳税所得额=每次收入额×（1-20\%）$$

3. 综合所得汇算清缴

综合所得汇算清缴适用七级超额累进税率，如表3-3-4所示。

表3-3-4　　　　　　　　综合所得个人所得税税率表

级数	全年应纳税所得额	税率	速算扣除数/元
1	不超过36 000元的	3%	0
2	超过36 000元至144 000元的部分	10%	2 520
3	超过144 000元至300 000元的部分	20%	16 920

续表

级数	全年应纳税所得额	税率	速算扣除数/元
4	超过 300 000 元至 420 000 元的部分	25%	31 920
5	超过 420 000 元至 660 000 元的部分	30%	52 920
6	超过 660 000 元至 960 000 元的部分	35%	85 920
7	超过 960 000 元的部分	45%	181 920

应纳税所得额=全年收入额-60 000 元-专项扣除-享受的专项附加扣除-享受的其他扣除

二、流程认知

薪税业务外包的操作流程分四步走，如图 3-3-1 所示。

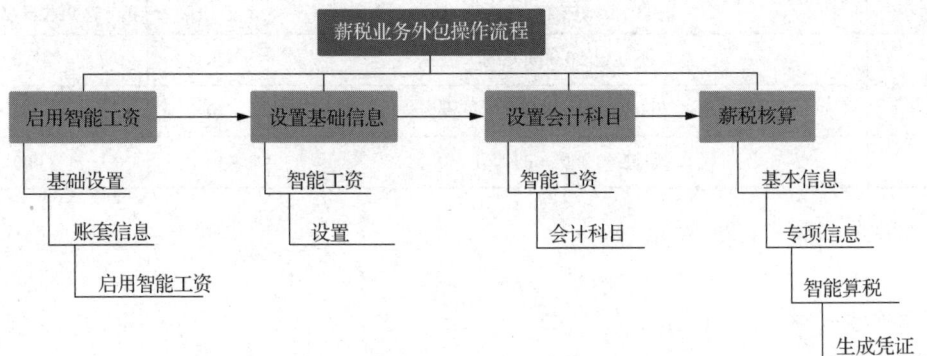

图 3-3-1 薪税业务外包操作流程

任务发布

完成平台案例企业职工薪酬以及代扣个人所得税的核算，进行启用智能工资、设置基础信息、设置会计科目、薪税核算等操作。

任务实施

薪税业务-1

薪税业务-2

一、启用智能工资

操作步骤

单击"基础设置"菜单下的"账套信息"页签，弹出该企业相关信息，进行信息核对后，勾选"启用智能工资"，选择正确的启用时间，单击"保存"按钮，如图 3-3-2 所示。

图 3-3-2 启用智能工资系统

二、设置基础信息

操作步骤

单击"智能工资"菜单下的"设置"页签,在"奖金"栏中,取消选择加班工资、差旅补贴、话补、高温补贴和采暖补贴,单击"保存"按钮,如图 3-3-3 所示。

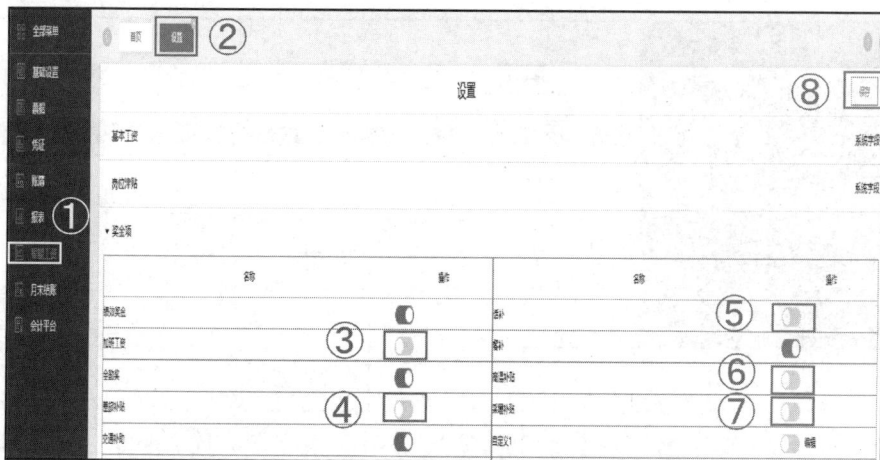

图 3-3-3 基础信息设置

三、设置会计科目

操作步骤

1. 设置计提工资的会计科目

单击"智能工资"菜单下的"科目设置"页签，在弹出的科目设置界面中，单击"计提工资借方科目设置"页签，分别修改销售部和生产部对应的会计科目，如图 3-3-4 所示。

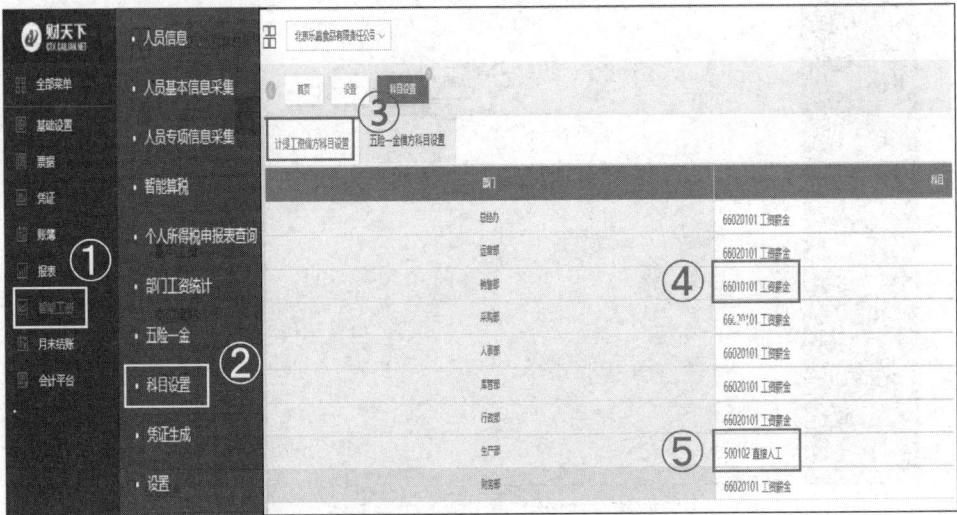

图 3-3-4　计提工资的会计科目设置

2. 设置计提五险一金的会计科目

（1）单击"智能工资"菜单下的"科目设置"页签，在弹出的科目设置界面中，单击"五险一金借方科目设置"页签，单击"销售部"前面的修改符号，在打开的对话框中修改销售部计提五险一金的会计科目，单击"保存"按钮，如图 3-3-5 所示。

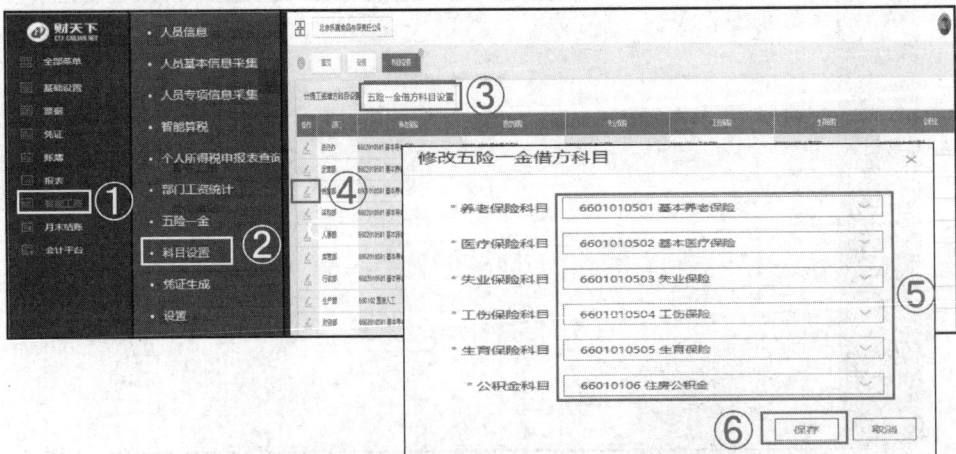

图 3-3-5　销售部计提五险一金的会计科目设置

（2）单击"智能工资"菜单下的"科目设置"页签，在弹出的科目设置界面中，单击"五险一金借方科目设置"页签，单击"生产部"前面的修改符号，在打开的对话框中修改生产部计提五险一金的会计科目，单击"保存"按钮，如图 3-3-6 所示。

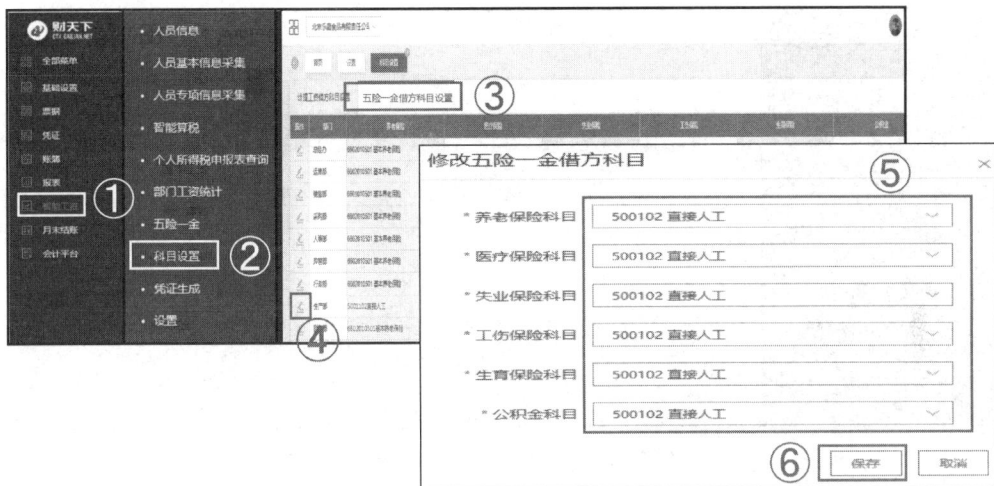

图 3-3-6　生产部计提五险一金的会计科目设置

四、薪税核算

操作步骤

1. 同步人员基本信息

单击"智能工资"菜单下的"人员信息"页签，在弹出的界面中单击"同步人员"按钮，如图 3-3-7 所示。

图 3-3-7　同步人员基本信息

2. 确认当期人员基本信息

单击"智能工资"菜单下的"人员基本信息采集"页签，在弹出的界面中单击"当期确认"
按钮，如图 3-3-8 所示。

图 3-3-8　当期人员基本信息确认

3. 同步人员专项附加信息

单击"智能工资"菜单下的"人员专项信息采集"页签，在弹出的界面中，单击"专项附加
信息统计"按钮，单击"同步"按钮，同步完成后，单击"确认"按钮，如图 3-3-9 所示。

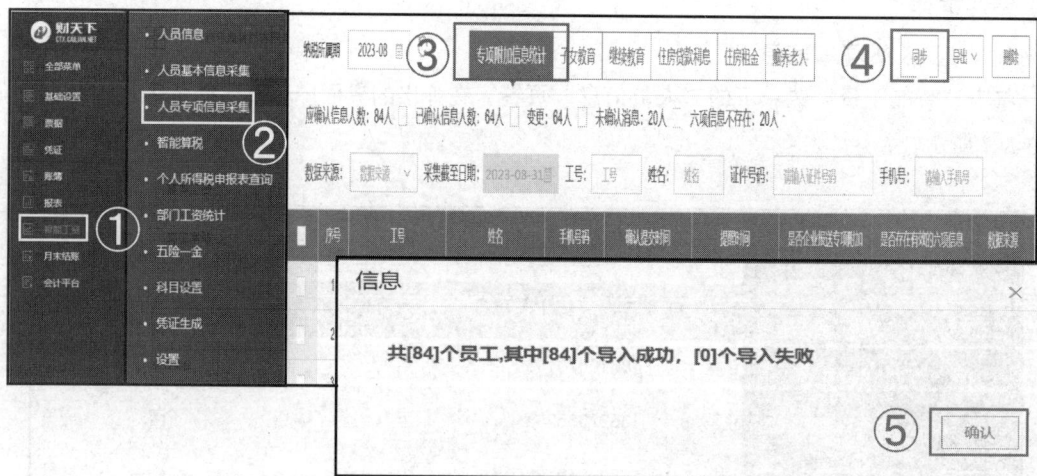

图 3-3-9　同步人员专项附加信息

4. 导入员工工资，进行代扣个人所得税税款计算

（1）导入员工工资信息。

单击"智能工资"菜单下的"智能算税"页签，在弹出的界面中，单击"工资薪金信息导入"
按钮，单击"导入"按钮，选中员工工资表文件，单击"开始上传"按钮，如图 3-3-10 所示。

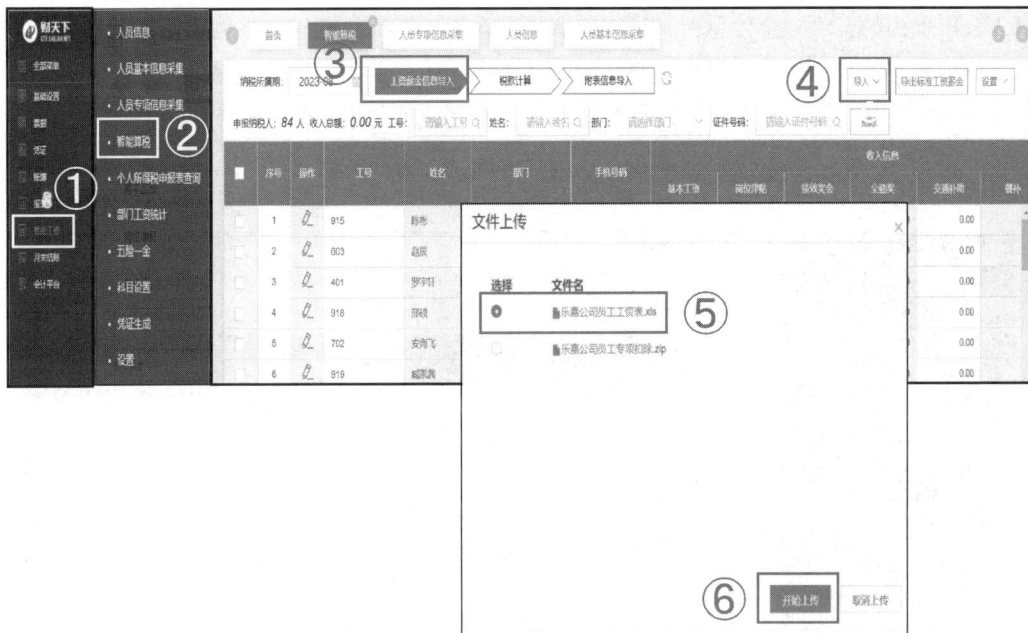

图 3-3-10 员工工资信息导入

（2）智能算税。

单击"智能工资"菜单下的"智能算税"页签，在弹出的界面中，单击"税款计算"按钮，单击"点击计算"按钮，计算完成，显示收入总额、应补（退）税款、实发总额等信息，如图3-3-11所示。

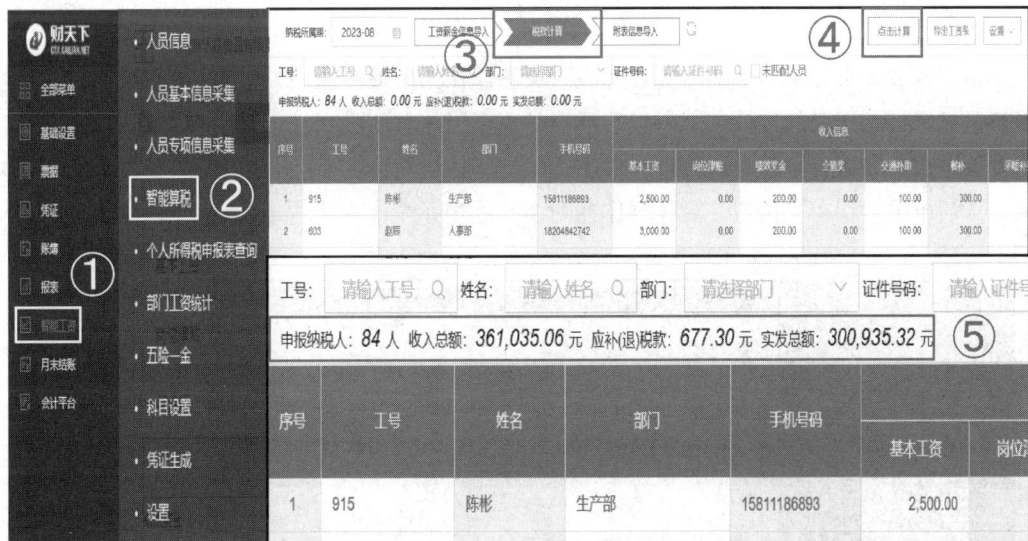

图 3-3-11 智能算税

5. 录入公司承担的五险一金信息

单击"智能工资"菜单下的"五险一金"页签，在弹出的界面中，单击"同步人员"按钮。

在录入公司承担的五险一金信息时，可以单个录入，也可以批量调整，本例采用批量调整的方式录入。选中所有人员，单击"批量调整"按钮，在弹出的"公司承担的社保公积金信息"对话框中，依次录入基数和比例，系统自动计算金额，录入完成后单击"确定"按钮。具体的操作步骤如图 3-3-12 所示。

图 3-3-12　公司承担的五险一金信息录入

6．生成记账凭证

（1）修改入账设置。

单击"智能工资"菜单下的"凭证生成"页签，在弹出的界面中，单击"修改"按钮，对入账设置进行调整，工资的发放方式可以选择当月工资当月发放和当月工资次月发放，支付设置可以选择库存现金和银行存款，本案例中工资发放方式为当月工资当月发放，支付方式为银行存款，修改完成后单击"保存"按钮。具体操作如图 3-3-13 所示。

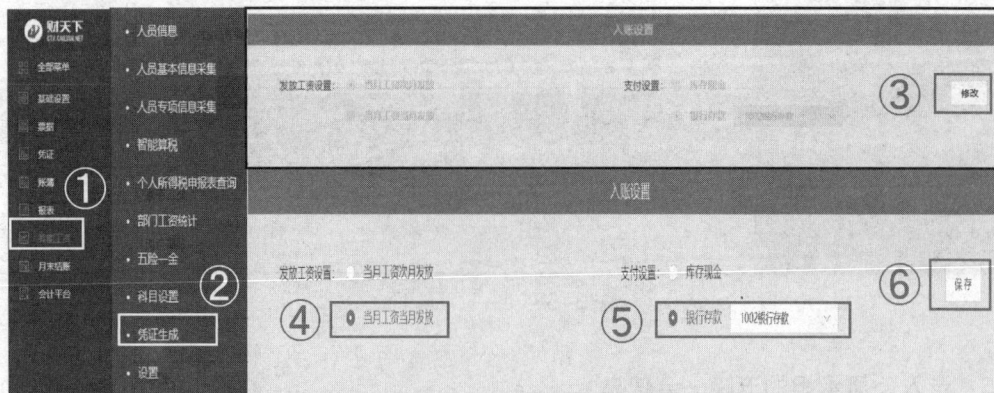

图 3-3-13　修改入账设置

（2）生成记账凭证。

单击"智能工资"菜单下的"凭证生成"页签，在弹出的界面中，单击"生成凭证"按钮，如图 3-3-14 所示。

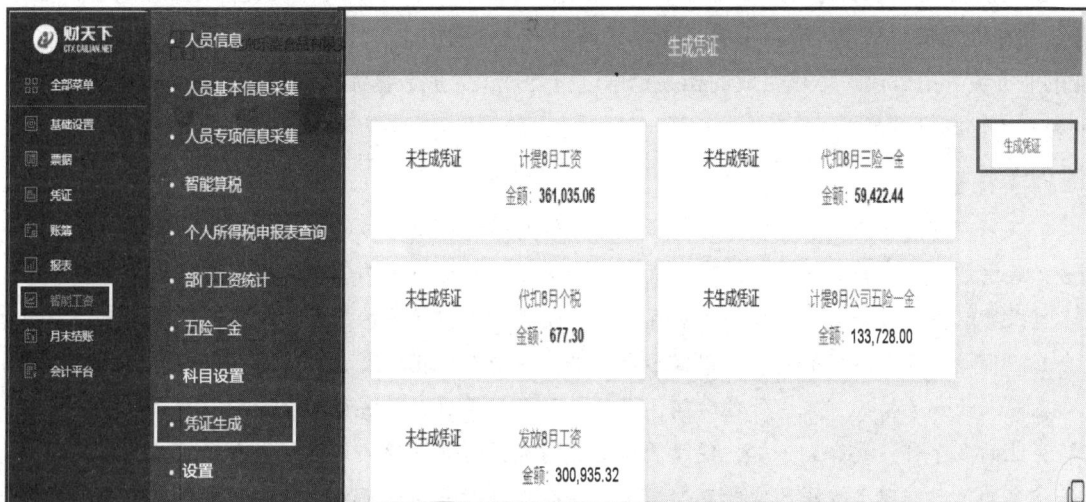

图 3-3-14　生成记账凭证

（3）查询记账凭证。

单击"凭证"菜单下的"凭证管理"页签，在弹出的界面中，选择业务发生日期对应的会计期间即可查询凭证，如图 3-3-15 所示。

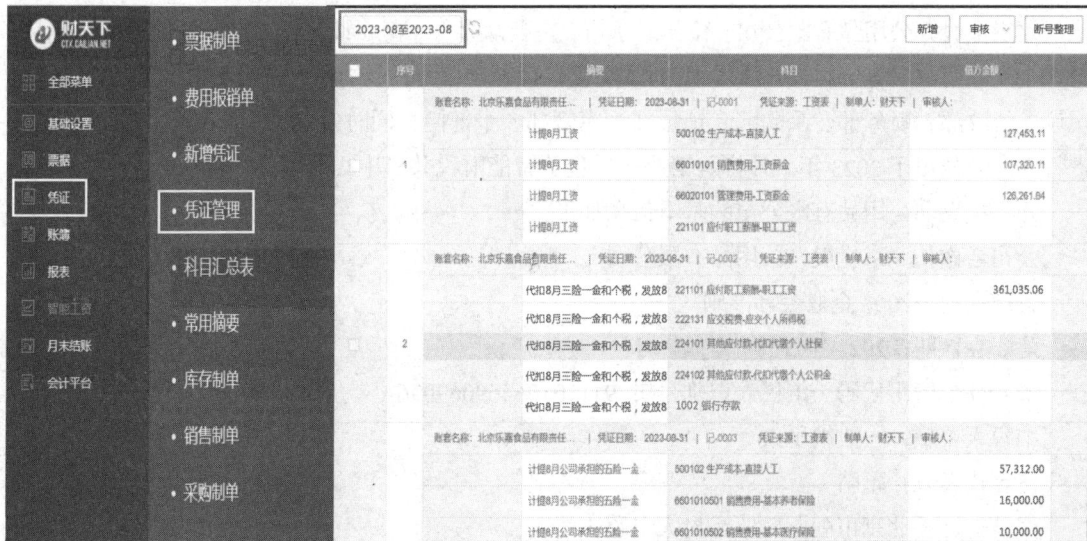

图 3-3-15　查询记账凭证

任务四　购销业务外包

购销业务外包主要是智能财税共享中心根据委托企业的要求，完成委托企业的采购、销售业务，并提供采购、销售、库存情况。在本任务中，负责购销业务外包的财务人员依托平台，将企业的业务流和财务流一体化生成的相关单据进行处理，完成数据流转和存储，帮助委托企业提高业财一体化的管理水平。

📖**素养课堂**

在当前智能化企业管理的大背景下，财务人员必须适应岗位的新技能要求，善于接受新理念，善于学习和掌握新技术，提高自身的综合素质。熟练使用购销存系统有以下优势。①提高工作效率。进货、出货的单据录入和库存核算情况都可以通过购销存系统实时展现出来，系统会对库存量过高或过低的货物予以提示和警告。企业无须花费大量时间录入或核算，更不用担心出现人为误差情况，减少管理时间，让工作效率显著提升。②科学化管理。在系统中，可以将企业的多个部门整合到一起，便于管理者查看相关情况。例如可同时查看采购、销售、仓库等信息的追踪与财务支出的实时更新情况，给企业在财务管理、出入库方面提供了更加科学化的管理方法。③减少耗损。企业生产经营过程中，免不了会出现货物耗损的问题，采用购销存系统可以将每一件货物的出入库情况进行详细的记录与追踪，防止出现货物无故消失、财务混乱等情况，节约大量资源。

💻**任务情境**

北京星晨办公用品有限公司，位于北京市，主要从事签字笔、计算器、打印纸等商品的销售，根据企业工商注册等资料，公司适用 2007 企业会计准则，为一般纳税人，属于中型流通企业。公司设立行政部、财务部、采购部、销售部、库管部 5 个部门，同时设有 1 个商品库，由库管部负责管理。该公司于 2023 年 5 月将购销业务外包给智能财税共享中心处理。

北京星晨办公用品有限公司的基本信息如下。

公司名称：北京星晨办公用品有限公司

会计准则：2007 企业会计准则

建账会计期：2023 年 5 月

统一社会信用代码（纳税人识别号）：91110106469069096A

纳税人类型：一般纳税人

法定代表人：董晴

经营地址：北京市朝阳区亚运村大屯路 1 号

电话：010-57982828

邮编：100101

开户行：中国银行北京亚运村支行

开户行银行账号：6216612800013578655

邮箱：xcbg@yh.com.cn

记账本位币：人民币

人民币单位：元

行业：商品流通

类型：中型企业

税控盘密码：88888888

任务准备

一、知识准备

1. 存货核算方法

实务中，存货的核算可以采用实际成本法或者计划成本法。

存货采用实际成本法核算的，存货的收入、发出及结存，无论是总分类核算还是明细分类核算，均按照实际成本计价。使用的会计科目有"原材料""库存商品""在途物资"等，不存在成本差异的计算和结转问题。

存货采用计划成本法核算的，存货的收入、发出及结存，无论是总分类核算还是明细分类核算，均按照计划成本计价。使用的会计科目有"原材料""库存商品""材料采购""材料成本差异"等。存货实际成本与计划成本的差异，通过"材料成本差异"科目核算。月末，计算本月发出存货应负担的成本差异并进行分摊，根据耗用存货的用途计入相关资产的成本或者当期损益，从而将耗用存货的计划成本调整为实际成本。

2. 一般纳税人购销业务会计处理（实际成本法）

对于一般纳税人常见的购销业务，涉及的主要会计分录如表3-4-1、表3-4-2所示。

表3-4-1　　　　　　　　　　　　　采购业务会计分录

采购	到货	付款
借：在途物资 　　应交税费——应交增值税（进项税额） 　贷：应付账款	借：库存商品/原材料 　贷：在途物资	借：应付账款 　贷：银行存款 若有预付款： 借：预付账款 　贷：银行存款（预付款） 借：应付账款 　贷：银行存款（余款） 借：应付账款 　贷：预付账款（核销预付）

表 3-4-2　　　　　　　　　　　　　　　　销售业务会计分录

销售	发货	收款
借：应收账款 　贷：主营业务收入 　　　应交税费——应交增值税（销项税额）	借：主营业务成本 　贷：库存商品/原材料 若采用月末一次加权平均法核算发出存货成本，则销售时暂不结转成本，只登记销售数量	借：银行存款 　贷：应收账款

3. 存货发出计价方法

企业发出的存货，可以按照实际成本核算，也可以按照计划成本核算。在实际成本法核算方式下，《企业会计准则第 1 号——存货》第十四条明确规定：企业应当采用先进先出法、加权平均法或者个别计价法确定发出存货的实际成本。

（1）先进先出法：以先购入的存货应先发出（即用于销售或耗用）这样一种存货流动假设为前提，对发出存货进行计价的一种方法。采用这种方法，先购入的存货的成本在后购入的存货之前转出，据此确定发出存货和期末存货的成本。具体方法是：收入存货时，逐笔登记收入存货的数量、单价和金额；发出存货时，按照先进先出的原则逐笔登记存货的发出成本和结存金额。

先进先出法可以随时结转存货发出成本，但较烦琐。如果存货收发业务较多，且存货单价不稳定，其工作量较大。在物价持续上升时，期末存货成本接近于市价，而发出成本偏低，会高估企业当期利润和库存存货价值；在物价持续下降时，会低估企业当期利润和库存存货价值。

（2）月末一次加权平均法：以全部进货数量加上月初存货数量作为权数，去除当月全部进货成本加上月初存货成本，计算出存货的单位成本，以此为基础，计算出当月发出存货的成本和期末存货成本的一种方法。

存货单位成本=[月初库存存货的实际成本+∑（当月各批进货的实际单位成本×当月各批进货的数量）]/（月初库存存货数量+当月各批进货数量之和）

当月发出存货成本=当月发出存货的数量×存货单位成本

当月月末库存存货成本=月末库存存货的数量×存货单位成本

考虑到计算出的加权平均单价不一定是整数，往往要四舍五入。为了保持账面数字之间的平衡关系，一般采用倒挤法计算发出存货的成本。采用月末一次加权平均法只在月末一次计算加权平均单价，比较简单，有利于简化成本计算工作。

（3）移动加权平均法：以各批存货收入数量和上批结余存货数量为权数，计算存货单位成本的一种方法。采用这种计价方法，每购进一批存货需重新计算一次加权平均单价，据以作为领用存货的单位成本。

移动加权平均单价=（本次收入前结存存货金额+本次收入存货金额）/（本次收入前结存存货数量+本次收入存货数量）

本次发出存货成本=本次发出存货的数量×本次发货前存货的单位成本

当月月末库存存货成本=月末结存存货的数量×本月月末存货的单位成本

或：

当月月末库存存货成本=月初结存存货的成本+本月收入存货的成本–本月发出存货的成本

移动加权平均法计算出来的存货成本比较均衡和准确，但计算的工作量大，一般适用于经营品种不多，或者前后购进存货的单价相差幅度较大的商品流通类企业。

（4）个别计价法：对发出的存货分别认定其单位成本和发出存货成本的方法。采用这种方法，要求具体存货项目具有明显的标志，而且数量不多、存货价值较大，如大件、贵重的物品。期末存货的各种项目，分别确定每种物品的单位成本和总成本，然后相加各种存货的成本，即为存货期末全部的成本。

二、流程认知

1. 购销业务外包操作流程

购销业务外包操作流程如图 3-4-1 所示。

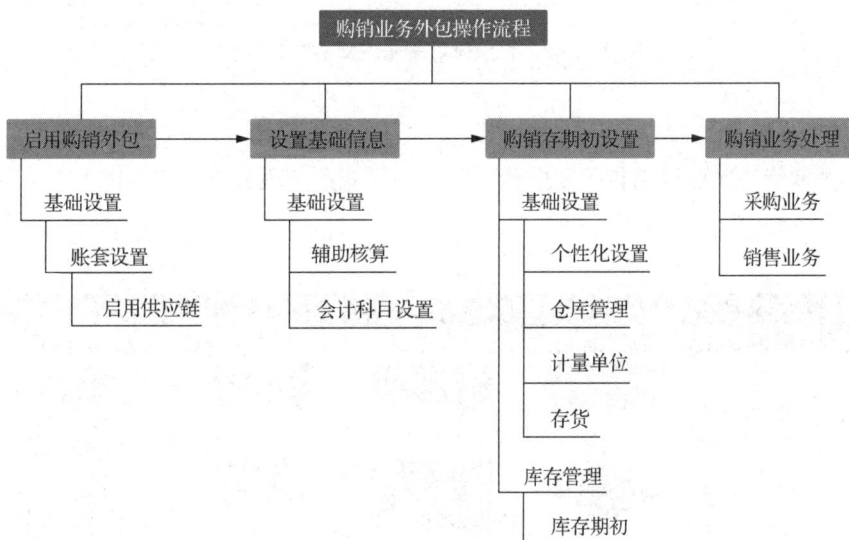

图 3-4-1　购销业务外包操作流程

2. 无预付款的采购业务操作流程

无预付款的采购业务，一般包含签合同、采购、货到入库、支付货款、完成交易结算五个环节。无预付款的采购业务操作流程如图 3-4-2 所示。

3. 有预付款的采购业务操作流程

需预付款的采购业务，还需增加预付款、核销预付的环节。有预付款的采购业务操作流程如图 3-4-3 所示。

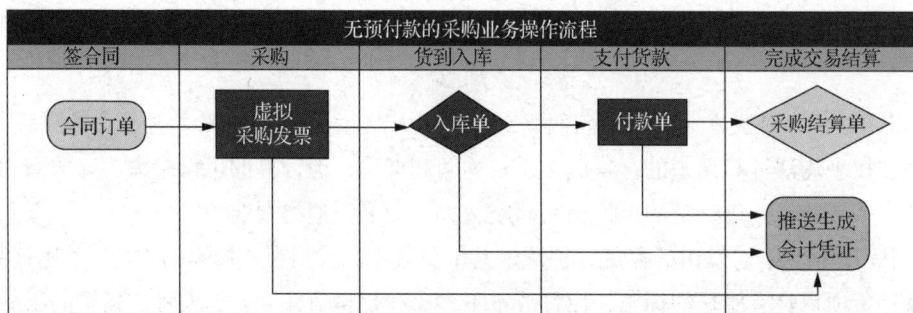

图 3-4-2　无预付款的采购业务操作流程

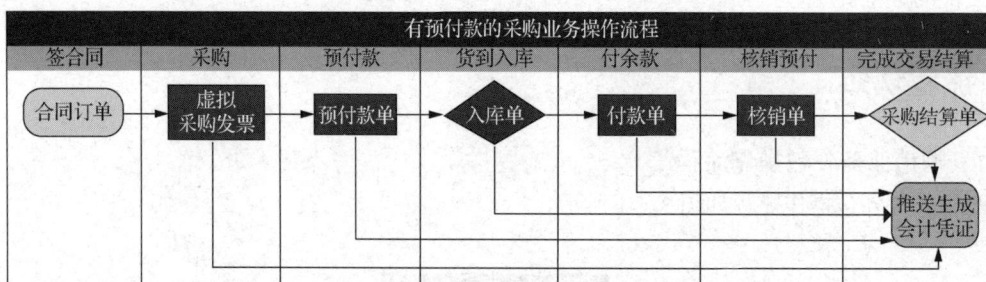

图 3-4-3　有预付款的采购业务操作流程

4. 销售业务操作流程

若为分次发货一次收款销售，则申请发货和销售开票阶段分次完成。销售业务操作流程如图 3-4-4 所示。

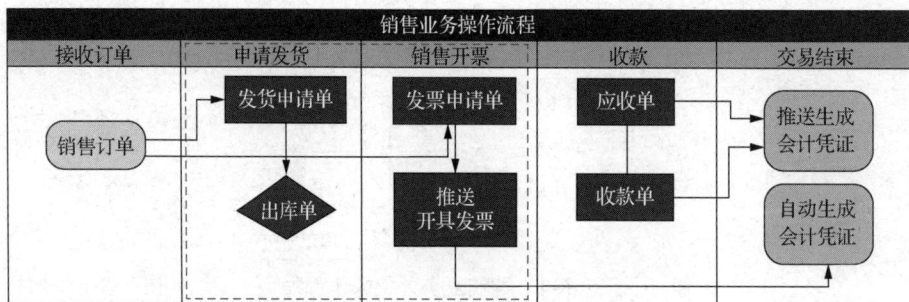

图 3-4-4　销售业务操作流程

任务发布

完成平台案例企业的供应链基础设置，采购业务、销售业务及库存管理业务的处理，进行启用购销外包、设置基础信息、购销存期初设置、购销业务处理等操作。

任务实施

一、启用购销外包

根据案例企业信息建立账套，启用供应链（购销外包）。

操作步骤

单击"基础设置"菜单下的"账套信息"按钮，弹出该企业相关信息，进行信息核对后，勾选"供应链"，选择正确的供应链启用时间，单击"保存"按钮，如图 3-4-5 所示。

图 3-4-5 启用供应链

二、设置基础信息

操作步骤

1. 导入人员和往来单位信息

（1）单击"基础设置"菜单下的"辅助核算"按钮，单击"部门"页签，单击"新增"按钮，增加系统缺少的部门。以新增库管部为例，操作如图 3-4-6 所示。

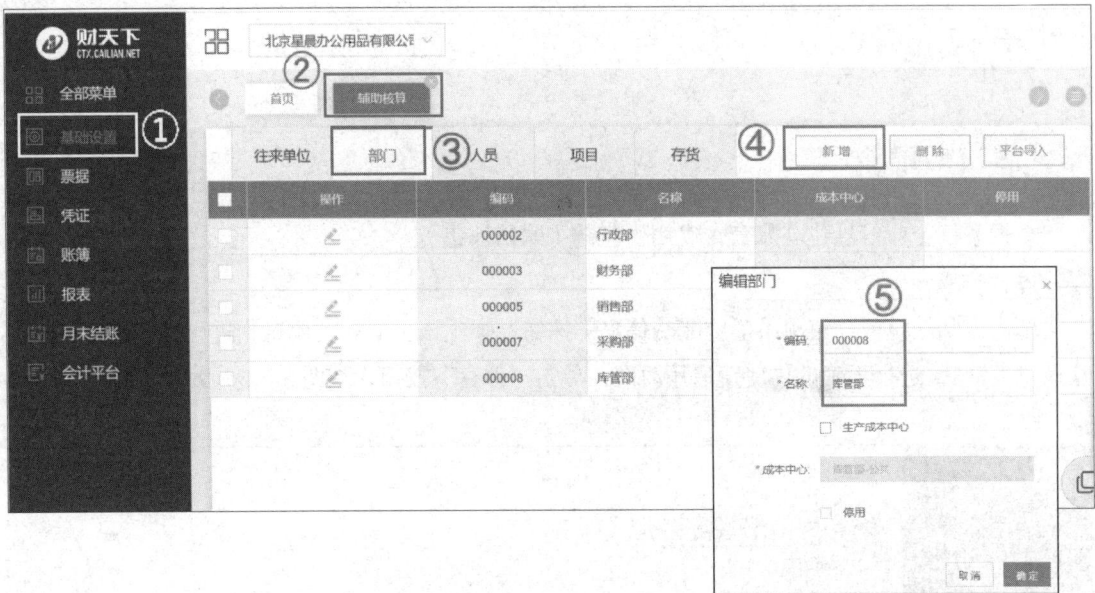

图 3-4-6　新增部门信息

（2）单击"人员"页签，单击"平台导入"按钮，在弹出的"文件上传"对话框中导入人员信息，然后单击"开始上传"按钮，如图 3-4-7 所示。按相同的方法导入往来单位信息。

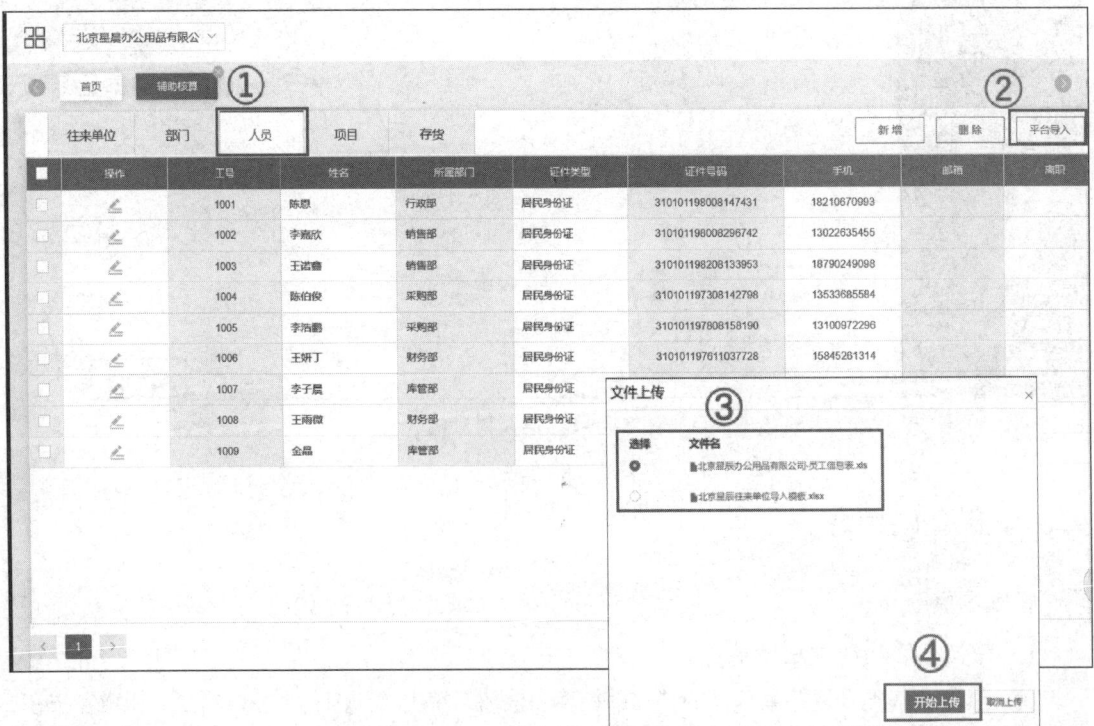

图 3-4-7　导入人员信息

2. 设置往来款项会计科目的辅助核算类型

应收账款辅助核算类型为客户往来,应付账款辅助核算类型为供应商往来。

单击"基础设置"菜单下的"会计科目"按钮,弹出该企业会计科目表,单击对应科目前的"编辑"按钮 ,在弹出的"修改科目"对话框中勾选"辅助核算",选择对应的"部门""客户""供应商"等辅助核算类型,完成往来款项会计科目的辅助核算设置。以设置应收账款的辅助核算(客户往来)为例,操作如图 3-4-8 所示。

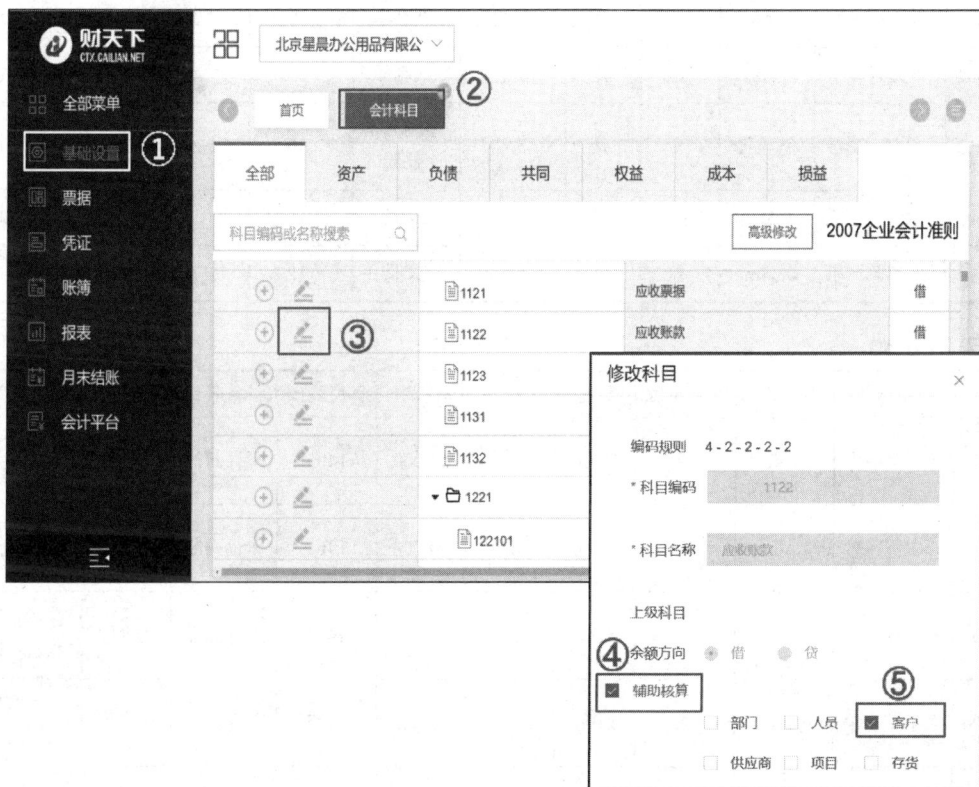

图 3-4-8 应收账款的辅助核算设置

三、购销存期初设置

完善个性化设置、仓库管理设置、计量单位设置、新增存货、库存期初余额设置等。公司相关资料如表 3-4-3、表 3-4-4、表 3-4-5、表 3-4-6 所示。

表 3-4-3　　　　　　　　　　个性化信息

所有单据保存后自动审核	否
可用库存允许为负	否
暂估方式	单到回冲
销售出库成本计算方式	月末一次加权平均法
应收确认的依据	销售发票

表 3-4-4　　　　　　　　　　　　　　　　仓库信息

编码	名称	地址	仓库管理员
CK0001	南仓库	北京市朝阳区亚运村大屯路 1 号 301 室	李子晨

表 3-4-5　　　　　　　　　　　　　　　　存货信息

编码	存货名称	规格型号	计量单位	是否销售	税收分类大类	税收分类小类	销售报价/元	采购参考价/元	所属仓库	增值税税率
000001	齐力草稿纸	A4	包	是	货物	纸制品	30	22	南仓库	13%
000002	齐力打印纸	A3	包	是	货物	纸制品	55	45	南仓库	13%
000003	齐力计算器	双电源	个	是	货物	绘图测量仪器	30	20	南仓库	13%
000004	大米签字笔	0.5mm	盒	是	货物	文具	15	10	南仓库	13%
000005	大米圆珠笔	0.38mm	盒	是	货物	文具	12	7	南仓库	13%

表 3-4-6　　　　　　　　　　　　　　　　存货期初余额

编码	存货名称	规格型号	计量单位	数量	单价/元	金额/元	科目编码	科目名称	仓库	辅助核算
000001	齐力草稿纸	A4	包	2 000	22	44 000	1405	库存商品	南仓库	存货核算、数量核算
000002	齐力打印纸	A3	包	2 000	45	90 000	1405	库存商品	南仓库	存货核算、数量核算
000003	齐力计算器	双电源	个	1 000	20	20 000	1405	库存商品	南仓库	存货核算、数量核算
000004	大米签字笔	0.5mm	盒	2 000	10	20 000	1405	库存商品	南仓库	存货核算、数量核算
000005	大米圆珠笔	0.38mm	盒	2 000	7	14 000	1405	库存商品	南仓库	存货核算、数量核算

操作步骤

（1）单击"基础设置"菜单下的"个性化设置"页签，在弹出的界面中根据所给资料对企业的个性化设置进行审核，不符合的选项可修改，如图 3-4-9 所示。

（2）单击"基础设置"菜单下的"仓库管理"页签，进入仓库管理界面，单击"新增"按钮，在弹出的"新增仓库"对话框中根据资料录入仓库信息（注意补充存货分类——产成品），单击"确定"按钮，如图 3-4-10 所示。

（3）单击"基础设置"菜单下的"计量单位"页签，进入计量单位界面，单击"新增"按钮，在弹出的对话框中新增计量单位，单击"确定"按钮。以新增计量单位"包"为例，操作如图 3-4-11 所示。

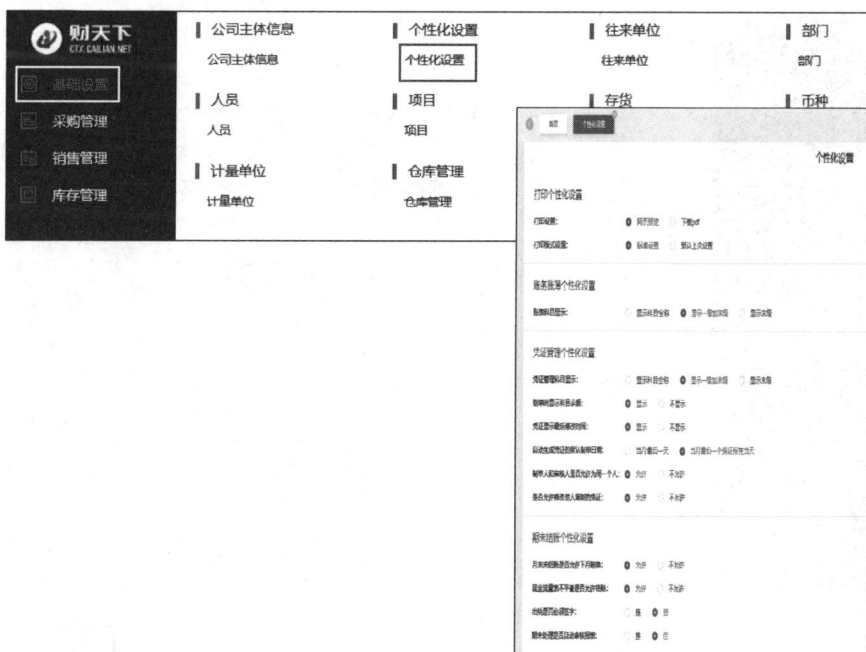

图 3-4-9　个性化设置

图 3-4-10　仓库管理设置

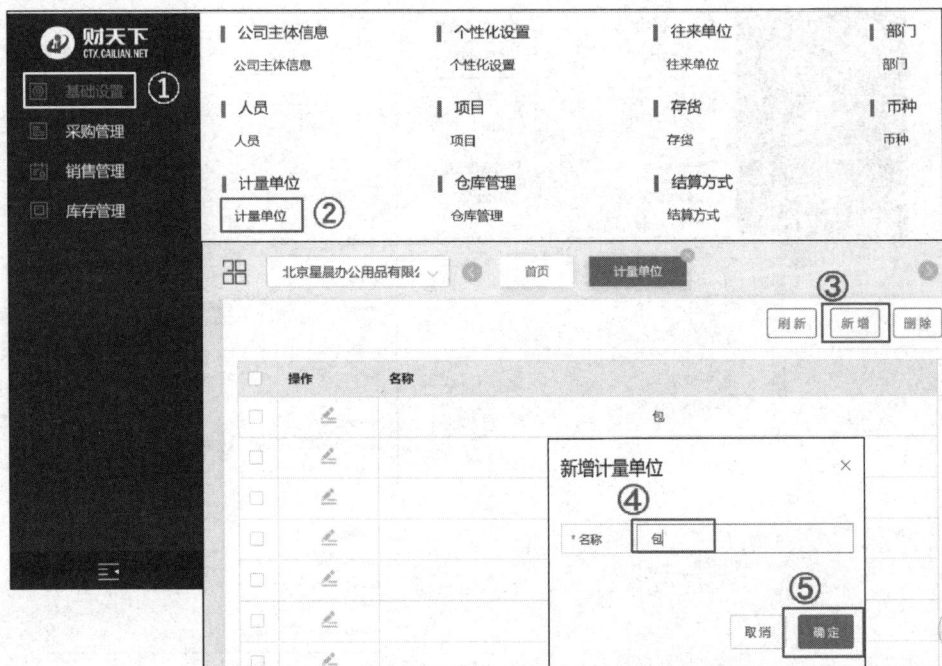

图 3-4-11　计量单位设置

（4）单击"基础设置"菜单下的"存货"页签，进入存货界面，单击"新增"按钮，根据资料在打开的对话框中新增存货，单击"确定"按钮，如图 3-4-12 所示。

图 3-4-12　新增存货

（5）单击"库存管理"菜单下的"库存期初"页签，进入库存期初界面，单击"新增"按钮，在弹出的窗口中进行新增存货期初余额的操作，根据资料依次录入各种存货的期初余额后，在库存期初界面中单击"审核"按钮，如图3-4-13所示。

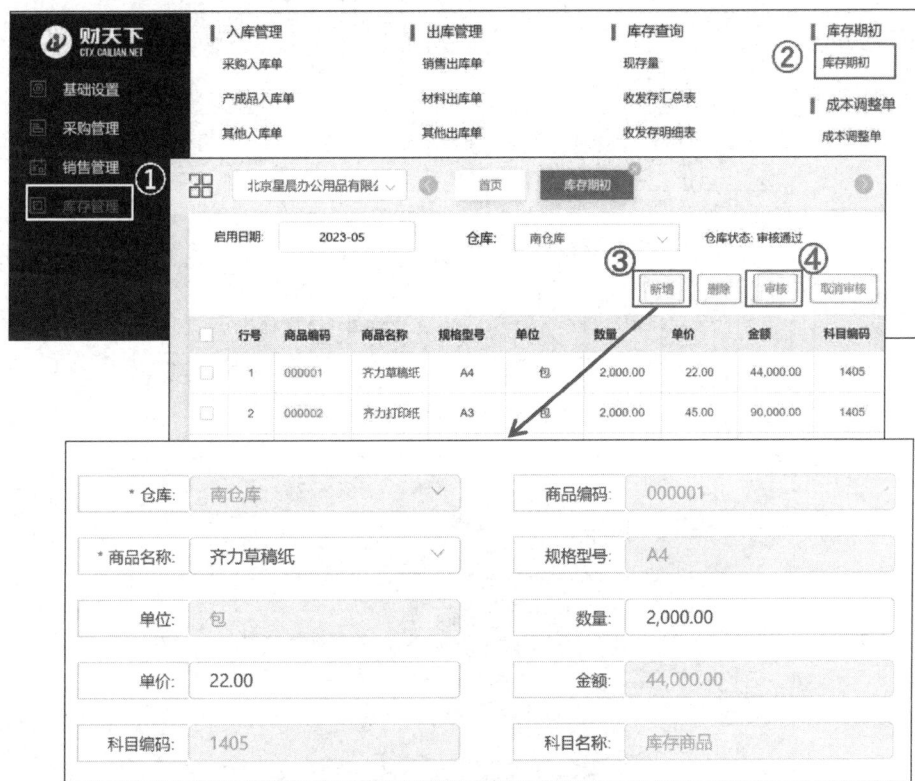

图3-4-13　库存期初余额设置

四、购销业务处理

1. 无预付款的采购业务

> **知识拓展**
>
> 区分物理发票和虚拟发票。前者是真实的原始凭证，如纸质发票或者电子发票；后者是购销系统生成的数据传递单据，是业务数据轨迹的记录凭据。

2023年5月2日，公司采购人员李浩鹏与沈阳大米办公用品有限责任公司签订采购合同，采购0.5mm大米签字笔1 000盒，每盒不含税价10元，0.38mm大米圆珠笔800盒，每盒不含税价7元。签订合同当天，公司要求供货方将货物当日送到公司仓库，验收合格且收到发票后付款。要求：进行采购业务处理，采购业务单据审批无误后推送至财天下生成记账凭证并查看。相关业务资料如图3-4-14、图3-4-15、图3-4-16和图3-4-17所示。

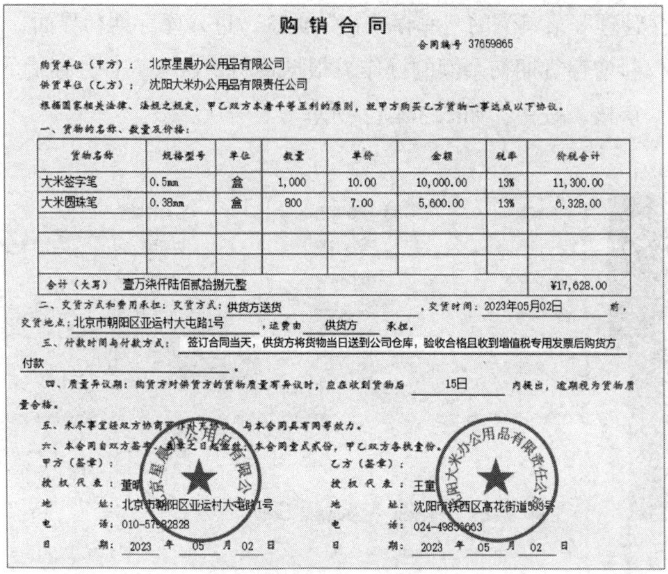

购 销 合 同

合同编号 37659865

购货单位（甲方）：北京星晨办公用品有限公司

供货单位（乙方）：沈阳大米办公用品有限责任公司

根据国家相关法律、法规之规定，甲乙双方本着平等互利的原则，就甲方购买乙方货物一事达成以下协议。

一、货物的名称、数量及价格：

货物名称	规格型号	单位	数量	单价	金额	税率	价税合计
大米签字笔	0.5mm	盒	1,000	10.00	10,000.00	13%	11,300.00
大米圆珠笔	0.38mm	盒	800	7.00	5,600.00	13%	6,328.00
合计（大写） 壹万柒仟陆佰贰拾捌元整							¥17,628.00

二、交货方式和费用承担：交货方式：供货方送货，交货时间：2023年05月02日前，交货地点：北京市朝阳区亚运村大屯路1号，运费由供货方承担。

三、付款时间与付款方式：签订合同当天，供货方将货物当日送到公司仓库，验收合格且收到增值税专用发票后购货方付款。

四、质量异议期：购货方对供货方的货物质量有异议时，应在收到货物后15日内提出，逾期视为货物质量合格。

五、未尽事宜经双方协商可作补充协议，与本合同具有同等效力。

六、本合同自双方签字、盖章之日起生效，本合同壹式贰份，甲乙双方各执壹份。

甲方（签章）：
授权代表：董晴
地址：北京市朝阳区亚运村大屯路1号
电话：010-57982828
日期：2023年05月02日

乙方（签章）：
授权代表：王童
地址：沈阳市铁西区高花街道503号
电话：024-49856663
日期：2023年05月02日

图 3-4-14　购销合同

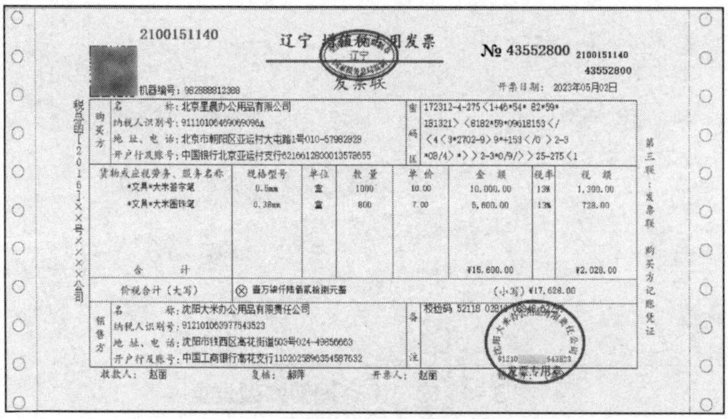

2100151140　辽宁增值税专用发票　№ 43552800　2100151140　43552800

发票联

机器编号：982888812388　开票日期：2023年05月02日

购买方：
名称：北京星晨办公用品有限公司
纳税人识别号：91110106469069096A
地址、电话：北京市朝阳区亚运村大屯路1号010-57982828
开户行及账号：中国银行北京亚运村支行6216612800013578655

密码区：
172312-4-275<1+46*54* 82*59*
181321><6182*59*09618153</
<4<3*2702-9>9*+153</0>2-3
08/4>>>2-3*0/9/>>25-275<1

货物或应税劳务、服务名称	规格型号	单位	数量	单价	金额	税率	税额
*文具*大米签字笔	0.5mm	盒	1000	10.00	10,000.00	13%	1,300.00
*文具*大米圆珠笔	0.38mm	盒	800	7.00	5,600.00	13%	728.00
合计					¥15,600.00		¥2,028.00
价税合计（大写）	⊗壹万柒仟陆佰贰拾捌元整				（小写）¥17,628.00		

销售方：
名称：沈阳大米办公用品有限责任公司
纳税人识别号：912101063977543523
地址、电话：沈阳市铁西区高花街道503号024-49856663
开户行及账号：中国工商银行高花支行1102025896354587632

备注：校验码 52118 028…

收款人：赵丽　复核：郝萍　开票人：赵丽

税总函[2016]××号××××公司

第三联：发票联　购买方记账凭证

图 3-4-15　采购发票

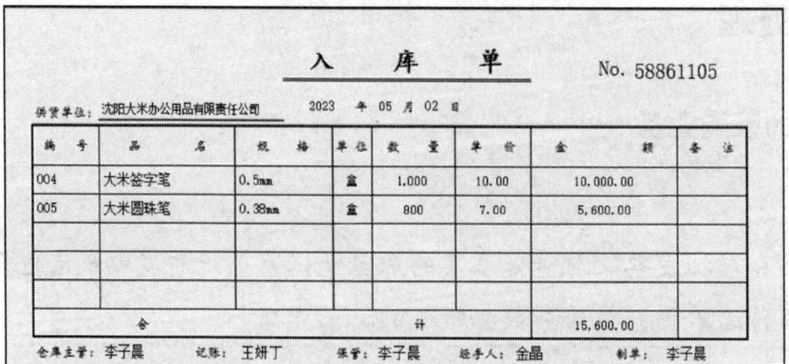

入　库　单　No. 58861105

供货单位：沈阳大米办公用品有限责任公司　2023 年 05 月 02 日

编号	品名	规格	单位	数量	单价	金额	备注
004	大米签字笔	0.5mm	盒	1,000	10.00	10,000.00	
005	大米圆珠笔	0.38mm	盒	800	7.00	5,600.00	
合					计	15,600.00	

仓库主管：李子晨　记账：王妍丁　保管：李子晨　经手人：金晶　制单：李子晨

图 3-4-16　入库单

操作步骤

（1）单击“采购管理”菜单下的“合同订单列表”页签，在弹出的界面中单击“新增”按钮，弹出录入合同订单界面，逐项录入相关内容并保存，单击“下一步”按钮，如图 3-4-18 所示。

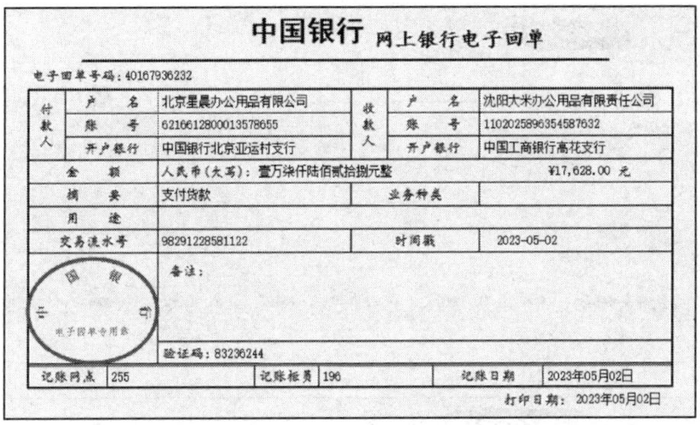

中国银行 网上银行电子回单

电子回单号码：40167936232

付款人	户名	北京星晨办公用品有限公司	收款人	户名	沈阳大米办公用品有限责任公司
	账号	6216612800013578655		账号	1102025896354587632
	开户银行	中国银行北京亚运村支行		开户银行	中国工商银行高花支行
金额		人民币（大写）：壹万柒仟陆佰贰拾捌元整			¥17,628.00 元
摘要		支付货款	业务种类		
用途					
交易流水号		98291228581122	时间戳		2023-05-02
		备注：			
		验证码：83236244			
记账网点	255	记账柜员	196	记账日期	2023年05月02日

打印日期：2023年05月02日

图 3-4-17　付款回单

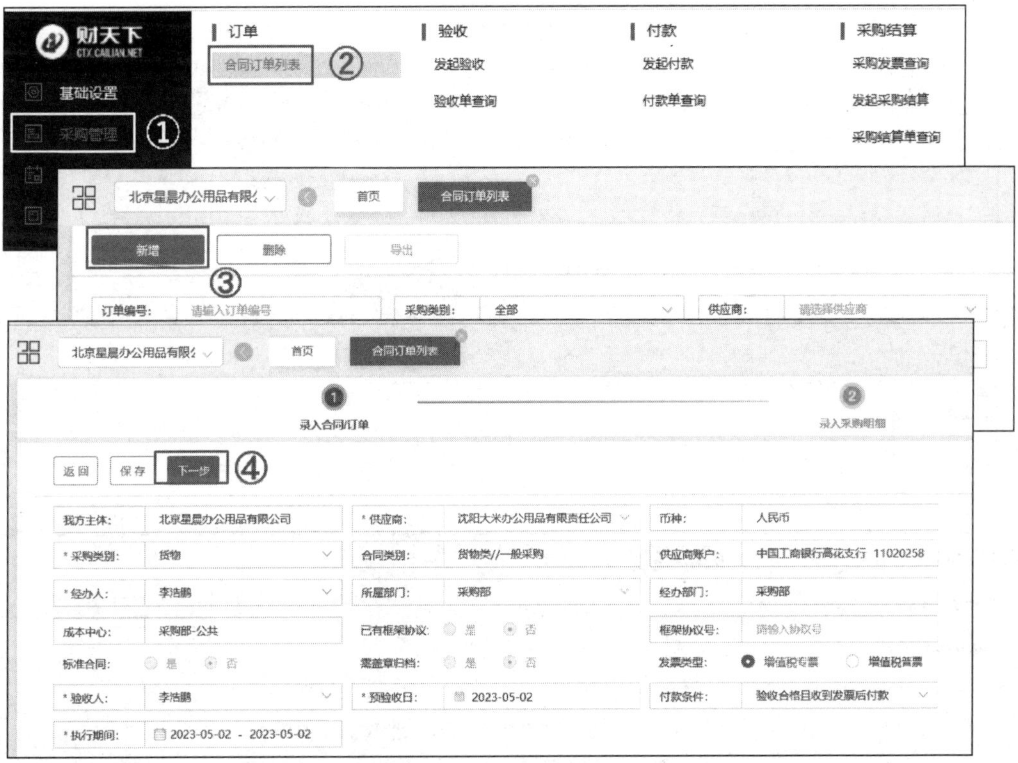

图 3-4-18　录入合同订单

（2）在弹出的录入采购明细界面，单击“手工添加”按钮，录入相关内容并保存，单击“完成”按钮后，在弹出界面单击“提交”按钮，进入待审批界面，单击“审批通过”按钮，如图 3-4-19 所示。

（3）采购明细录入并审批通过后，再次弹出合同订单列表界面，单击“生成采购发票”按钮，注意选择正确的发票日期和制单日期并保存、审核，此时生成的采购发票就是虚拟发票，如图 3-4-20 所示。

（4）采购虚拟发票生成后，单击“采购管理”菜单下的“发起验收”页签（也可以在合同订单列表界面的右下角单击“发起验收”按钮），进入验收界面。在对应的订单后单击“发起验收”按钮，注意选择正确的仓库，采用最后一次验收，单击“验收全部”按钮，提交和审批通过后，单击“生成入库单”按钮，如图 3-4-21 所示，系统自动生成入库单。

图 3-4-19　录入并审批采购明细

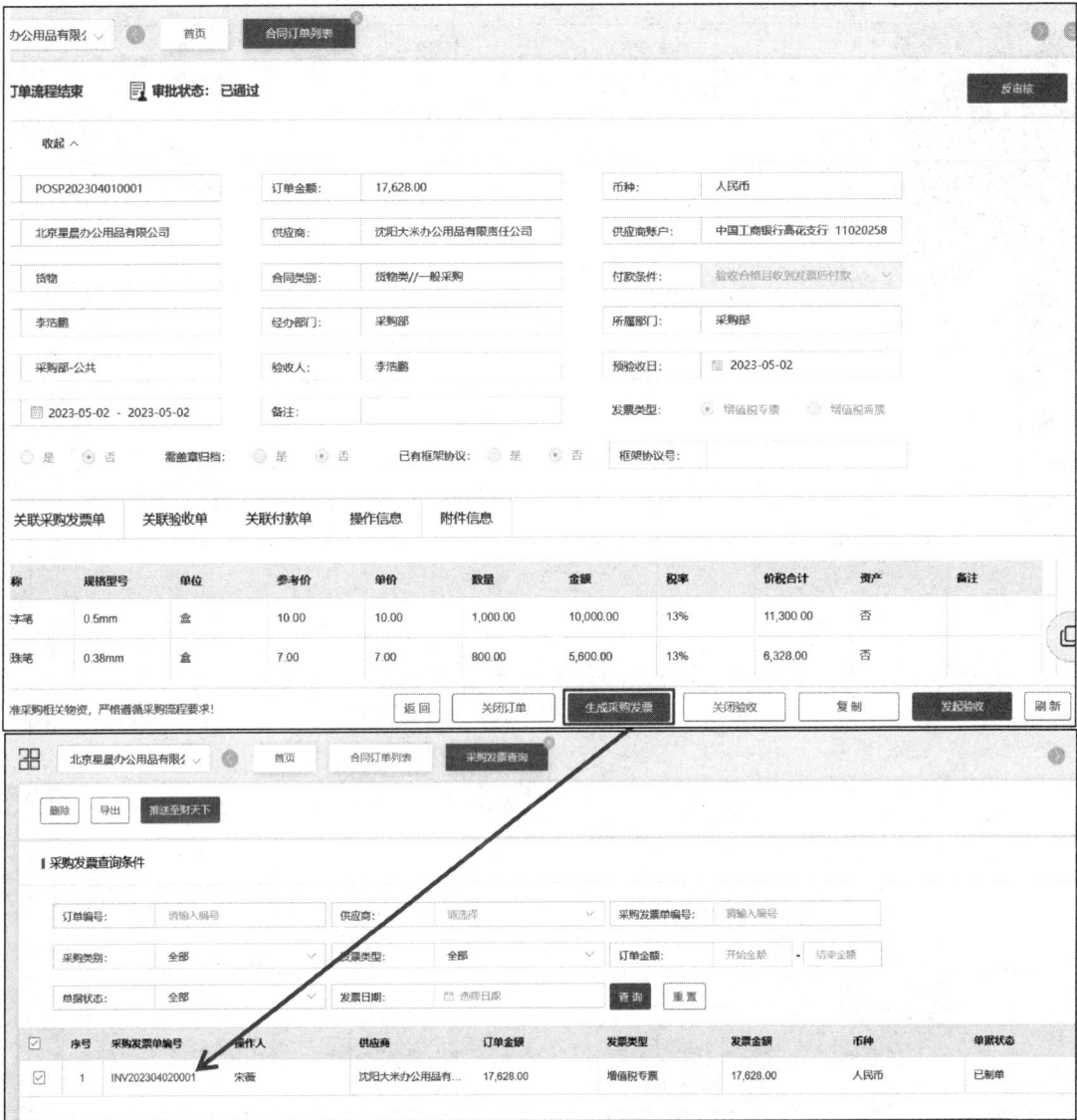

图 3-4-20　生成采购虚拟发票

（5）采购验收入库后，单击"采购管理"菜单下的"发起付款"页签（在验收单界面的右下角也可以单击"发起付款"按钮），在弹出的界面中单击"验收付款"按钮，在付款界面正确填写开票金额，单击"物理发票信息"，在弹出的对话框中正确填写发票代码和号码，如图 3-4-22 所示，正确上传附件。

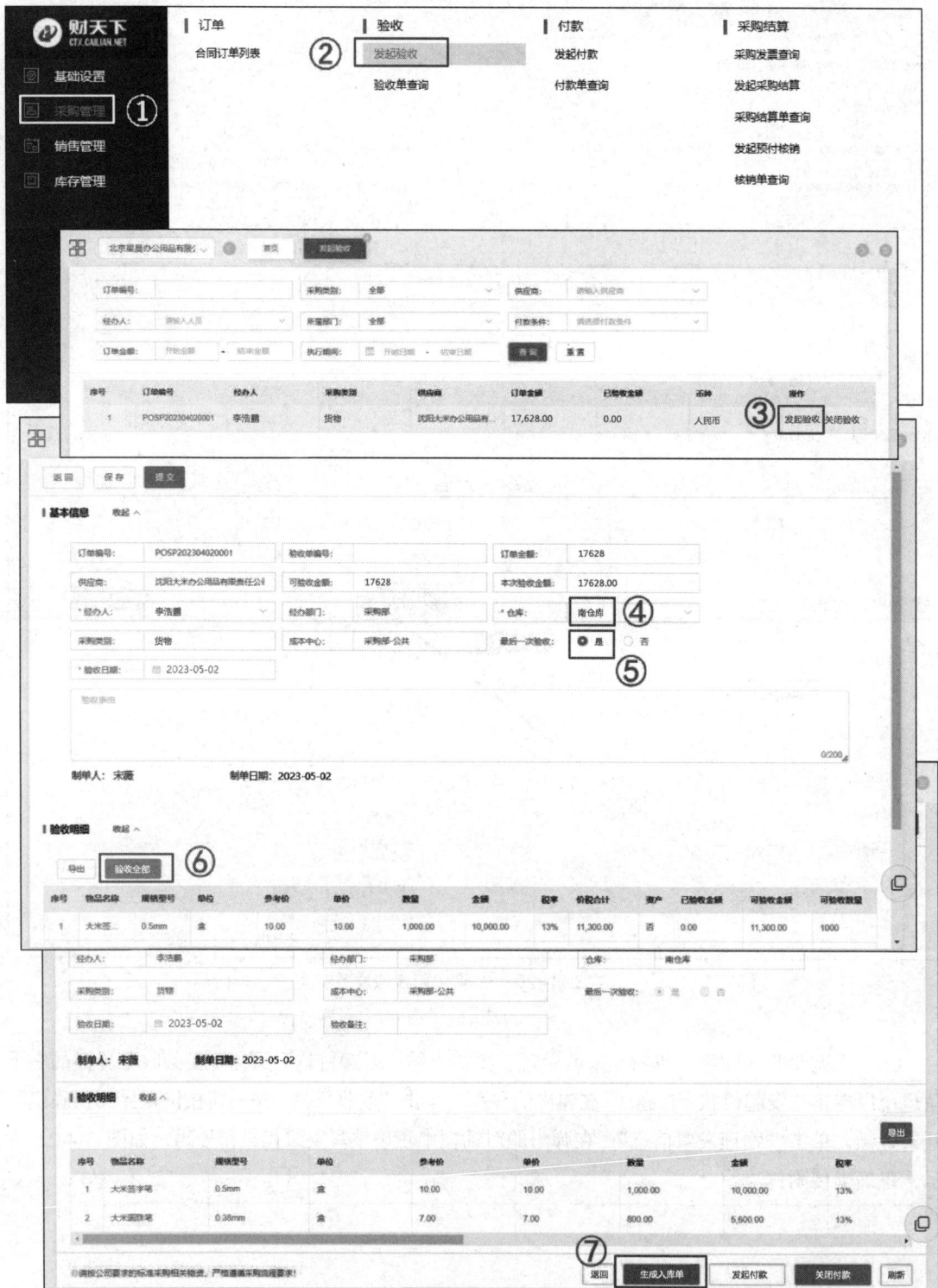

图 3-4-21　验收入库

图 3-4-22 发起付款

知识拓展

发票的左上方是发票代码，右上方是发票号码。发票代码由税务局编码，发票号码由国家工商局统一编号。发票号码一般有八位，前面有"No."字样，可以在网上查询真伪。发票号码使用号码机印刷，使用哥特字体。发票代码和发票号码如图 3-4-23 所示。

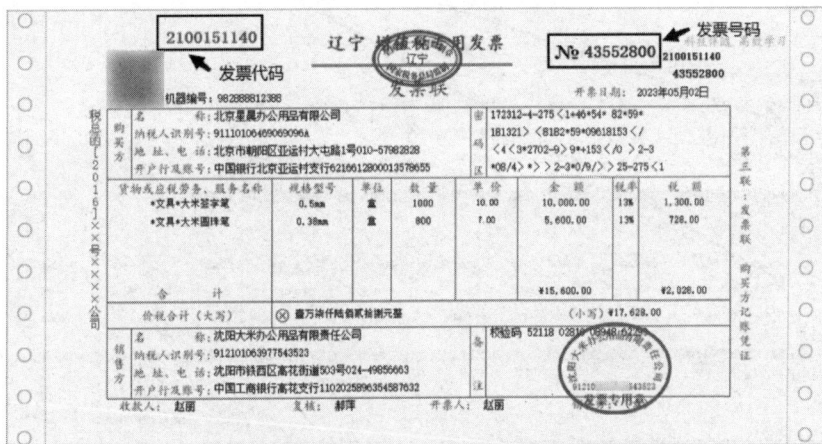

图 3-4-23 发票代码和发票号码

（6）在付款界面，根据申请金额明细，勾选对应的结算发票并保存，提交、审核通过后确认付款，如图 3-4-24 所示。

图 3-4-24　结算发票信息

（7）完成付款后，意味着本笔交易结束，需要进行交易完结结算。单击"采购管理"菜单下的"发起采购结算"页签，选择正确的供应商和输入正确的订单编号后，在采购发票单列表和入库单列表分别勾选对应的商品单据后提交，如图 3-4-25 所示。

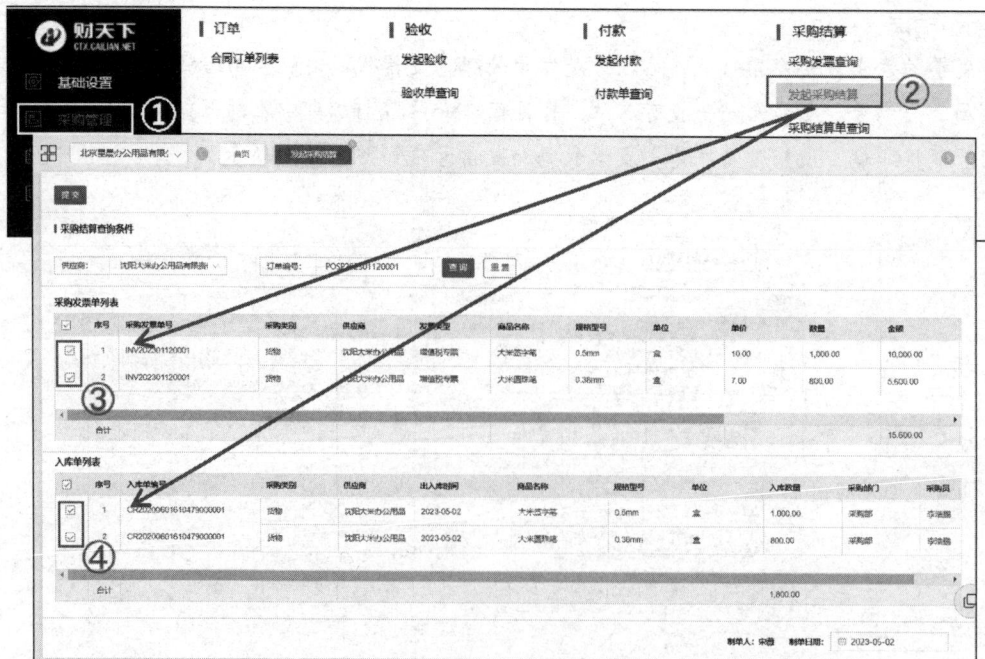

图 3-4-25　采购结算

（8）提交后，进行相关单据的推送。将采购发票、付款单和入库单推送至财天下记账。注意分别在正确的路径下进行：采购发票从采购发票查询界面推送；入库单从采购入库单界面推送；付款单从付款单查询界面推送。值得注意的是，采购和验收、付款不在同一天的，根据业务要求分别推送单据至财天下记账。

（9）单据推送完毕后，进入财天下查看自动生成的记账凭证，共生成有关采购、付款、商品入库的三张记账凭证。

需要注意的是，推送至财天下的凭证，在财天下凭证管理界面中无法操作，若出现错误，需要在财天下相应的采购、销售或者库存制单中，取消凭证，在列表中删除凭证信息所在行，才能反向操作。

2. 有预付款的采购业务

业务一：2023 年 5 月 8 日，公司采购人员李浩鹏与沈阳大米办公用品有限责任公司签订采购合同，采购 0.5mm 大米签字笔 1 000 盒，每盒不含税价 10 元，0.38mm 大米圆珠笔 800 盒，每盒不含税价 7 元，要求 5 月 9 日送到。签合同当天，支付 5 000 元作为预付账款，其余货款在货物验收合格且收到发票后支付。要求：进行采购业务处理，采购业务单据审批无误后推送至财天下生成记账凭证并查看。相关资料如图 3-4-26、图 3-4-27 所示。

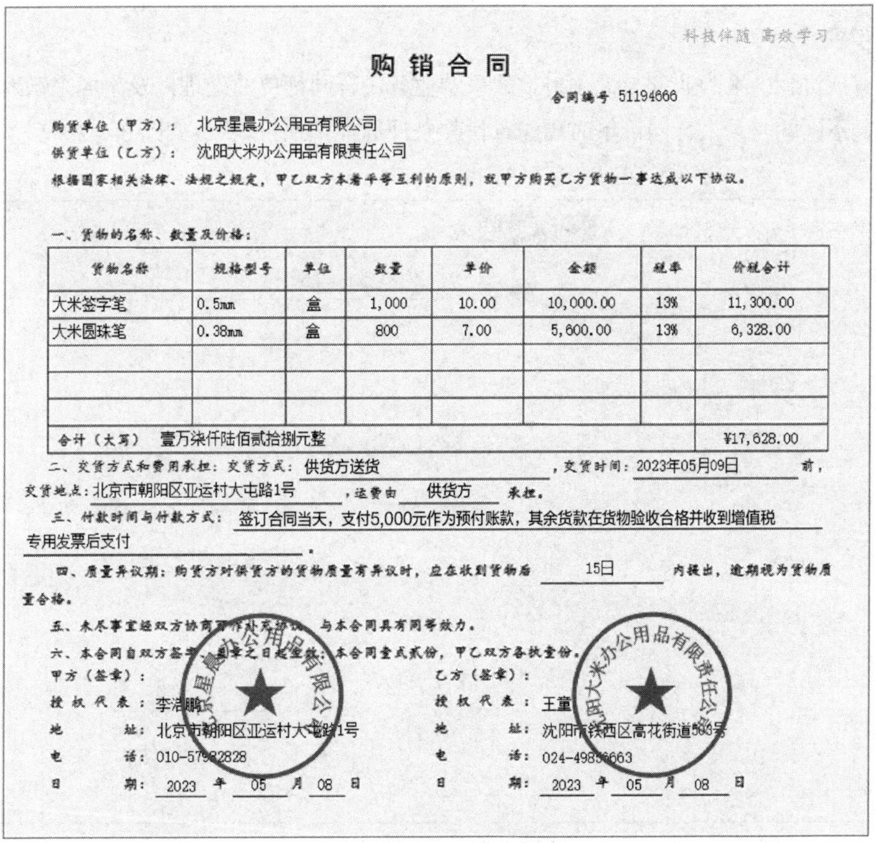

科技伴随 高效学习

购销合同

合同编号 51194666

购货单位（甲方）： 北京星晨办公用品有限公司

供货单位（乙方）： 沈阳大米办公用品有限责任公司

根据国家相关法律、法规之规定，甲乙双方本着平等互利的原则，就甲方购买乙方货物一事达成以下协议。

一、货物的名称、数量及价格：

货物名称	规格型号	单位	数量	单价	金额	税率	价税合计
大米签字笔	0.5mm	盒	1,000	10.00	10,000.00	13%	11,300.00
大米圆珠笔	0.38mm	盒	800	7.00	5,600.00	13%	6,328.00
合计（大写） 壹万柒仟陆佰贰拾捌元整							¥17,628.00

二、交货方式和费用承担：交货方式：供货方送货，交货时间：2023年05月09日前，交货地点：北京市朝阳区亚运村大屯路1号，运费由供货方承担。

三、付款时间与付款方式：签订合同当天，支付5,000元作为预付账款，其余货款在货物验收合格并收到增值税专用发票后支付。

四、质量异议期：购货方对供货方的货物质量有异议时，应在收到货物后15日内提出，逾期视为货物质量合格。

五、未尽事宜经双方协商可作补充协议，与本合同具有同等效力。

六、本合同自双方签字、盖章之日起生效；本合同壹式贰份，甲乙双方各执壹份。

甲方（签章）：北京星晨办公用品有限公司

授权代表：李浩鹏

地　　址：北京市朝阳区亚运村大屯路1号

电　　话：010-57982828

日　　期：2023 年 05 月 08 日

乙方（签章）：沈阳大米办公用品有限责任公司

授权代表：王童

地　　址：沈阳市铁西区高花街道503号

电　　话：024-49856663

日　　期：2023 年 05 月 08 日

图 3-4-26　采购合同

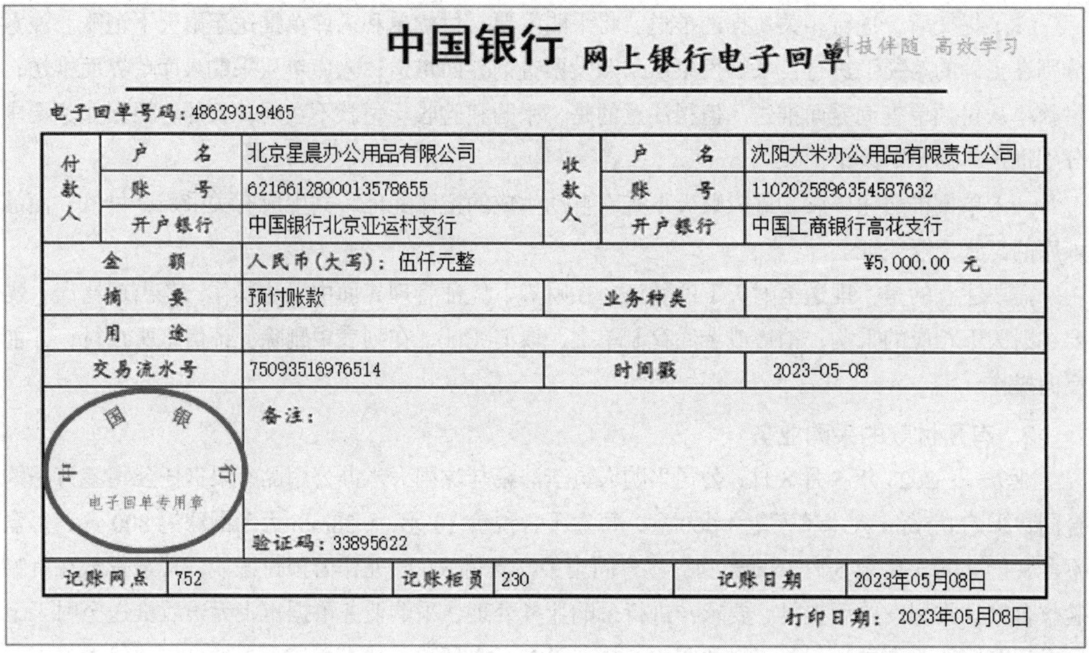

中国银行 网上银行电子回单

科技伴随 高效学习

电子回单号码：48629319465

付款人	户名	北京星晨办公用品有限公司	收款人	户名	沈阳大米办公用品有限责任公司
	账号	6216612800013578655		账号	1102025896354587632
	开户银行	中国银行北京亚运村支行		开户银行	中国工商银行高花支行
金额		人民币（大写）：伍仟元整 ¥5,000.00 元			
摘要		预付账款	业务种类		
用途					
交易流水号		75093516976514	时间戳		2023-05-08
中国银行 电子回单专用章		备注：			
		验证码：33895622			

记账网点	752	记账柜员	230	记账日期	2023年05月08日

打印日期：2023年05月08日

图 3-4-27 付款回单

操作步骤

（1）有预付款的采购业务与无预付款的采购业务，合同订单的处理以及生成采购发票的流程是一致的，不同的是录入合同订单时要注意付款条件选择“预付款”，如图 3-4-28 所示。

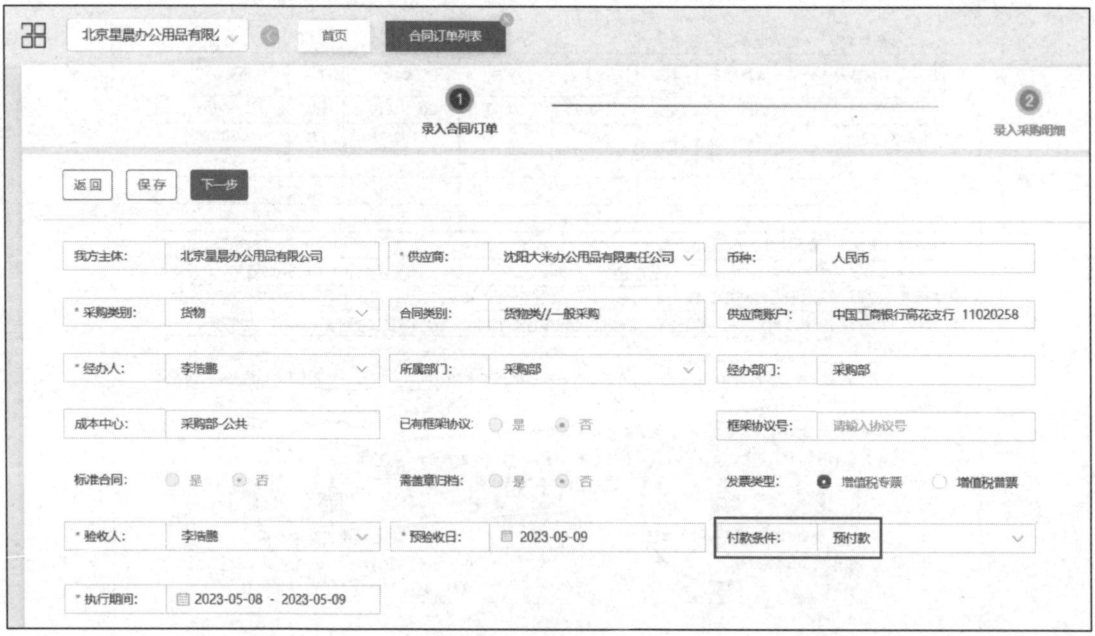

图 3-4-28 录入合同订单

（2）有预付款的采购业务，首先需要进行预付款的发起。在发起付款界面，选择对应的订单后，单击"预付款"按钮，如图 3-4-29 所示，在弹出的界面中正确填写开票金额，在"是否收到发票"处选中"否"，注意还需填写申请金额，也就是本次预付金额，如图 3-4-30 所示，然后将付款单进行保存、提交，审核通过后确认付款。

图 3-4-29　发起预付款

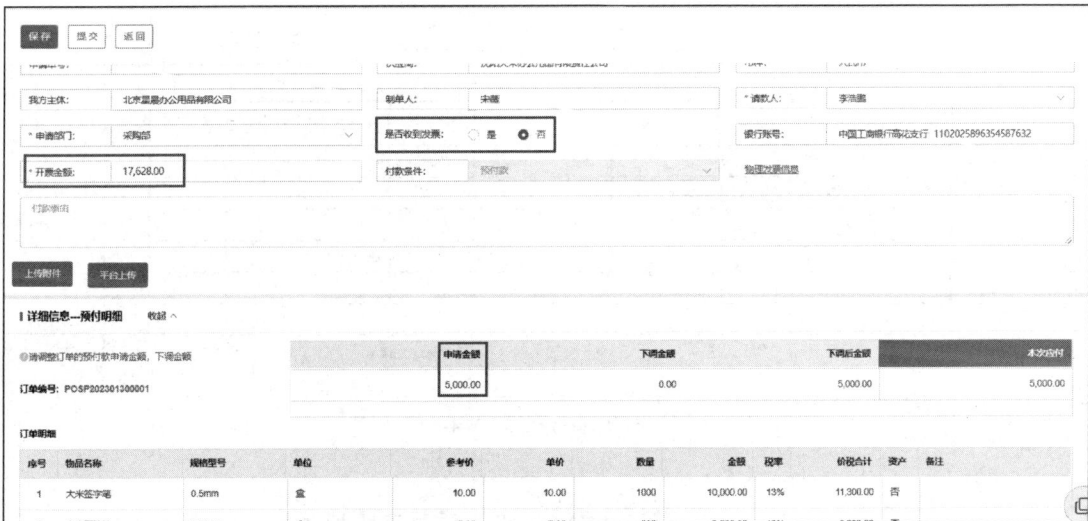

图 3-4-30　申请预付款

（3）将以上业务关联的单据推送至财天下生成凭证，注意将采购发票从采购发票查询界面推送至财天下，将付款单从付款单查询界面推送至财天下。

业务二：2023 年 5 月 9 日，收到沈阳大米办公用品有限责任公司的货物及增值税专用发票。货物验收合格并入库，当天支付其余货款并处理预付款。要求：进行采购入库及款项结算处理，将相关业务单据审核之后推送至财天下生成记账凭证并查看。相关资料如图 3-4-31、图 3-4-32、图 3-4-33 所示。

操作步骤

（1）有预付款的采购业务在商品入库验收时的操作流程和无预付款的采购业务的验收操作流程一致，在此不赘述。

图 3-4-31　采购发票

图 3-4-32　入库单

图 3-4-33　付款回单

（2）有预付款的采购业务，需要进行余款支付，在发起付款环节，与无预付款的采购业务相比，区别在于抵减预付款的处理。在发起付款界面，正确填写开票金额、物理发票信息，正确上传发票附件后，要正确填写抵减预付金额，通过填写已预付的金额，系统会自动计算本次应付余款，如图 3-4-34 所示。

图 3-4-34 抵减预付

（3）在付款界面，根据本次采购发票填写本次付款金额，也就是本次实付的金额，如图 3-4-35 所示，然后保存、提交、审核并确认付款。

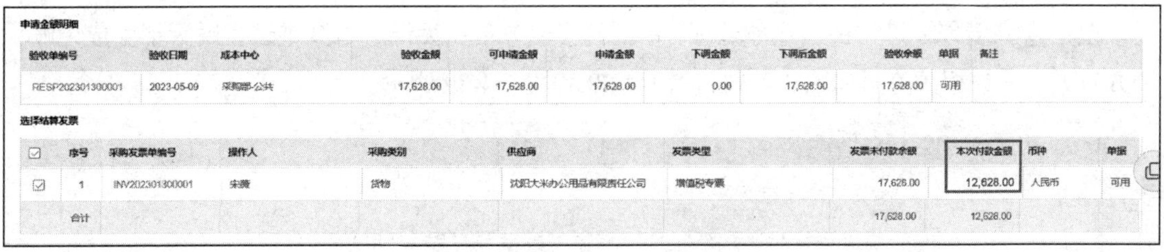

图 3-4-35 填写应付金额

（4）余款支付完毕后，之前的预付款性质已经发生改变，已经从预付款变为支付的货款，所以需要进行预付款核销。在"采购管理"菜单下单击"发起预付核销"页签，选择正确的供应商和输入正确的订单编号，勾选对应的采购发票和预付单完成核销并保存，如图 3-4-36 所示。

（5）进行采购结算，操作流程在此不赘述。

（6）进行相关单据的推送。将入库单、付款单、付款核销单推送至财天下记账。注意分别从正确的路径进行：入库单从采购入库单界面推送，付款单从付款单查询界面推送，付款核销单从核销单查询界面推送。

（7）单据推送完毕后，共自动生成涉及商品采购入库、支付余款和核销预付款的三张凭证，进入财天下查看自动生成的记账凭证。

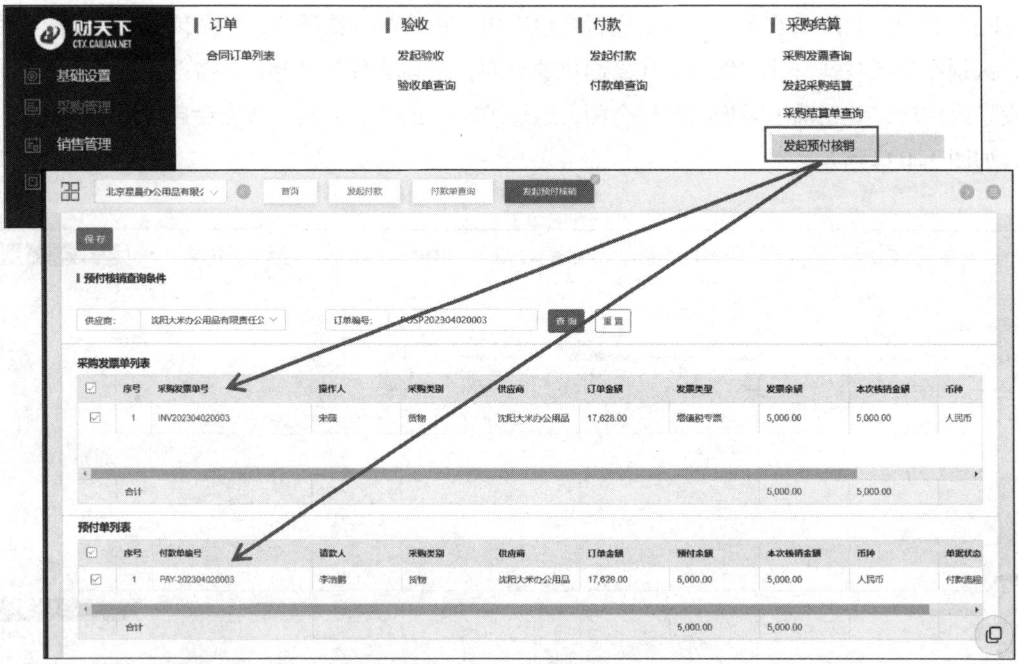

图 3-4-36　核销预付款

3. 销售业务

业务一：2023 年 5 月 8 日，销售部李嘉欣与北京博实商贸有限责任公司签订销售合同，销售 0.5mm 大米签字笔 200 盒，每盒不含税价 15 元，0.38mm 大米圆珠笔 300 盒，每盒不含税价 12 元。合同约定签订合同当天发货并开具增值税专用发票，收货人当日收到货物（收货人信息即公司开票信息）。要求：进行销售业务处理，审批销售业务单据无误后将其推送至财天下生成记账凭证并查看。业务相关资料如图 3-4-37、图 3-4-38 和图 3-4-39 所示。

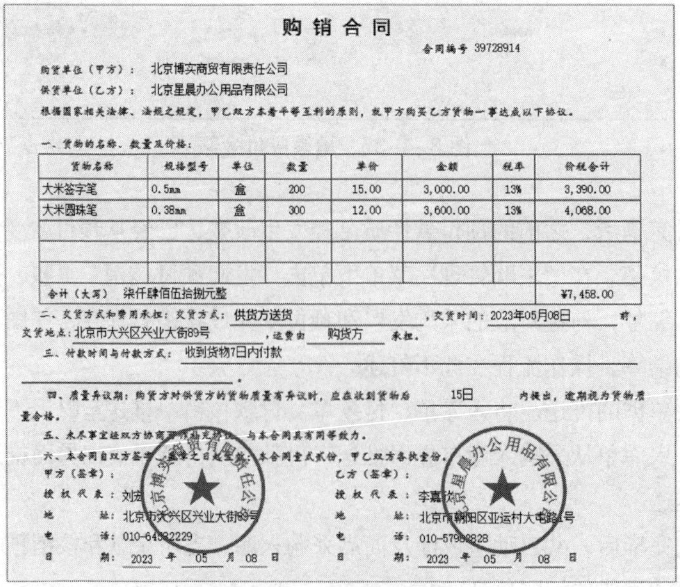

购 销 合 同

合同编号 39728914

购货单位（甲方）：　北京博实商贸有限责任公司

供货单位（乙方）：　北京星晨办公用品有限公司

根据国家相关法律、法规之规定，甲乙双方本着平等互利的原则，就甲方购买乙方货物一事达成以下协议。

一、货物的名称、数量及价格：

货物名称	规格型号	单位	数量	单价	金额	税率	价税合计
大米签字笔	0.5mm	盒	200	15.00	3,000.00	13%	3,390.00
大米圆珠笔	0.38mm	盒	300	12.00	3,600.00	13%	4,068.00
合计（大写）	柒仟肆佰伍拾捌元整						¥7,458.00

二、交货方式和费用承担：交货方式：供货方送货，交货时间：2023年05月08日 前，交货地点：北京市大兴区兴业大街89号，运费由 购货方 承担。

三、付款时间与付款方式：收到货物7日内付款

四、质量异议期：购货方对供货方的货物质量有异议时，应在收到货物后 15日 内提出，逾期视为货物质量合格。

五、未尽事宜经双方协商可作补充协议，与本合同具有同等效力。

六、本合同自双方签字、盖章之日起生效；本合同壹式贰份，甲乙双方各执壹份。

甲方（签章）：
授权代表：刘宏
地　　址：北京市大兴区兴业大街89号
电　　话：010-64832229
日　　期：2023 年 05 月 08 日

乙方（签章）：
授权代表：李嘉欣
地　　址：北京市朝阳区亚运村大屯路1号
电　　话：010-57988828
日　　期：2023 年 05 月 08 日

图 3-4-37　销售合同

图 3-4-38　销售发票

图 3-4-39　出库单

操作步骤

（1）单击"销售管理"菜单下的"销售订单"页签，然后单击"新增"按钮，正确填写订单基本信息，确认收入方式为"发票"，如图 3-4-40 所示。

（2）在销售订单界面单击"新增商品"按钮，然后在弹出的"商品信息"窗口中添加商品信息，添加时会弹出窗口，在该窗口可以进行商品选择，如图 3-4-41 所示，商品信息添加完毕后提交、审批。

（3）销售订单填写完毕后，单击"销售管理"菜单下的"发货申请单"页签，在发货申请单界面单击"新增"按钮，选择正确的销售订单后正确填写相关发货信息，包括发货申请单日期、收货人信息、发货商品信息，如图 3-4-42 所示，最后保存、提交、审批。注意区分是一次发货还是分次发货，若为分次发货，填写发货商品信息时，只填写本次发货数量。

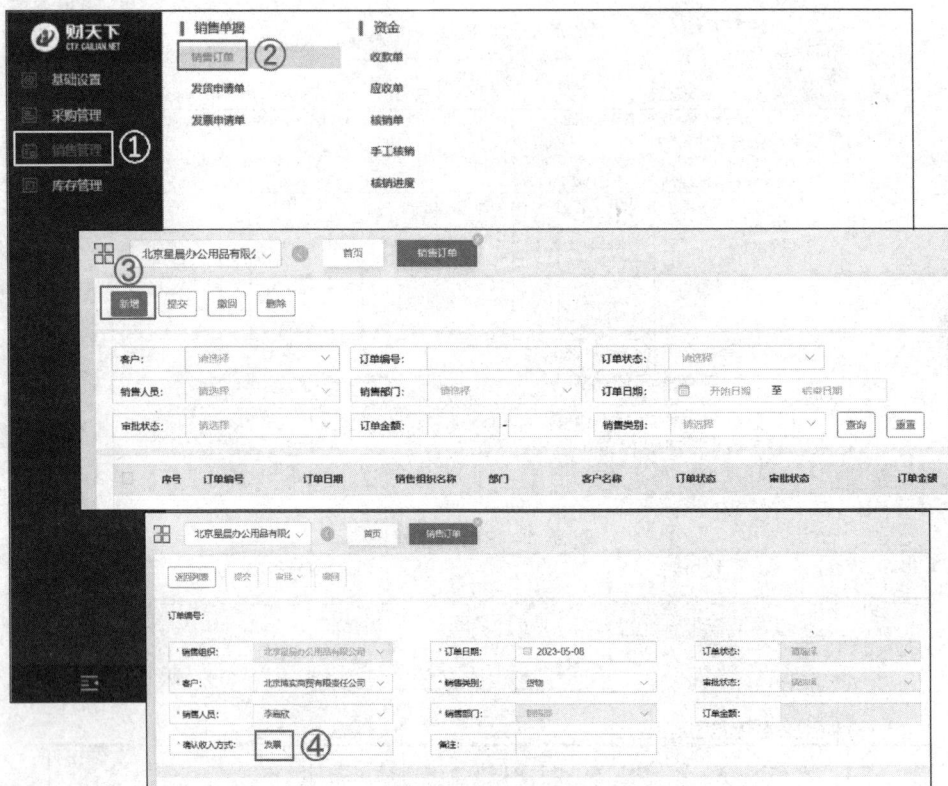

图 3-4-40 填写销售订单信息

图 3-4-41 添加商品信息

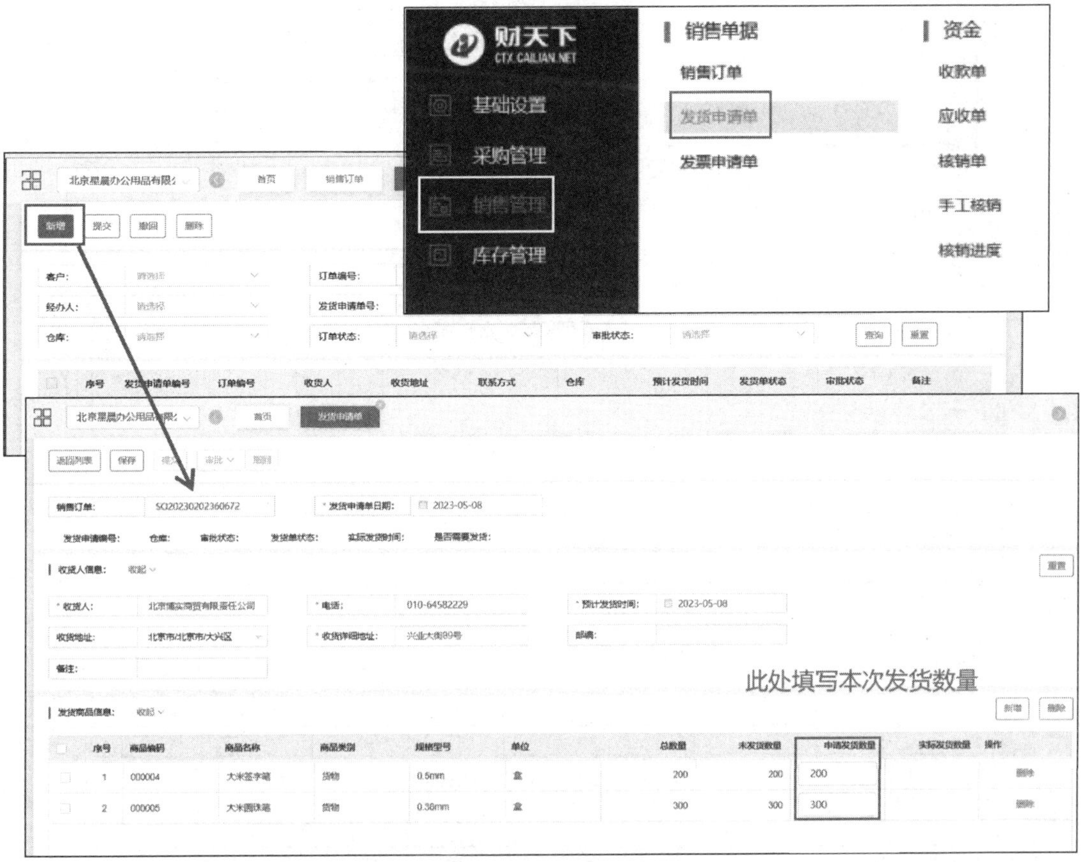

图 3-4-42　填写发货申请单

（4）发货完毕后进入开票环节。单击"销售管理"菜单下的"发票申请单"页签，单击"新增"按钮，选择正确的销售订单后，填写日期、金额等信息并保存，如图 3-4-43 所示。注意区分是一次发货还是分次发货。

特别说明：若为分次发货，发票金额只填写本次的。在发票申请单界面的销售订单明细中修改价税合计，系统将自动调整本次发货量和发货金额，如图 3-4-44 所示。

（5）发票申请单填写完毕后，进行提交和审批，在对应的发票申请单界面，将发票申请单推送至开票系统，如图 3-4-45 所示，系统会自动在票天下中进行开票，用户可以联查发票来查看开票系统开具的发票。

（6）销售发票开具之后，无论是否当天收款，日常销售业务中企业一般会先进行应收款的处理，然后再根据是否当天收款进行收款处理。应收单推送的操作如下。单击"销售管理"菜单下的"应收单"页签，选择对应的订单后，单击"推送至财天下"按钮查看会计凭证，如图 3-4-46 所示。

业务二：2023 年 5 月 12 日，收到北京博实商贸有限责任公司货款。要求：新建收款单并提交审批，审批收款单后提交至财天下生成记账凭证。收款回单如图 3-4-47 所示。

图 3-4-43　填写发票申请单

图 3-4-44　填写分次发货发票申请单

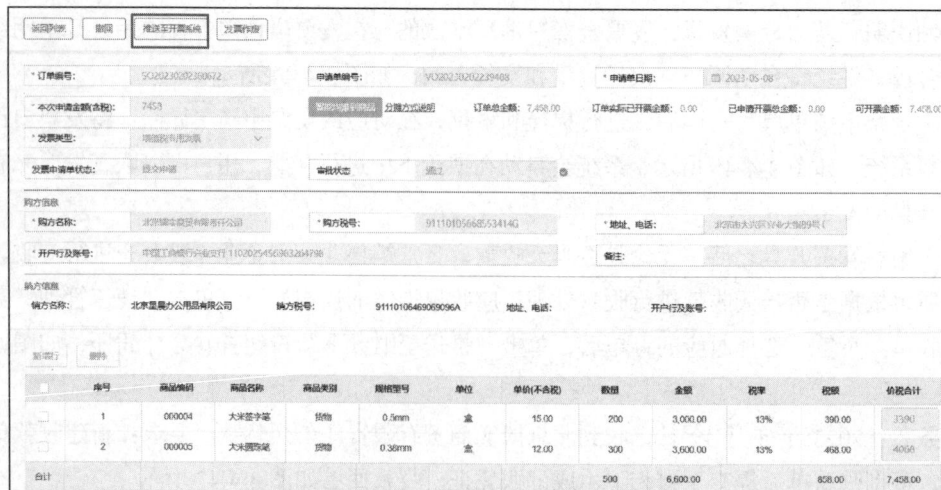

图 3-4-45　推送至开票系统

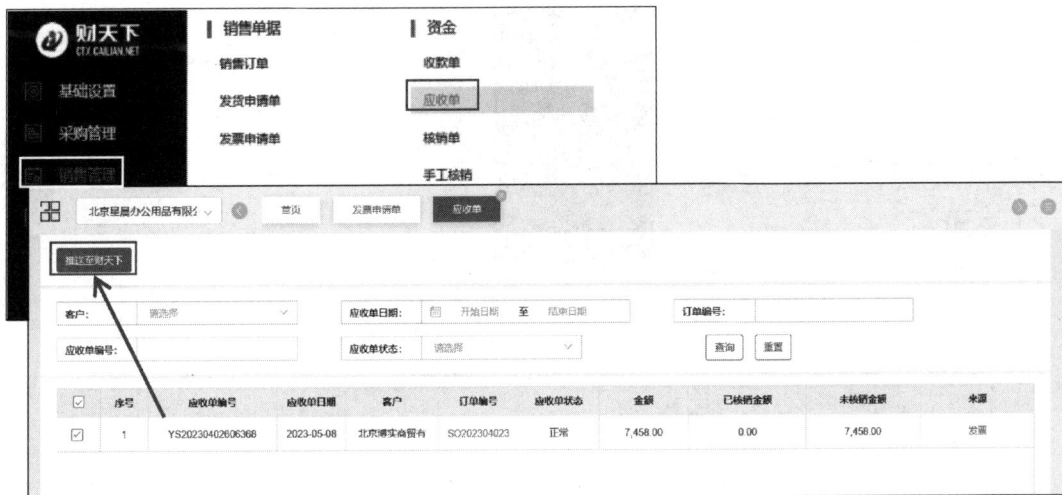

图 3-4-46 应收单推送

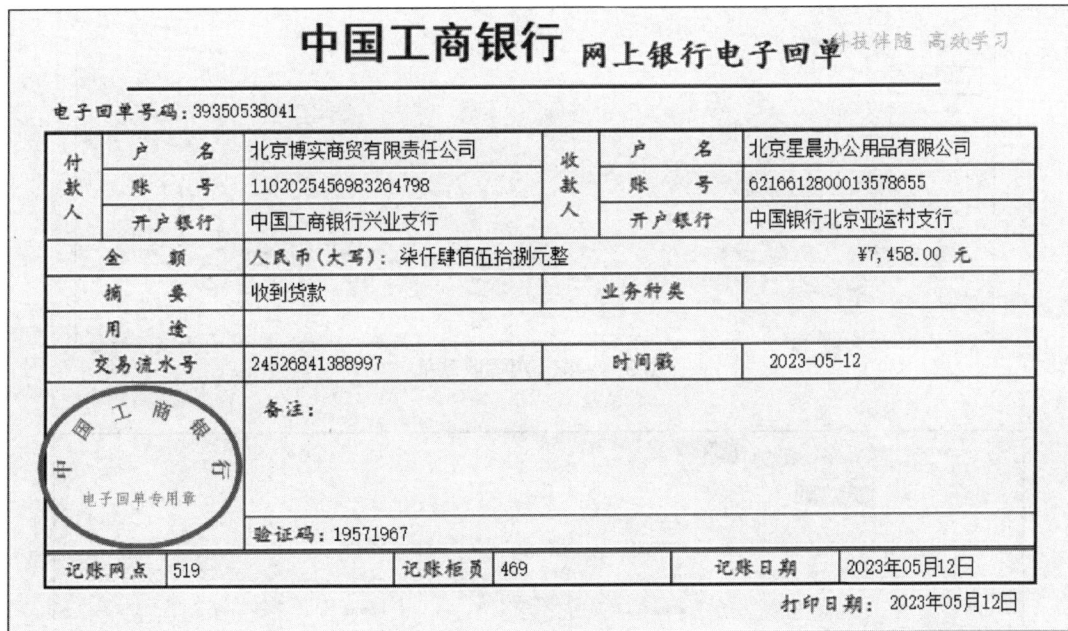

图 3-4-47 收款回单

操作步骤

（1）收款当天，单击"销售管理"菜单下的"收款单"页签，单击"新增"按钮，选择正确的订单编号后，填写相关收款信息。单击"新增行"按钮，正确填写结算方式，关联应收单后填写本次核销金额，如图 3-4-48 所示，然后保存、审批。

（2）收款单填写完毕后，单击收款单界面的"推送至财天下"按钮，如图 3-4-49 所示，自动生成记账凭证。

需要注意是，收款单一旦提交将无法退回，出现错误将无法逆操作。

图 3-4-48　填写收款单

图 3-4-49　收款单推送

4. 期末业务

2023 年 5 月 31 日，结转销售产品成本。请会计主管进行供应链月末结账并生成记账凭证。

操作步骤

（1）针对企业常用的月末一次加权平均成本结转法，全月业务发生后，月末需要进行销售成本结转。单击"库存管理"菜单下的"月末结账"页签，选择结账月份，单击"结账"按钮，进行结账，如图 3-4-50 所示。

图 3-4-50　月末结账

> **注意**
>
> 　　月结完成后，当月的所有单据不支持新增、修改、删除、审核、反审核等操作。月结时，需检查库存期初和所有出入库单、成本调整单是否都已审核，如果未审核则自动审核通过。月结时，只能从启用月份开始从前往后依次月结，不支持跨月处理；支持反月结，但只能按月份从后往前依次反月结，不支持跨月处理。月结完成后，根据个性化设置的参数，自动核算出库产品成本并回写到各类出库单上。

（2）月结完毕后，所有销售成本结转的凭证自动生成。单击财天下系统中"凭证"菜单下的"凭证管理"页签，进行凭证查看，如图 3-4-51 所示。销售成本结转凭证如图 3-4-52、图 3-4-53、图 3-4-54、图 3-4-55、图 3-4-56 所示。

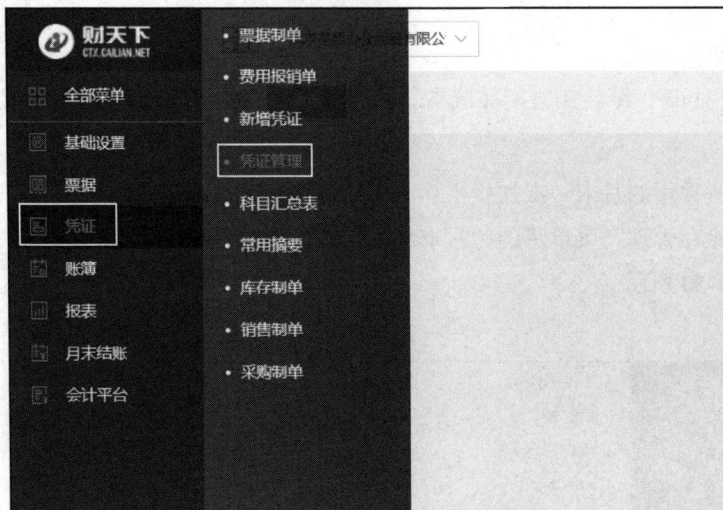

图 3-4-51　凭证管理

序号	摘要	会计科目	数量	借方金额	贷方金额
				亿千百十万千百十元角分	亿千百十万千百十元角分
1	销售出库	640101 主营业务成本-销售商品成本_大米圆珠笔	数量:300.00个 单价:7.000000	2 1 0 0 0 0	
2	销售出库	640101 主营业务成本-销售商品成本_大米签字笔	数量:200.00个 单价:10.000000	2 0 0 0 0 0	
3	销售出库	1405 库存商品_大米签字笔	数量:200.00个 单价:10.000000		2 0 0 0 0 0
4	销售出库	1405 库存商品_大米圆珠笔	数量:300.00个 单价:7.000000		2 1 0 0 0 0
5					
	合计:肆仟壹佰元整			4 1 0 0 0 0	4 1 0 0 0 0

记字第 0024 号　制单日期 2023-05-31　附单据 0 张

图 3-4-52　销售成本结转凭证（1）

序号	摘要	会计科目	数量	借方金额	贷方金额
				亿千百十万千百十元角分	亿千百十万千百十元角分
1	销售出库	640101 主营业务成本-销售商品成本_齐力打印纸	数量:100.00个 单价:45.000000	4 5 0 0 0 0	
2	销售出库	640101 主营业务成本-销售商品成本_大米签字笔	数量:200.00个 单价:10.000000	2 0 0 0 0 0	
3	销售出库	640101 主营业务成本-销售商品成本_齐力草稿纸	数量:250.00个 单价:22.000000	5 5 0 0 0 0	
4	销售出库	1405 库存商品_齐力草稿纸	数量:250.00个 单价:22.000000		5 5 0 0 0 0
5	销售出库	1405 库存商品_齐力打印纸	数量:100.00个 单价:45.000000		4 5 0 0 0 0
6	销售出库	1405 库存商品_大米签字笔	数量:200.00个 单价:10.000000		2 0 0 0 0 0
7					
	合计:壹万贰仟元整			1 2 0 0 0 0 0	1 2 0 0 0 0 0

记字第 0025 号　制单日期 2023-05-31　附单据 0 张

图 3-4-53　销售成本结转凭证（2）

记字第 0026 号　制单日期 2023-05-31			附单据 0 张	
序号	摘要	会计科目	数量	借方金额 / 贷方金额
1	销售出库	640101 主营业务成本-销售商品成本_齐力打印纸	数量:100.00个 单价:45.000000	借 450000
2	销售出库	640101 主营业务成本-销售商品成本_大米签字笔	数量:200.00个 单价:10.000000	借 200000
3	销售出库	640101 主营业务成本-销售商品成本_齐力草稿纸	数量:250.00个 单价:22.000000	借 550000
4	销售出库	1405 库存商品_齐力草稿纸	数量:250.00个 单价:22.000000	贷 550000
5	销售出库	1405 库存商品_齐力打印纸	数量:100.00个 单价:45.000000	贷 450000
6	销售出库	1405 库存商品_大米签字笔	数量:200.00个 单价:10.000000	贷 200000
7				
合计 壹万贰仟元整				借 1200000　贷 1200000

图 3-4-54　销售成本结转凭证（3）

记字第 0027 号　制单日期 2023-05-31			附单据 0 张	
序号	摘要	会计科目	数量	借方金额 / 贷方金额
1	销售出库	640101 主营业务成本-销售商品成本_齐力打印纸	数量:100.00个 单价:45.000000	借 450000
2	销售出库	640101 主营业务成本-销售商品成本_齐力计算器	数量:20.00个 单价:20.000000	借 40000
3	销售出库	640101 主营业务成本-销售商品成本_大米签字笔	数量:300.00个 单价:10.000000	借 300000
4	销售出库	640101 主营业务成本-销售商品成本_大米圆珠笔	数量:500.00个 单价:7.000000	借 350000
5	销售出库	640101 主营业务成本-销售商品成本_齐力草稿纸	数量:150.00个 单价:22.000000	借 330000
6	销售出库	1405 库存商品_齐力草稿纸	数量:150.00个 单价:22.000000	贷 330000
7	销售出库	1405 库存商品_齐力打印纸	数量:100.00个 单价:45.000000	贷 450000
8	销售出库	1405 库存商品_齐力计算器	数量:20.00个 单价:20.000000	贷 40000
9	销售出库	1405 库存商品_大米签字笔	数量:300.00个 单价:10.000000	贷 300000
10	销售出库	1405 库存商品_大米圆珠笔	数量:500.00个 单价:7.000000	贷 350000
11				
合计 壹万肆仟柒佰元整				借 1470000　贷 1470000

图 3-4-55　销售成本结转凭证（4）

记字第 0028 号　制单日期 2023-05-31			附单据 0 张	
序号	摘要	会计科目	数量	借方金额 / 贷方金额
1	销售出库	640101 主营业务成本-销售商品成本_齐力打印纸	数量:150.00个 单价:45.000000	借 675000
2	销售出库	640101 主营业务成本-销售商品成本_齐力计算器	数量:100.00个 单价:20.000000	借 200000
3	销售出库	640101 主营业务成本-销售商品成本_大米签字笔	数量:500.00个 单价:10.000000	借 500000
4	销售出库	640101 主营业务成本-销售商品成本_大米圆珠笔	数量:400.00个 单价:7.000000	借 280000
5	销售出库	640101 主营业务成本-销售商品成本_齐力草稿纸	数量:50.00个 单价:22.000000	借 110000
6	销售出库	1405 库存商品_齐力草稿纸	数量:50.00个 单价:22.000000	贷 110000
7	销售出库	1405 库存商品_齐力打印纸　辅助项	数量:150.00个 单价:45.000000	贷 675000
8	销售出库	1405 库存商品_齐力计算器	数量:100.00个 单价:20.000000	贷 200000
9	销售出库	1405 库存商品_大米签字笔	数量:500.00个 单价:10.000000	贷 500000
10	销售出库	1405 库存商品_大米圆珠笔	数量:400.00个 单价:7.000000	贷 280000
11				
合计 壹万柒仟陆佰伍拾元整				借 1765000　贷 1765000

图 3-4-56　销售成本结转凭证（5）

任务五　成本核算业务外包

　　成本核算业务外包主要是智能财税共享中心根据委托企业的要求，完成委托企业的成本核算信息设置，领料单与入库单的录入，人工费用、制造费用的录入等任务，在智能化成本核算平台中，系统自动完成生产费用的分配，推送至财天下登记记账凭证。

📖**素养课堂**

　　企业要素费用分配，需要遵循"谁受益谁负担"的原则。因为权利与义务是相互关联的，享受的权利越多，承担的义务就越多。作为当代大学生，要明白除了享有政治权利、人身自由、参加教育活动、按照国家有关规定获得奖学金和助学金、获得公正评价等权利，还需要在规定时间内完成学习任务，遵守学校规定的作息时间，按时上下课，遵守法律法规和学校制定的各项制度，维护国家、民族及学校的尊严，维护学校的稳定、团结和利益，等等。

🖥️**任务情境**

　　北京美味多食品有限公司，始建于 2016 年，该公司主要经营草莓果酱、蓝莓果酱等商品的生产与销售。公司适用 2007 企业会计准则，为一般纳税人，属于中型企业。公司设立行政部、财务部、采购部、销售部、库管部 5 个部门。该公司于 2023 年 8 月将成本核算业务外包给智能财税共享中心处理。

　　北京美味多食品有限公司的基本信息如下。

　　公司名称：北京美味多食品有限公司

　　会计准则：2007 企业会计准则

　　建账会计期：2023 年 8 月

　　统一社会信用代码（纳税人识别号）：91120104500263524A

　　纳税人类型：一般纳税人

　　法定代表人：王丹

　　经营地址：北京市昌平区小汤山科技园 8 号

　　电话：010-80116158

　　邮编：102200

　　开户行：中国工商银行昌平区支行

　　开户行银行账号：6222022102004101818

　　邮箱：mwdsp@163.com

　　记账本位币：人民币

　　人民币单位：元

行业：制造业

类型：中型企业

任务准备

一、知识准备

成本核算是对企业生产经营过程中发生的费用和形成的产品成本所进行的核算，即计算出成本计算对象的总成本和单位成本。

企业在进行成本核算时，应根据本企业的具体情况，选择适合本企业的成本计算方法进行成本核算。成本计算方法的选择，应同时考虑企业生产类型的特点和管理的要求两个方面。在同一个企业里，可以采用一种成本计算方法，也可以采用多种成本计算方法，即多种成本计算方法同时使用或多种成本计算方法结合使用。成本计算方法一经选定，一般不得随意变更。

1. 成本核算的基本程序

成本核算的基本程序，是指对企业生产经营过程中发生的各项费用，按照成本核算的要求，逐步进行归集和分配，最终计算出各种产品的成本和各项期间费用的基本过程。产品成本核算过程，就是将生产费用计入产品成本的过程。

（1）区分应计入产品成本的成本和不应计入产品成本的费用。

（2）将应计入产品成本的各项成本，区分为应当计入本月产品成本的成本与应当由其他月份产品负担的成本。

（3）将应计入本月产品成本的各项成本在各种产品之间进行归集和分配，计算出各种产品的成本。

（4）将计入各种产品成本的费用在本期完工产品和在产品之间进行归集和分配，计算出完工产品的总成本和单位成本。

2. 成本核算使用的主要科目

为了按照用途归集各项成本，划清有关成本的界限，正确计算产品成本，应当设置"生产成本""制造费用"科目。

（1）"生产成本"科目。

"生产成本"科目核算企业进行工业性生产，包括生产各种产品（包括产成品、自制半成品等）、提供劳务、自制材料、自制工具、自制设备等所发生的各项生产费用。为了分别核算基本生产成本和辅助生产成本，还应在"生产成本"科目下面分别设置"基本生产成本"和"辅助生产成本"两个二级科目。企业根据需要，也可以将"生产成本"科目分设为"基本生产成本"和"辅助生产成本"两个一级科目。

（2）"制造费用"科目。

"制造费用"科目核算企业为生产产品和提供劳务而发生的各项制造费用。

该科目借方登记实际发生的制造费用，包括生产车间发生的机物料消耗、管理人员的工资等职工薪酬、固定资产折旧、生产车间的水电费等；贷方登记分配转出的制造费用。除季节性生产企业外，该科目月末应无余额。"制造费用"科目，应按车间、部门设置明细分类账，账内按费用项目设立专栏进行明细登记。

3. 产品成本项目

（1）直接材料。

直接材料指直接用于产品生产、构成产品实体的原材料、主要材料以及有助于产品形成的辅助材料。

（2）直接人工。

直接人工指直接参加产品生产的工人的薪酬。

（3）制造费用。

制造费用指间接用于产品生产的各项费用，以及虽直接用于产品生产，但不便于直接计入产品成本，因而没有专设成本项目的费用（如机器设备的折旧费）。

4. 成本核算

（1）直接材料成本的核算。

基本生产车间发生的直接用于产品生产的直接材料成本，包括直接用于产品生产的燃料和动力成本，应专门设置"直接材料"成本项目，这些原料和主要材料一般分产品领用，如果是一种产品耗用的，直接记入该种产品成本的"直接材料"成本项目。如果是几种产品共同耗用的材料成本，则应采取适当的分配方法，分配计入各有关产品成本的"直接材料"成本项目。通常情况下，直接材料的分配方法有重量分配法和定额分配法。

$$直接材料分配率=共同耗用的材料费用总额÷各负担对象的分配标准之和$$

$$某种产品应负担的材料费用=该产品的分配标准×直接材料分配率$$

（2）直接人工成本的核算。

直接人工成本如果需要在生产车间生产的几种产品之间进行分配，则需按一定的分配标准进行分配，常用的分配标准是生产工时。

$$直接人工分配率=共同耗用的直接人工成本总额÷各负担对象的工时之和$$

$$某种产品应负担的直接人工成本=该产品的生产工时×直接人工分配率$$

（3）制造费用的核算。

在生产一种产品的车间中，制造费用可直接计入其产品成本。在生产多种产品的车间中，就需要采用合理的分配方法，将制造费用分配计入各种产品成本。企业应根据制造费用的性质、产品性质以及生产方式，结合自身情况，对正常活动发生的制造费用，合理选择分配方法。由于企业各个生产车间或部门的生产任务、技术装备程度、管理水平和费用水准各不相同，因此制造费用的分配一般应按生产车间或部门进行。

企业应当根据制造费用的性质，合理选择分配方法。也就是说，企业所选择的制造费用分配方法，必须与制造费用的发生具有比较高的相关性，并且使分配到每种产品上的制造费用基本合理，同时还应当考虑计算手续的简便性。在各种产品之间分配制造费用，主要有两类方法。

① 按分配标准进行分配。

制造费用分配率＝制造费用总额÷各产品的分配标准之和

某种产品应负担的制造费用＝该产品的分配标准×制造费用分配率

这里的分配标准可以是生产工人工时、生产工人工资、机器工时、直接成本、产量等，企业具体选择哪种标准，应结合实际情况考虑。

② 年度计划分配率分配法。

年度计划分配率＝年度制造费用计划总额÷年度各产品计划产量的定额工时总数

某月某产品应负担的制造费用＝该月该产品实际产量的定额工时×年度计划分配率

采用这一方法时，全年各月实际的制造费用与已分配数之间的差额，除其中属于为次年开工生产准备的可留待明年分配外，其余都应当在当年年度终了时调整本年度的产品成本。

5. 生产成本在完工产品和在产品之间分配

生产成本在完工产品和在产品之间的分配，具体分配方法如表3-5-1所示。

表3-5-1　　　　　生产成本在完工产品和在产品之间的分配方法

序号	分配方法	含义	适用范围
1	不计算在产品成本法	产品每月发生的成本，全部由完工产品负担	月末在产品数量很少的产品
2	在产品按所耗直接材料成本计算法	月末在产品只计算其所耗的直接材料成本，不计算直接人工等加工成本	月末在产品数量较多、各月在产品数量变化也比较大，直接材料成本在生产成本中所占比重较大且材料在生产开始就一次投入的产品
3	固定在产品成本法	月末在产品的成本固定不变，本月发生的生产成本就是本月完工产品的成本	月末在产品数量较多，但各月末在产品数量变化不大的产品或月末在产品数量很少的产品
4	约当产量法	月末将在产品数量按照完工程度折算为相当于完工产品的产量，然后将产品应负担的全部成本在完工产品产量和在产品约当产量之间进行分配	月末在产品数量较多，各月在产品数量变化也比较大，且生产成本中直接材料成本和直接人工等加工成本的比重相差不大的产品
5	在产品按定额成本计算法	月末在产品按定额成本计算	各项消耗定额或成本定额比较准确、稳定，而且各月末在产品数量变化不是很大的产品
6	定额比例法	月末产品的生产成本在完工产品和在产品之间按定额消耗量或者定额比例分配	各项消耗定额或成本定额比较准确、稳定，但各月末在产品数量变化比较大的产品

企业应当根据在产品数量的多少、各月在产品数量变化的大小、各项成本比重的大小，以及定额管理基础的好坏等具体条件，采用适当的分配方法将生产成本在完工产品和在产品之间进行分配。

> 💡 **知识拓展**
>
> 　　在采用约当产量法对生产成本进行分配时，主要分为以下几步。①计算在产品约当产量：在产品约当产量=在产品数量×完工程度。②计算分配率：分配率=（期初在产品费用+本期生产费用）÷（期末完工产品+期末在产品约当产量）。③计算完工产品应负担的费用：完工产品负担的该项费用=完工产品数量×分配率。④计算期末在产品应负担的费用：期末在产品负担的该项费用=在产品约当产量×分配率；在分配率除不尽的情况下，期末在产品负担的该项费用=该项费用总额-完工产品负担的该项费用。

二、流程认知

　　成本核算业务外包操作流程如图 3-5-1 所示。

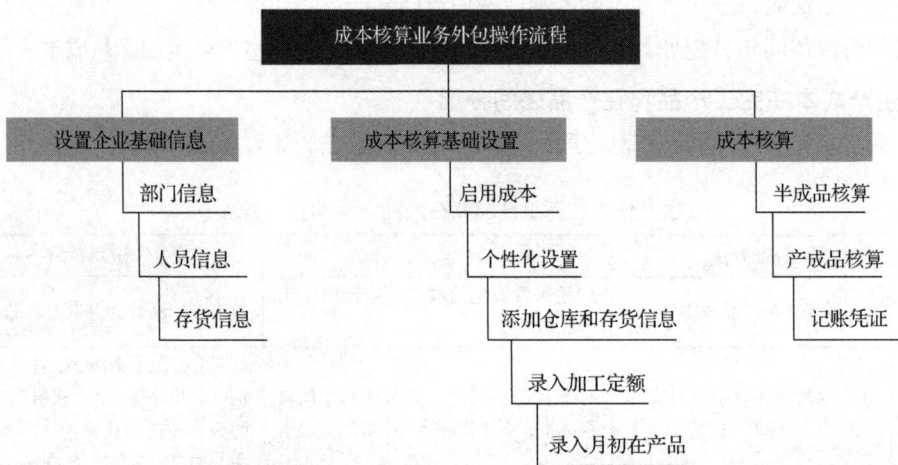

图 3-5-1　成本核算业务外包操作流程

任务发布

　　完成平台案例企业的基础信息设置、成本核算基础设置和成本核算，包括进行领料单、工费清单、入库单的录入等操作。

任务实施

一、设置企业基础信息

✏️ **操作步骤**

1. 导入部门信息

单击"基础设置"菜单下的"辅助核算"页签，弹出该企业相关信息，单击"部门"页签，单击"平台导入"按钮，在弹出的"文件上传"对话框中，选择部门导入模板文件，然后单击"开始上传"按钮，如图3-5-2所示。

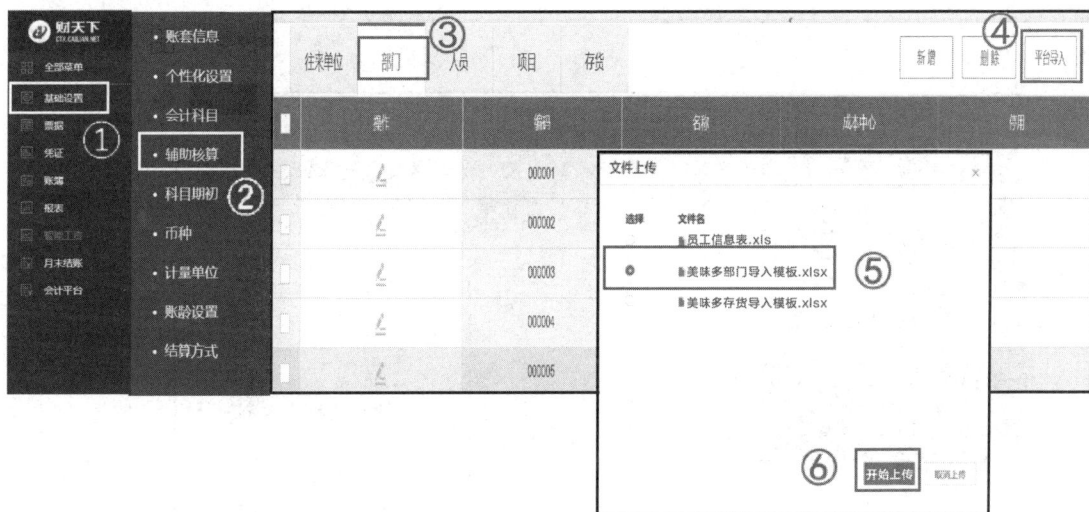

图3-5-2　导入部门信息

2. 导入人员信息

单击"基础设置"菜单下的"辅助核算"页签，弹出该企业相关信息，单击"人员"页签，单击"平台导入"按钮，在弹出的"文件上传"对话框中，选择人员信息文件，然后单击"开始上传"按钮，如图3-5-3所示。

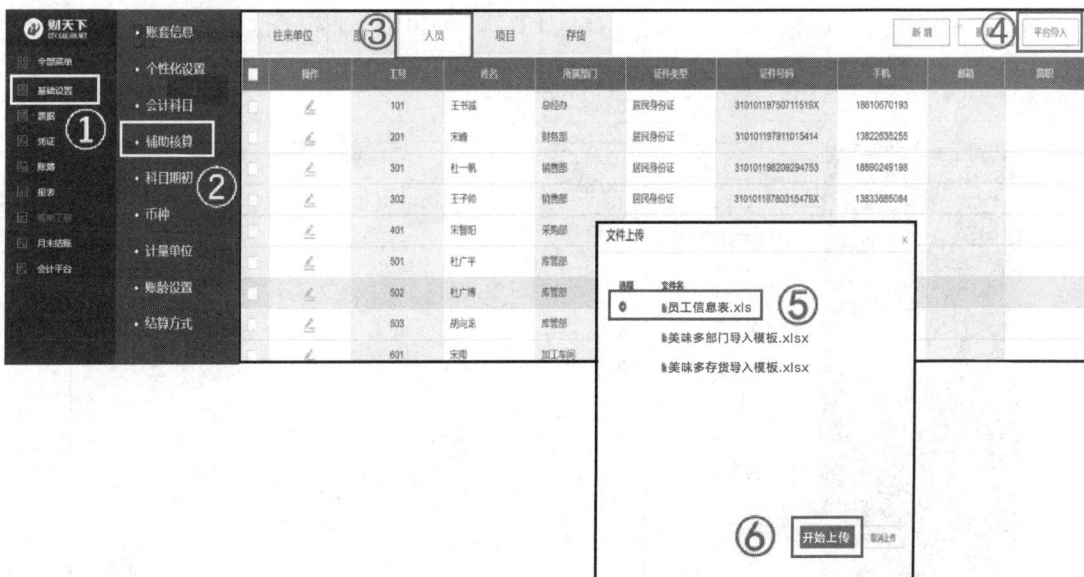

图3-5-3　导入人员信息

3. 导入存货信息

单击"基础设置"菜单下的"辅助核算"页签，弹出该企业相关信息，单击"存货"页签，单击"平台导入"按钮，在弹出的"文件上传"对话框中，选择存货导入模板文件，然后单击"开始上传"按钮，如图 3-5-4 所示。

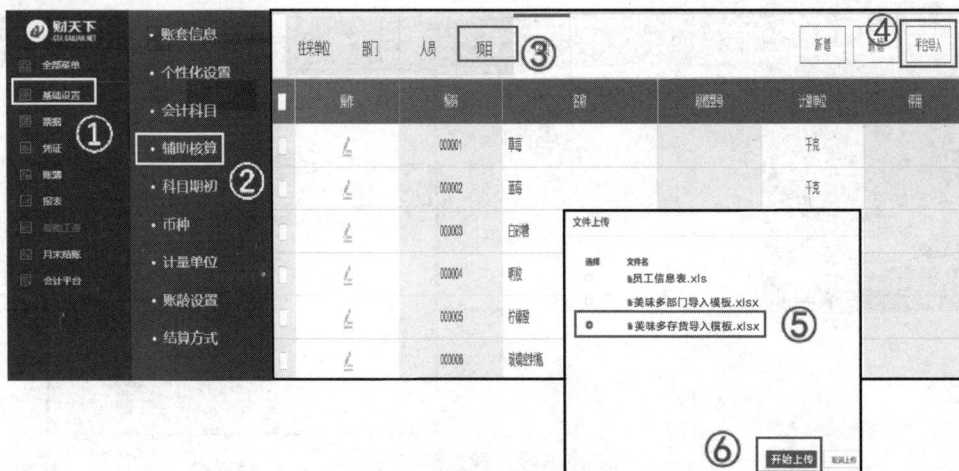

图 3-5-4　导入存货信息

二、成本核算基础设置

🔖 操作步骤

1. 启用成本

单击"基础设置"菜单下的"公司主体信息"页签，弹出该企业相关信息，核对相关信息后，勾选"启用成本"，注意选择正确的成本启用时间，单击"保存"按钮，如图 3-5-5 所示。

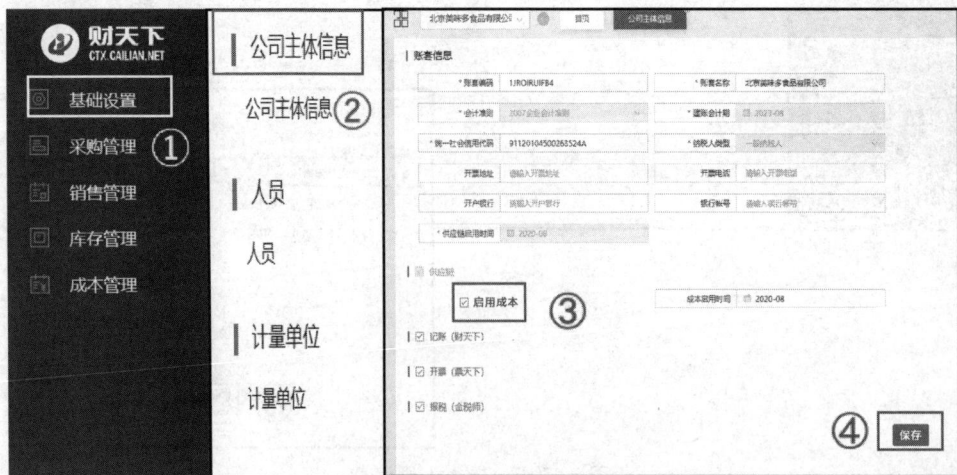

图 3-5-5　启用成本

2. 个性化设置

单击"基础设置"菜单下的"个性化设置"页签，弹出该企业相关信息，单击"成本"页签，在弹出的界面中逐项核对企业的成本核算资料，如图 3-5-6 所示。

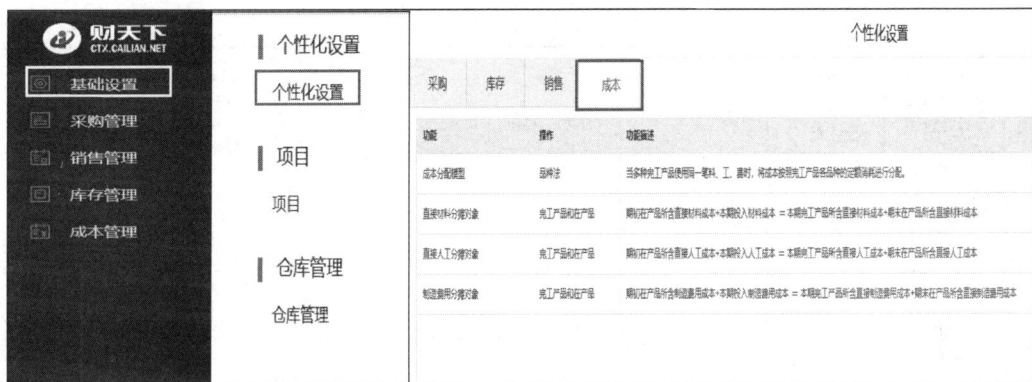

图 3-5-6　个性化设置

3. 添加仓库和存货信息

（1）添加仓库信息。

单击"基础设置"菜单下的"仓库管理"页签，单击"新增"按钮，在弹出的对话框中，逐一录入企业的仓库信息，注意存货的分类（原材料、半成品、产成品），录入完成后单击"确定"按钮，如图 3-5-7 所示。

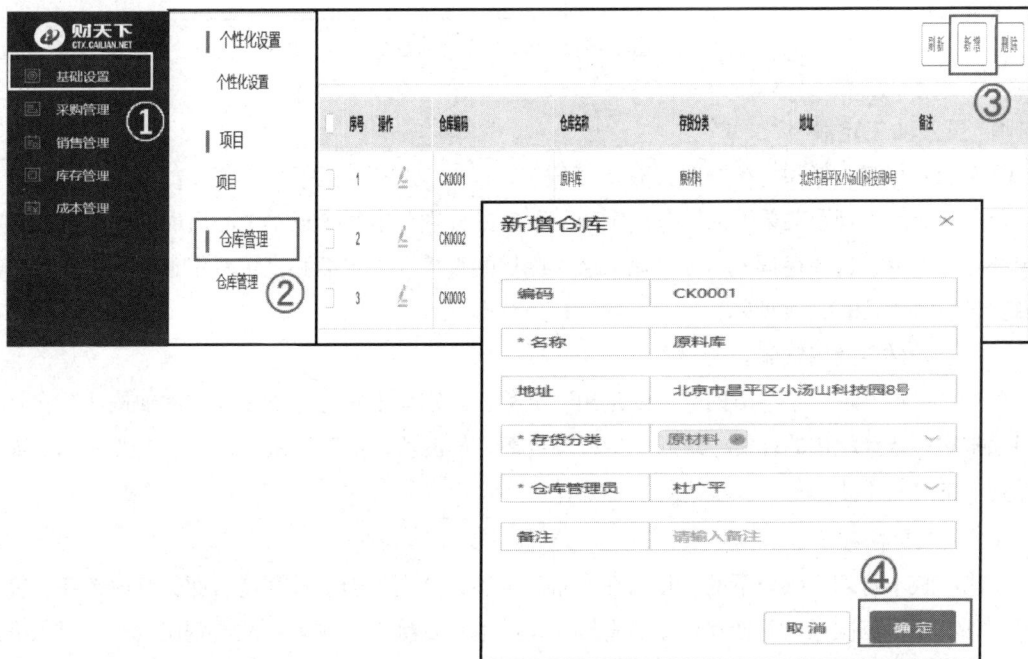

图 3-5-7　录入仓库信息

（2）添加存货信息。

单击"库存管理"菜单下的"库存期初"页签，单击"新增"按钮，在弹出的对话框中，逐一录入企业的存货信息，注意选择存货所在的仓库（原料库、半成品库、成品库），录入完成后单击"确定"按钮，如图 3-5-8 所示。

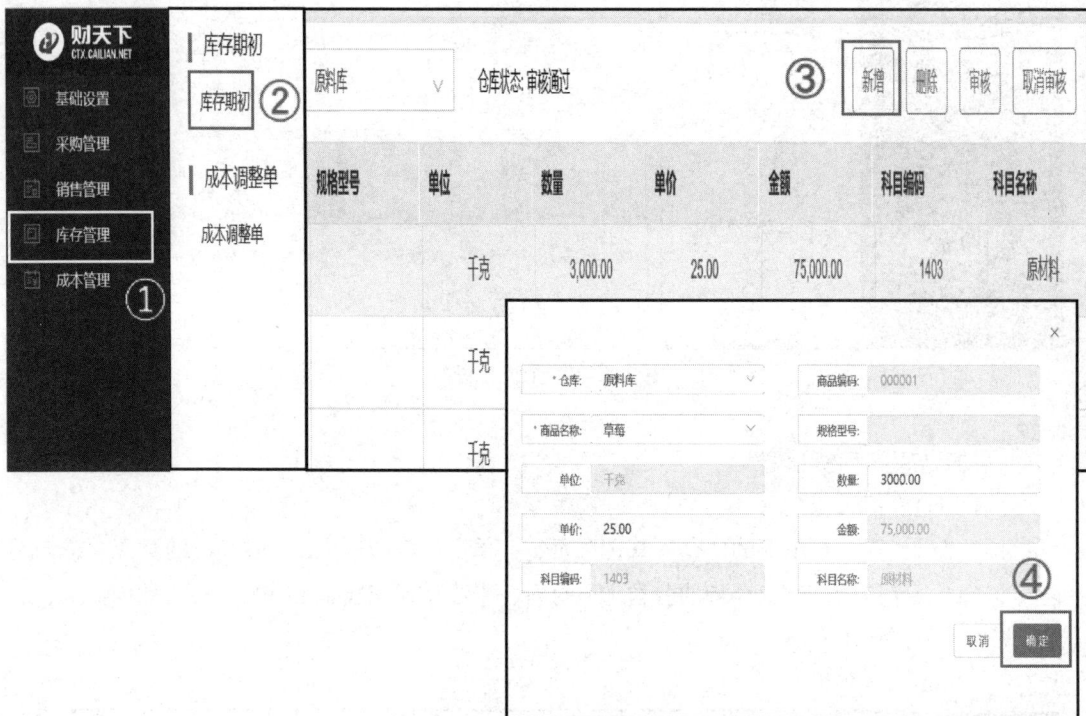

图 3-5-8　录入存货信息

4. 录入加工定额

（1）录入直接人工和直接费用定额。

单击"成本管理"菜单下的"分配定额"页签，分别单击每个成本中心后面的添加按钮，在弹出的对话框中，选择存货的名称，逐一录入存货的直接人工定额和直接费用定额，完成后单击"确定"按钮，如图 3-5-9 所示。

（2）录入材料费用定额。

单击"成本管理"菜单下的"分配定额"页签，分别单击每种存货后面的添加按钮，在弹出的对话框中，选择耗用的存货，录入直接材料定额，单击"确定"按钮，如图 3-5-10 所示。如果产品耗用的材料不止一种，反复进行上述操作。

5. 录入月初在产品

单击"成本管理"菜单下的"月初在产品"页签，分别单击每种存货后面的修改按钮，在弹出的对话框中，依次录入月初在产品的直接材料成本、直接人工成本和制造费用成本，录入完成后单击"确定"按钮，如图 3-5-11 所示。

图 3-5-9 录入直接人工定额和直接费用定额

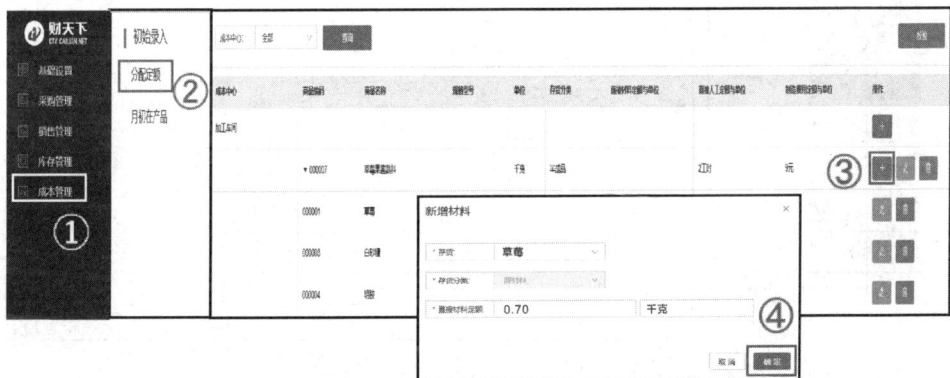

图 3-5-10 录入直接材料定额

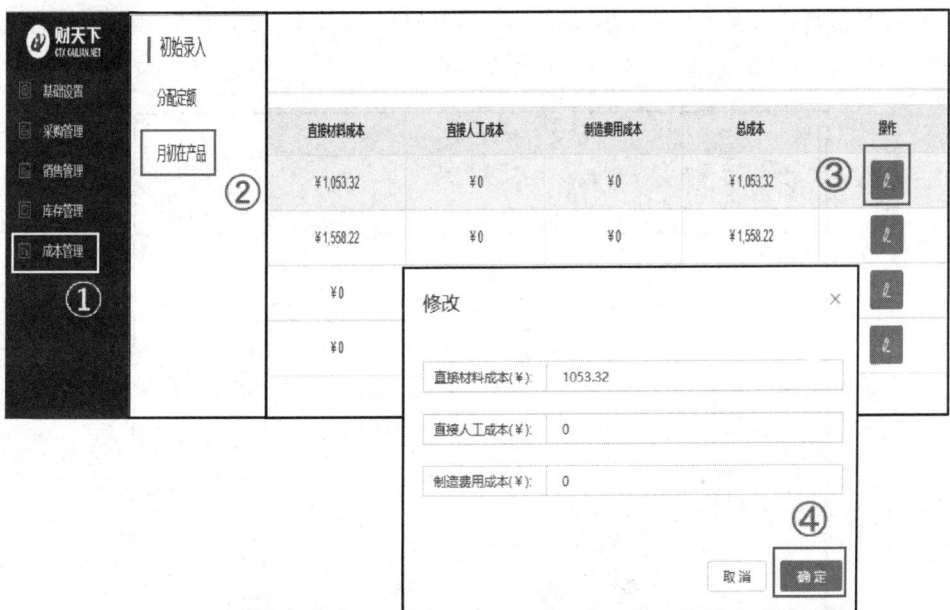

图 3-5-11 录入月初在产品

三、成本核算

操作步骤

1. 录入材料出库单

（1）材料出库单基础信息录入。

单击"库存管理"菜单下的"材料出库单"页签，单击"新增"按钮，依次录入出入库类型、领用部门、领用人员、仓库等信息，如图3-5-12所示。需要注意的是，从不同仓库领用材料或者半成品，需要分别填写材料出库单。

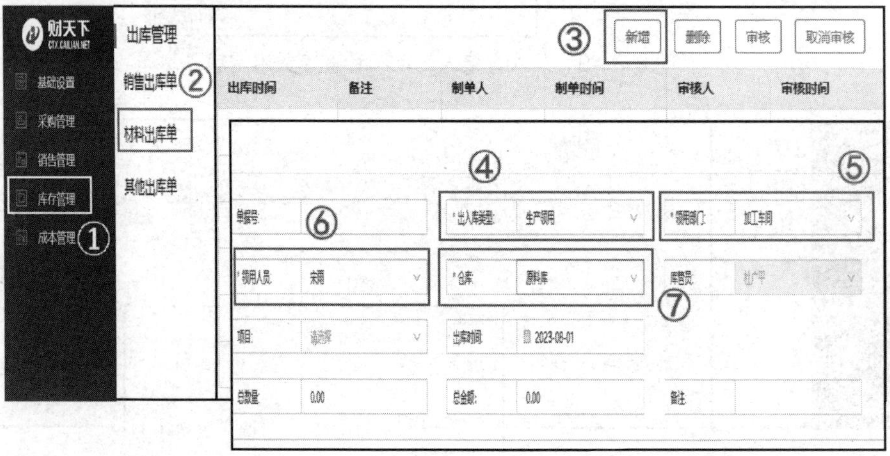

图3-5-12 材料出库单基础信息录入

（2）材料出库单商品信息录入。

① 在填写完材料出库单基础信息之后，单击商品行信息中的"添加"，在弹出的对话框中选择需要领用的材料，单击"确定"按钮，如图3-5-13所示。

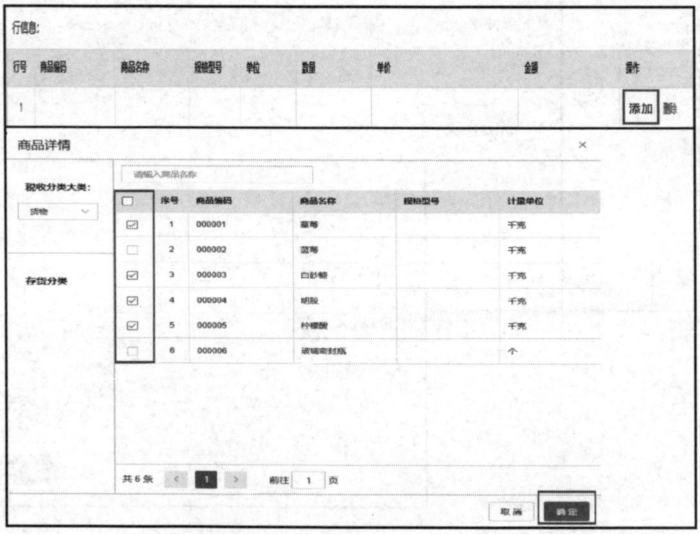

图3-5-13 选择需要领用的材料

② 在选择需要领用的材料之后，填写每种材料的领用数量，然后单击"保存"按钮，如图 3-5-14 所示。

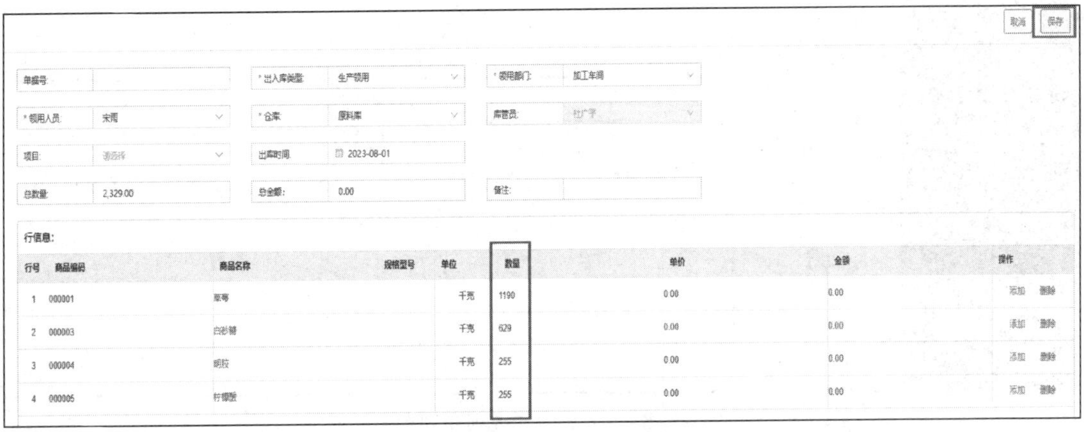

图 3-5-14 商品领用数量录入

2. 录入工费清单

单击"成本管理"菜单下的"工费清单"页签，依次单击每个成本中心后面的修改按钮，在弹出的对话框中录入总工资和总制造费用，录入完成后单击"确定"按钮，如图 3-5-15 所示。

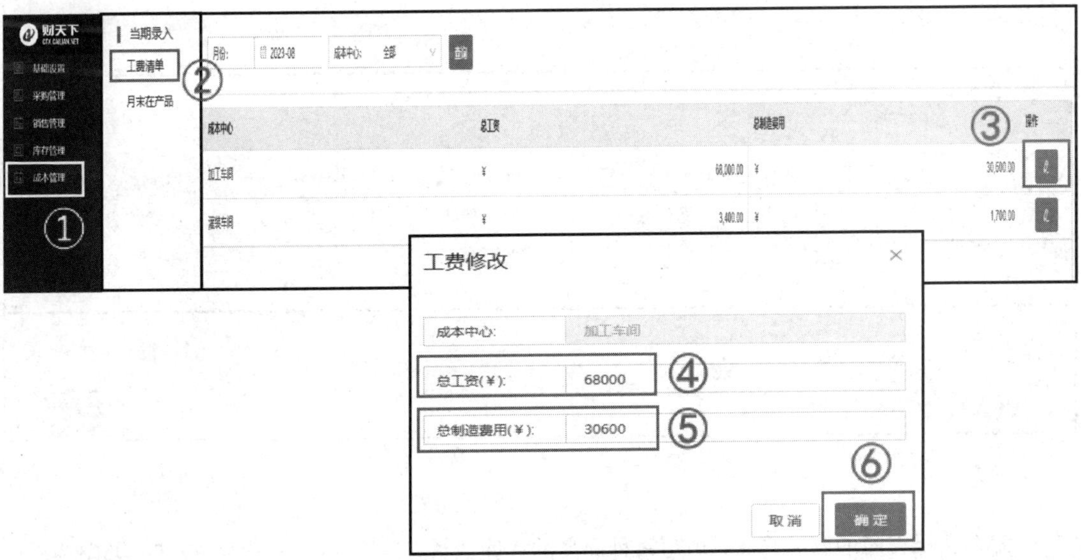

图 3-5-15 录入工费清单

3. 录入产成品入库单

（1）产成品入库单基础信息录入。

单击"库存管理"菜单下的"产成品入库单"页签，单击"新增"按钮，依次录入出入库类型、仓库、生产部门等信息，如图 3-5-16 所示。

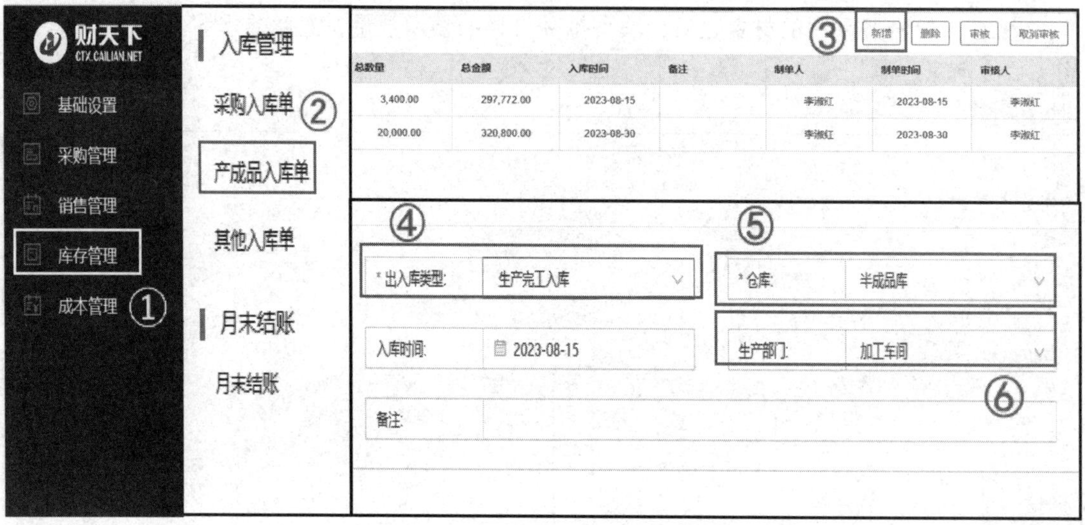

图 3-5-16 入库单基础信息录入

（2）入库单商品信息录入。

① 在填写完入库单基础信息之后，单击商品行信息中的"添加"按钮，选择入库的商品，单击"确定"按钮，如图 3-5-17 所示。

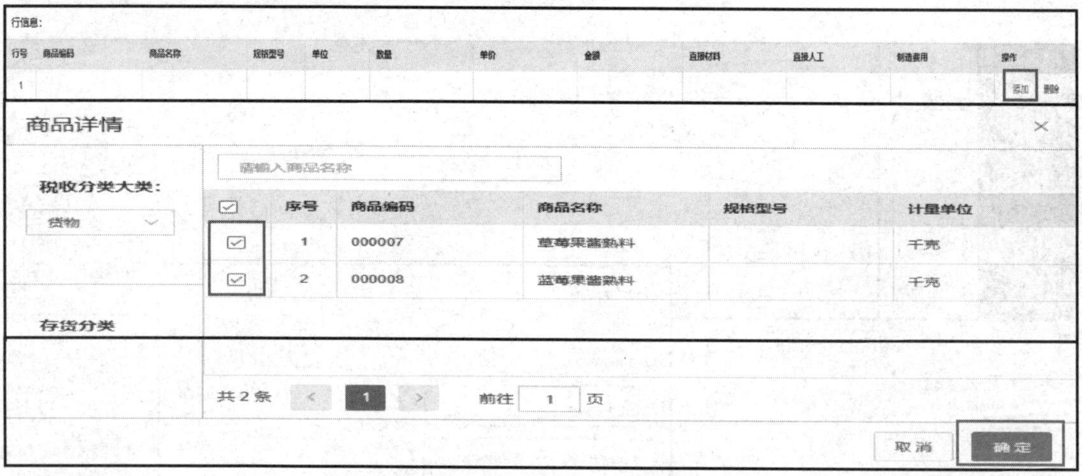

图 3-5-17 选择入库的商品

② 在选择入库的商品之后，填写每种商品的入库数量，然后单击"保存"按钮，如图 3-5-18 所示。

4. 录入期末在产品信息

单击"成本管理"菜单下的"月末在产品"页签，单击"新增"按钮，依次录入月末在产品所在的成本中心，在产品名称、数量和完工程度等信息，完成后单击"确定"按钮，如图 3-5-19 所示。

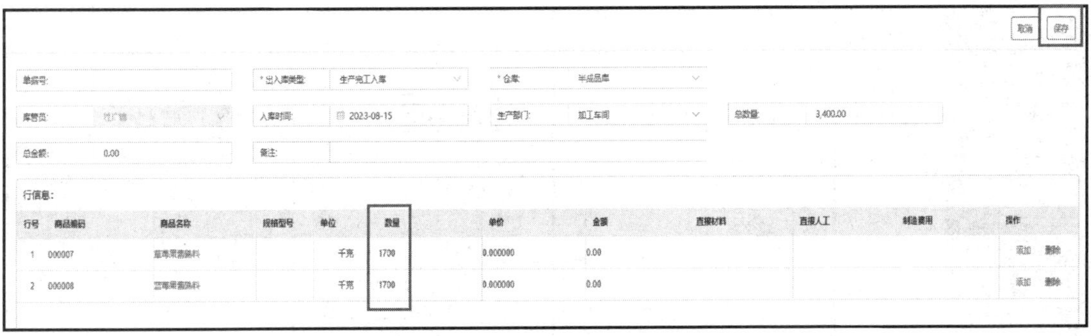

图 3-5-18　入库商品数量录入

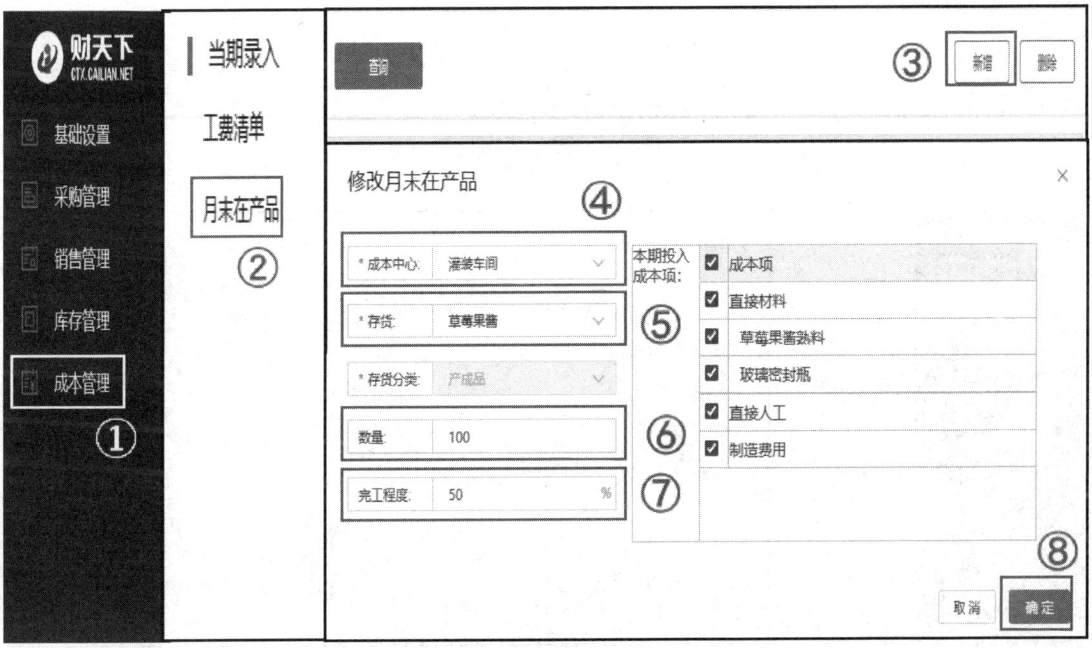

图 3-5-19　期末在产品信息录入

5. 月末结账，查看记账凭证

（1）成本月结。

单击"成本管理"菜单下的"成本月结"页签，然后依次进行关账、获取原材料领用数据、开始计算半成品成本、获取半成品领用数据、开始计算产成品成本等操作，系统自动进行成本的核算，如图 3-5-20 所示。

（2）月末结账。

单击"库存管理"菜单下的"月末结账"页签，然后在对应的月份单击"结账"按钮，如图 3-5-21 所示。

（3）查看记账凭证。

进入财天下系统，单击"凭证"菜单下的"凭证管理"页签，选择业务对应的会计期间，即可查看相应的凭证，如图 3-5-22 所示。

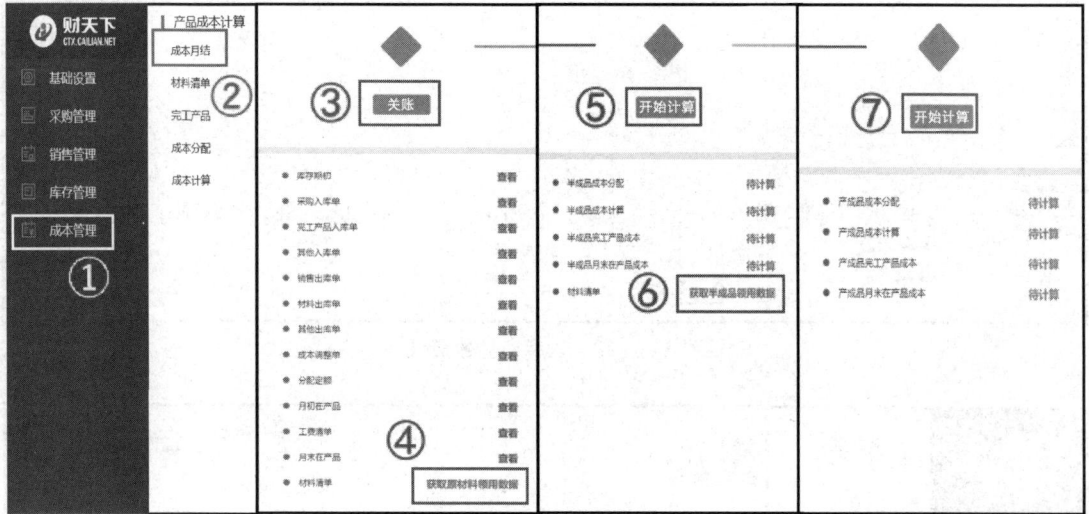

图 3-5-20　成本月结

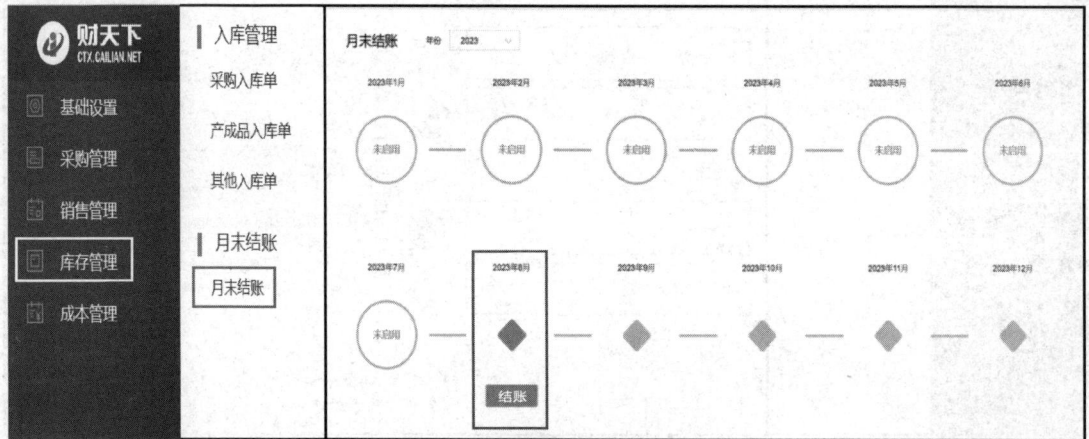

图 3-5-21　月末结账

图 3-5-22　查看记账凭证

任务六 固定资产业务外包

固定资产业务外包主要是智能财税共享中心根据委托企业的要求，完成委托企业的固定资产自建、外购、原值增加、清理等业务。在本任务中，负责固定资产业务外包的财务人员依托平台，将企业的业务流和财务流一体化生成的相关单据进行处理，完成数据流转和存储，帮助委托企业提高业财一体化的管理水平。

📖 **素养课堂**

时代在发展，文明在进步。学生要建立广大志向，加强自我修养，学以广才，志以成学，锤炼坚定的意志和高尚的品格；同时，作为财会人员，应始终贯彻遵规守责、诚信做人、不做假账的思想，能够从正确的立场，思考"为什么要计提固定资产折旧"。实务中固定资产折旧方法一旦确定不能随意变更，因此要注重诚信，时刻提醒自己"诚信为本、操守为重、坚持准则、不做假账"。

💻 **任务情境**

杭州康健医疗器械有限公司，始建于 2016 年，注册资本 5 000 万元，现有职工 50 人，主要经营医疗器械的生产和销售，其产品全部销往国内市场，根据企业工商注册等资料，公司设立行政部、财务部、采购部、销售部、库管部、生产部 6 个部门。该公司于 2024 年 5 月将固定资产业务外包给智能财税共享中心处理。

杭州康健医疗器械有限公司的基本信息如下。

公司名称：杭州康健医疗器械有限公司

会计准则：2007 企业会计准则

建账会计期：2024 年 5 月

统一社会信用代码（纳税人识别号）：91110106469069096C

纳税人类型：一般纳税人

法定代表人：汪鑫

经营地址：杭州市余杭区经济技术开发区 1 号

电话：0571-57982828

开户行：中国银行杭州市余杭支行

开户行银行账号：6216612800013578655

传真：0571-57982828

邮箱：kjyl@yh.com.cn

记账本位币：人民币

人民币单位：元

行业：商品流通

类型：中型企业

一、知识准备

1. 固定资产账务处理基本规则

固定资产的账务处理主要包括固定资产增加、减少、报废、毁损的会计处理，固定资产折旧的账务处理，固定资产修理、改良的账务处理，等等。

为了反映和监督固定资产的取得、计提折旧和处置等情况，企业一般需要设置"固定资产""累计折旧""在建工程""工程物资""固定资产清理"等科目。此外，企业固定资产、在建工程、工程物资发生减值的，还应当设置"固定资产减值准备""在建工程减值准备""工程物资减值准备"等科目进行核算。

2. 固定资产减少（如出售、毁损、报废）的会计处理

企业因出售、报废、毁损等原因减少的固定资产应通过"固定资产清理"科目核算。企业处置固定资产，应当将取得的价款扣除该固定资产账面价值以及出售的相关税费后的差额作为资产处置损益；因固定资产已丧失使用功能或因自然灾害发生毁损等原因而报废清理产生的利得或损失应计入营业外收支。

二、流程认知

1. 固定资产业务外包操作流程

固定资产业务外包操作流程如图 3-6-1 所示。

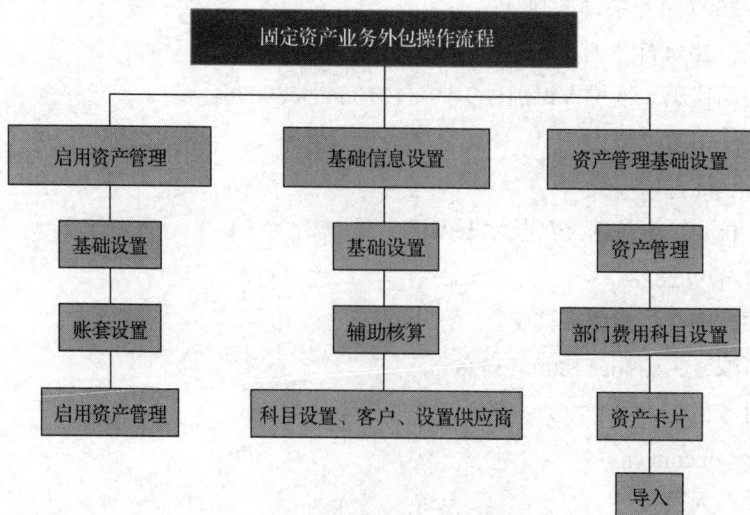

图 3-6-1　固定资产业务外包操作流程

2. 新增固定资产操作流程

新增固定资产操作流程如图 3-6-2 所示。

图 3-6-2　新增固定资产操作流程

3. 固定资产原值增加操作流程

固定资产原值增加操作流程如图 3-6-3 所示。

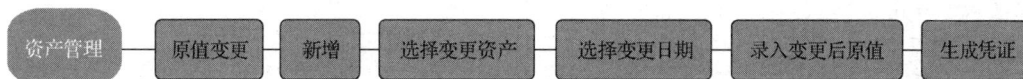

图 3-6-3　固定资产原值增加操作流程

4. 固定资产清理操作流程

固定资产清理操作流程如图 3-6-4 所示。

图 3-6-4　固定资产清理操作流程

任务发布

完成平台案例企业的启用资产管理、基础信息设置、资产管理基础设置、新增固定资产、固定资产原值增加、固定资产清理业务处理。

任务实施

一、启用资产管理

根据案例企业信息建立账套，启用资产管理。

操作步骤

单击"基础设置"菜单下的"账套信息"按钮，弹出该企业相关信息，进行信息核对后，勾选"启用资产管理"，选择正确的启用时间，单击"保存"按钮，如图 3-6-5 所示。

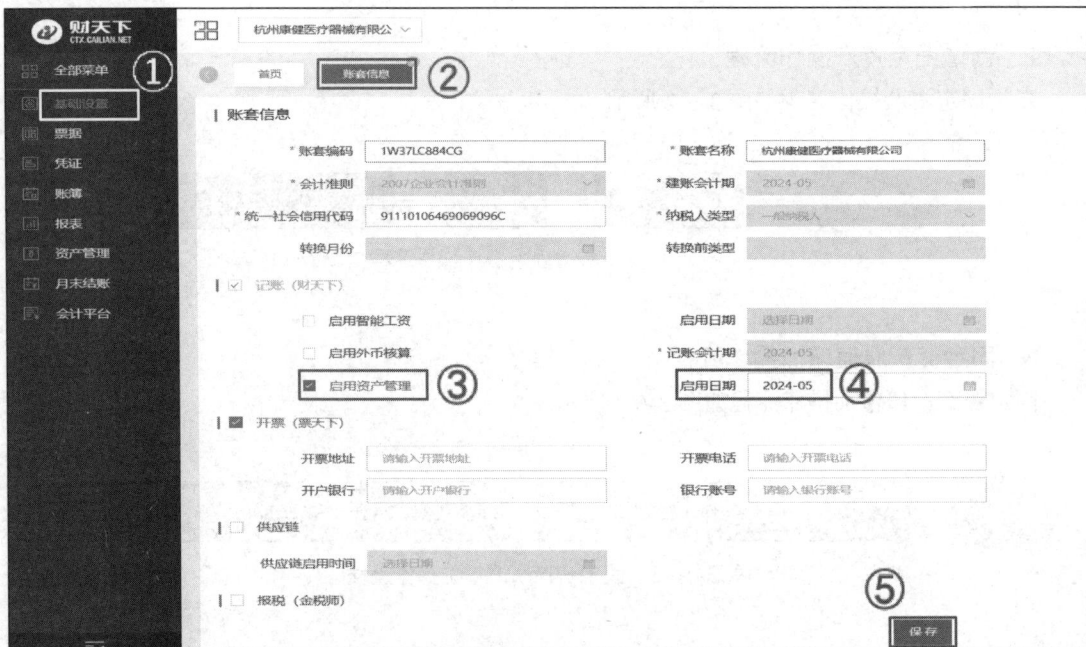

图 3-6-5　启用资产管理

二、基础信息设置

根据资料完善企业个性化设置，新增客户信息，设置会计科目的辅助核算。

操作步骤

（1）单击"基础设置"菜单下的"个性化设置"按钮，在"其他"栏下，选中"最小未结账月"，单击"保存"按钮，如图 3-6-6 所示。

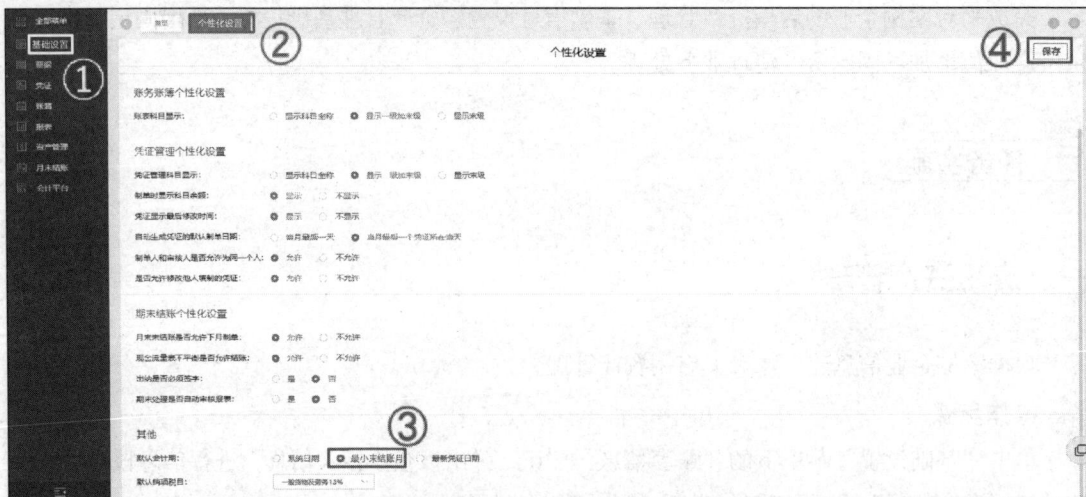

图 3-6-6　个性化设置

（2）单击"基础设置"菜单下的"辅助核算"按钮，单击"往来单位"页签，单击"新增"按钮，以新增客户信息为例，如图 3-6-7 所示。

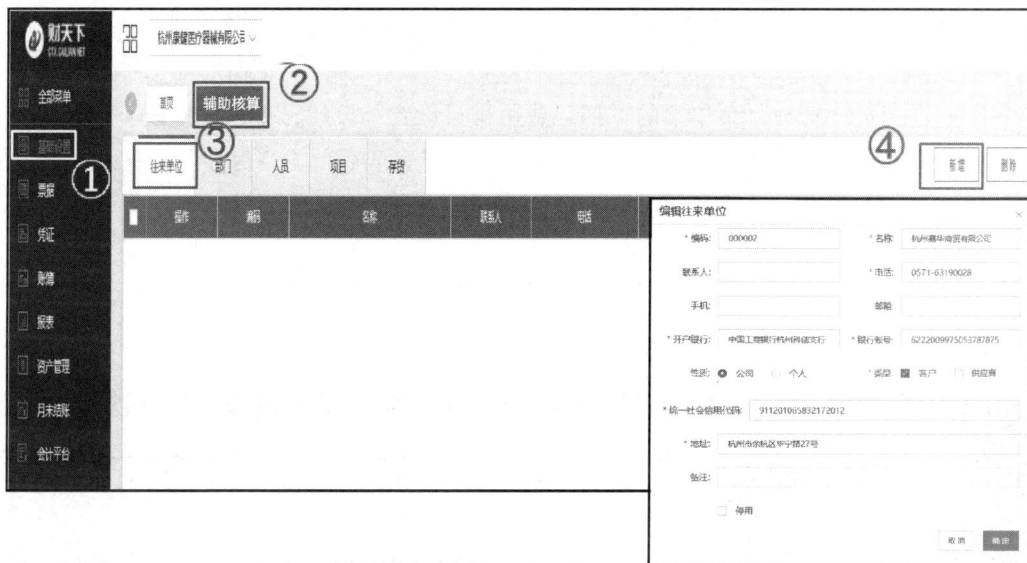

图 3-6-7 新增客户信息

（3）单击"基础设置"菜单下的"会计科目"按钮，弹出该企业会计科目表，单击科目前的"编辑"按钮 ✍ ，在弹出的"修改科目"对话框中勾选"辅助核算"，选择对应的"部门""客户""供应商"等辅助核算类型，完成往来辅助核算设置。以设置应收账款的辅助核算（客户往来）为例，操作如图 3-6-8 所示。

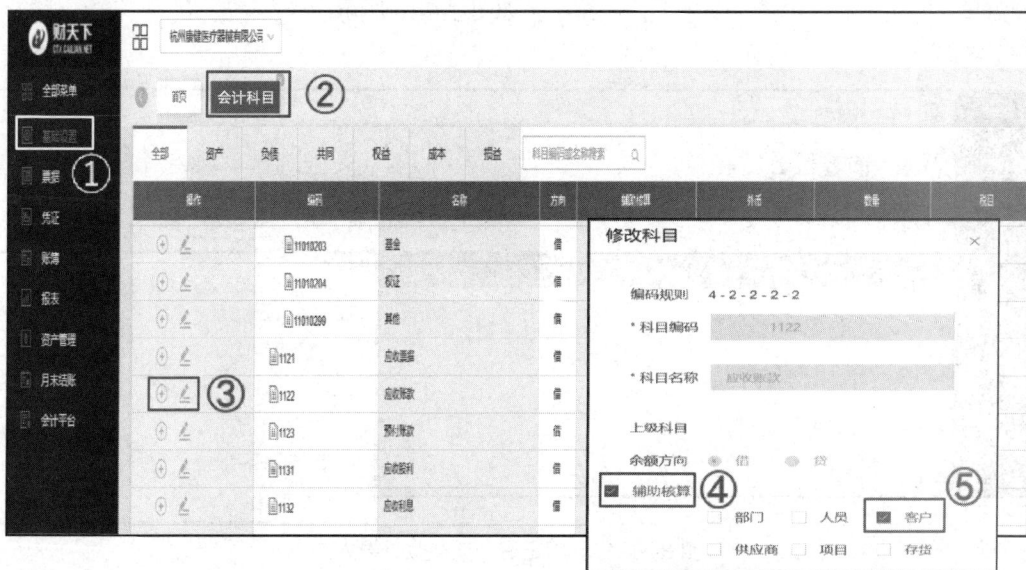

图 3-6-8 应收账款的辅助核算设置

三、资产管理基础设置

根据资料进行部门对应折旧（摊销）会计科目设置、导入固定资产期初数据。

操作步骤

（1）单击"资产管理"菜单下的"部门费用科目设置"按钮，单击"修改"按钮，在弹出的界面中设置部门对应折旧（摊销）会计科目，设置完成后单击"保存"按钮，如图3-6-9所示。

图3-6-9 部门对应折旧（摊销）会计科目设置

（2）单击"资产管理"菜单下的"资产卡片"按钮，单击"导入"按钮，在打开的对话框中选择需导入的文件后，单击"开始上传"按钮，如图3-6-10所示。

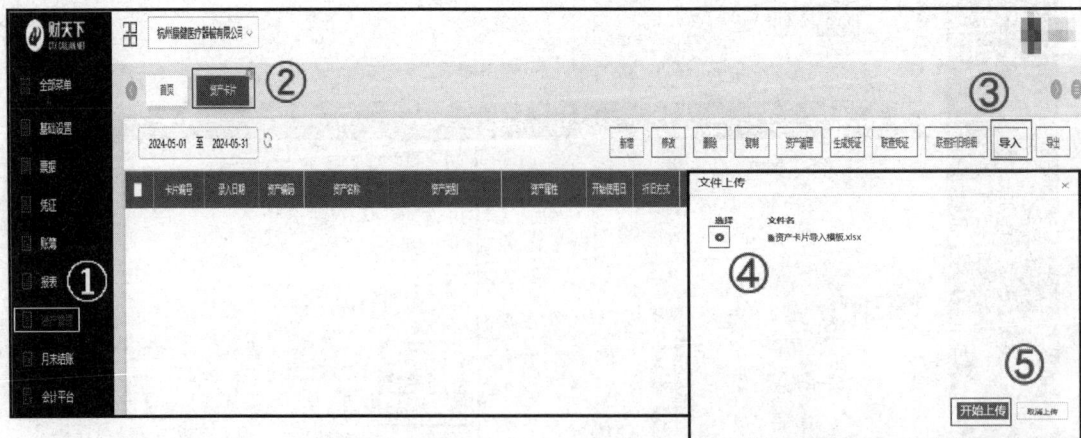

图3-6-10 固定资产期初数据导入

四、新增固定资产

2024 年 5 月 7 日，公司自行建造的熔喷布厂房（资产编码：1020004）建成，验收投入使用。固定资产验收单如图 3-6-11 所示。

科技伴随 高效学习

固定资产验收单

2024 年 05 月 07 日　　　　　编号：10010

名称	规格型号	来源	数量	购（造）价	使用年限	预计残值
熔喷布厂房		自制	1	4,800,000.00	30	192,000.00
安装费	月折旧率	建造单位		交工日期	附件	
	0.27%			2024年05月07日		
验收部门	生产部	验收人员	王乐	管理部门	生产部	管理人员	陈彬
备注							

审核：汪鑫　　　　　制单：赵璐

图 3-6-11　固定资产验收单

✍️ **操作步骤**

（1）单击"资产管理"菜单下的"资产卡片"按钮，单击"新增"按钮，新增资产内容，单击"保存"按钮，如图 3-6-12 所示。

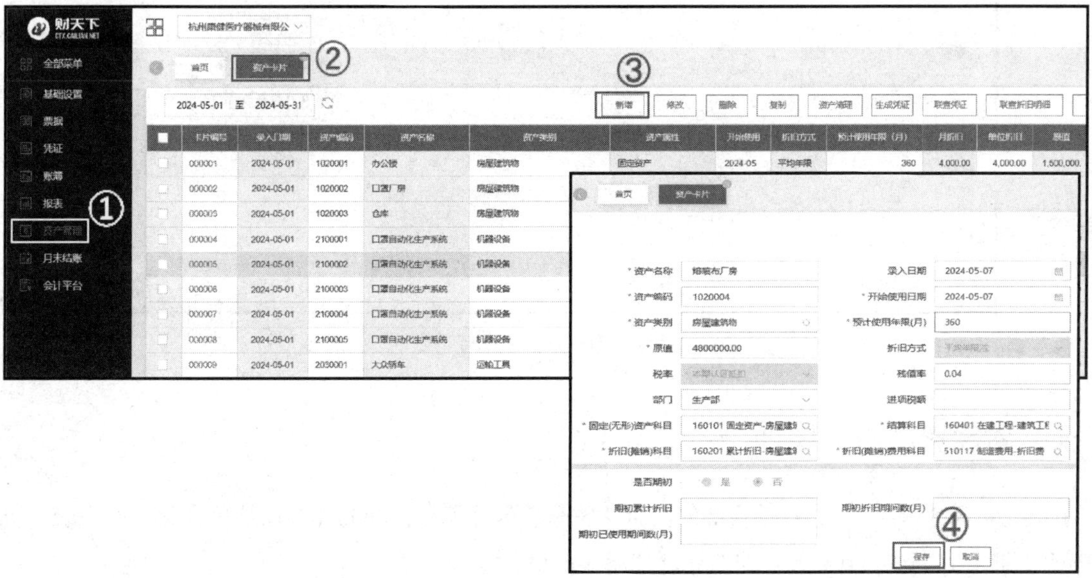

图 3-6-12　新增固定资产卡片

（2）在弹出的窗口中单击"生成凭证"按钮，再单击"联查凭证"按钮，查看凭证，如图3-6-13所示，修改日期、关联票据。

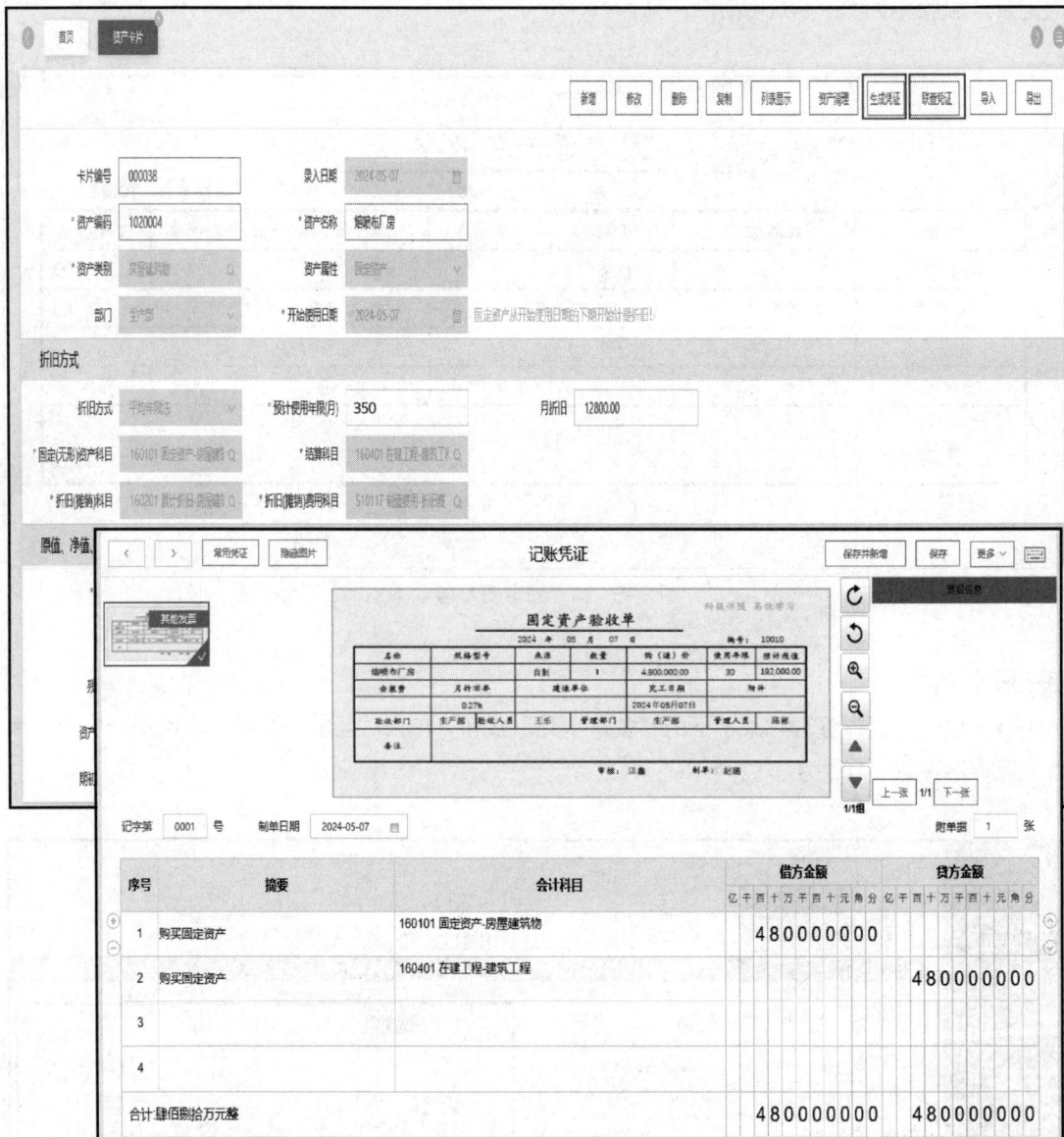

图 3-6-13　凭证生成

五、固定资产原值增加

2024年5月20日，对销售部的马自达轿车（卡片编号：000010）增加可视化导航系统，可视化导航系统价值3 000元。原始凭证如图3-6-14所示。

3300151140　浙江增值税专用发票　№ 41238011　3300151140　41238011

发票联

机器编号：982888812388　开票日期：2024年05月20日

税总函[2016]××号××××公司

购买方：
名　　称：杭州康健医疗器械有限公司
纳税人识别号：91110106469069096C
地址、电话：杭州市余杭区经济技术开发区1号0571-57982828
开户行及账号：中国银行杭州市余杭支行6216612800013578655

密码区：
172312-4-275〈1+46*54* 82*59*
181321〉〈8182*59*09618153〈/
〈4〈3*2702-9〉9*+153〈/0 〉2-3
08/4〉〉〉2-3*0/9/〉〉25-275〈1

货物或应税劳务、服务名称	规格型号	单位	数量	单价	金额	税率	税额
*电子工业设备*可视化导航系统			1	3,000.00	3,000.00	13%	390.00
合　计					¥3,000.00		¥390.00
价税合计（大写）	⊗叁仟叁佰玖拾元整				（小写）¥3,390.00		

销售方：
名　　称：一汽马自达汽车销售有限公司
纳税人识别号：913301105630098 74K
地址、电话：杭州市余杭区星桥街道星桥北路72号0571-86439900
开户行及账号：中国工商银行杭州余杭支行6222002101787222 86

备注：校验码 52118 02817 08248 22131

收款人：张鑫　复核：李虹　开票人：张鑫　销售方：（章）一汽马自达汽车销售有限公司 9133[redacted]09874K 发票专用章

第三联：发票联　购买方记账凭证

固定资产卡片

第 011 号

类别　　2024 年 05 月 20 日　　单位：元

编号	2030002	名称	马自达轿车	新旧程度		财产来源	外购
牌号		规格		财产原值	¥163,000.00	保管地点	
数量	1	特征		来源时间	2023年06月01日	已使年限	11个月
所属设备							
折旧价格	¥28,160.00	折旧年限	49个月	年折旧额	¥32,992.65	清理残值	
备注							

年度	累计折旧	账面净值	年度	累计折旧	账面净值

中国银行

凭证

业务回单（付款）

日期：2024 年 05 月 20 日　回单编号：21785721646

付款人户名：杭州康健医疗器械有限公司　付款人开户行：中国银行杭州市余杭支行

付款人账号（卡号）：6216612800013578655

收款人户名：一汽马自达汽车销售有限公司　收款人开户行：中国工商银行杭州余杭支行

收款人账号（卡号）：6222002101787222 86

金额：叁仟叁佰玖拾元整　小写：¥3,390.00 元

业务（产品）种类：　凭证种类：6311580233　凭证号码：68150928057330213

摘要：可视化导航系统费　用途：　币种：人民币

交易机构：9947910974　记账柜员：94524　交易代码：26844　渠道：

6222002101787222 86

（章）中国银行杭州市余杭支行 电子回单专用章

本回单为第 1 次打印，注意重复　打印日期：2024 年 05 月 20 日　打印柜员：2　验证码：797905388051

图 3-6-14　原始凭证

注：增加固定资产原值前需计提固定资产折旧。

📎 操作步骤

1. 资产折旧及摊销

单击"资产管理"菜单下的"折旧及摊销"按钮，选择需折旧期间，单击"折旧及摊销"按钮，如图 3-6-15 所示。

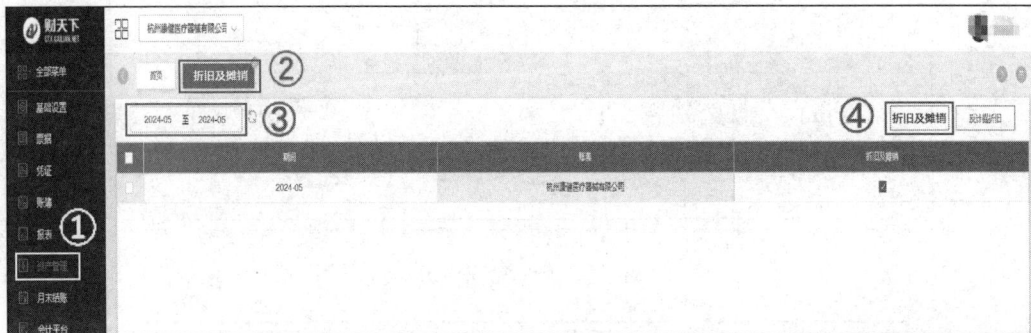

图 3-6-15　折旧及摊销

2. 增加固定资产原值

（1）单击"资产管理"菜单下的"原值变更"按钮，单击"新增"按钮，新增变更信息，单击"确定"按钮如图 3-6-16 所示。

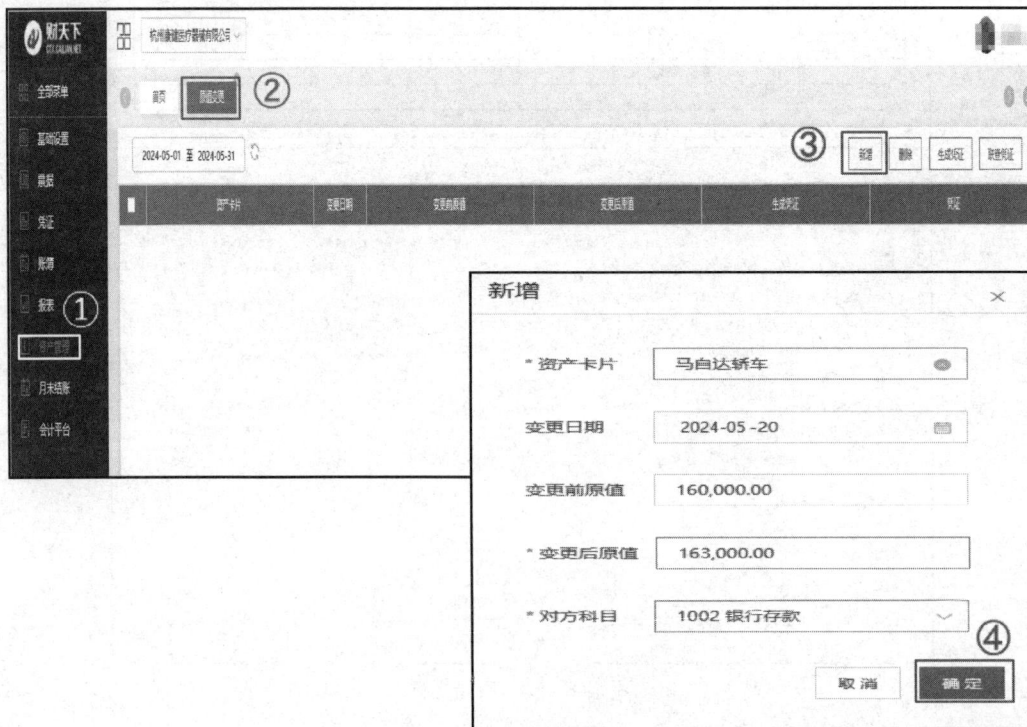

图 3-6-16　原值增加

（2）勾选对应的资产卡片，单击“生成凭证”按钮，关联单据，如图 3-6-17 所示。

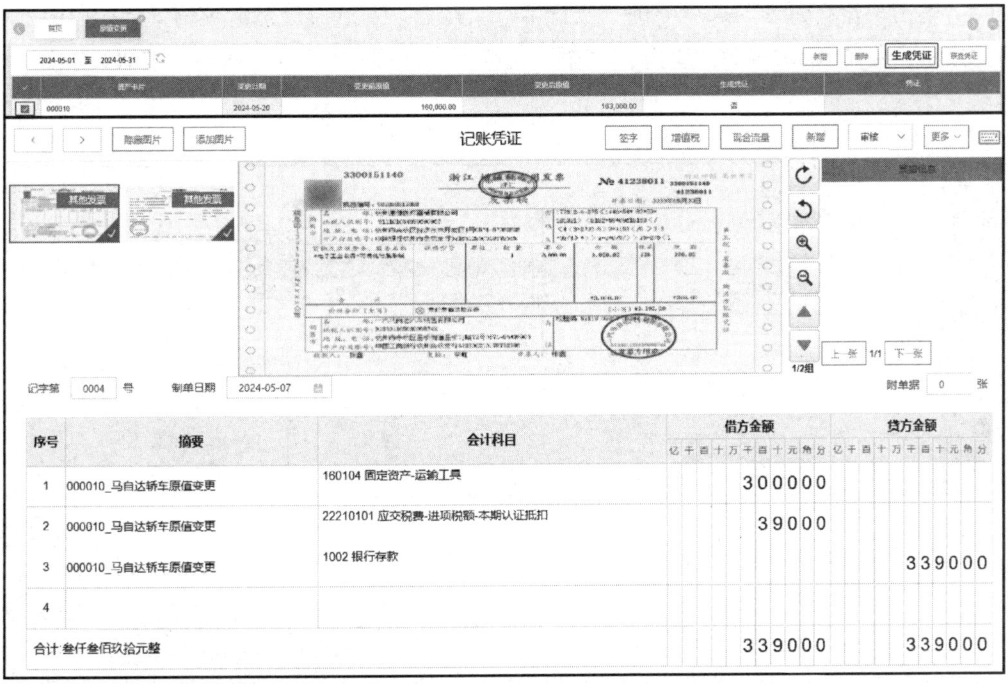

序号	摘要	会计科目	借方金额	贷方金额
1	000010_马自达轿车原值变更	160104 固定资产-运输工具	300000	
2	000010_马自达轿车原值变更	22210101 应交税费-进项税额-本期认证抵扣	39000	
3	000010_马自达轿车原值变更	1002 银行存款		339000
4				
合计 叁仟叁佰玖拾元整			339000	339000

图 3-6-17　生成凭证

六、固定资产清理

2024 年 5 月 31 日，财务部的戴尔服务器（资产编码：2010011）不能满足业务需要，将戴尔服务器出售，出售价格为 5 000 元。原始凭证如图 3-6-18 所示。

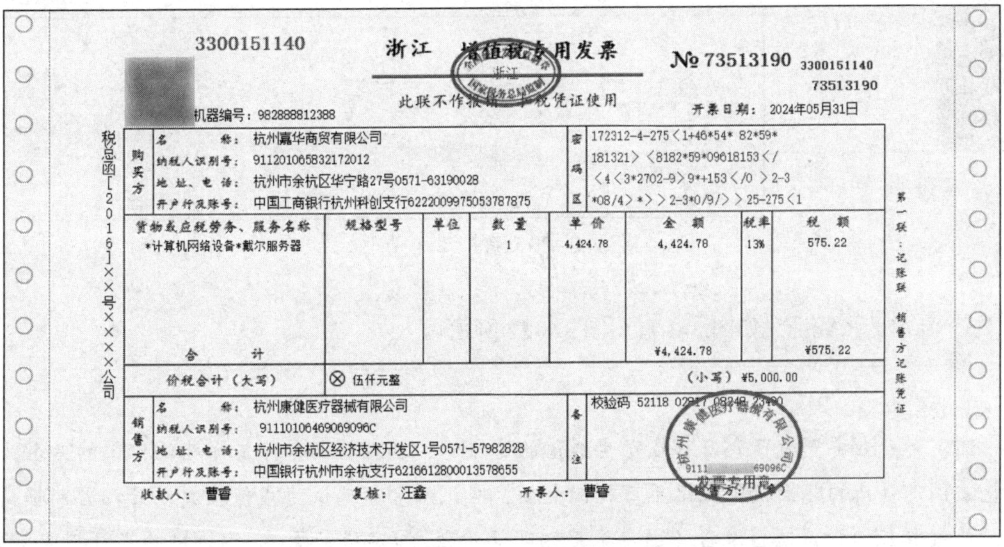

图 3-6-18　原始凭证

📝 操作步骤

（1）单击"资产管理"菜单下的"资产卡片"按钮，勾选需进行清理的资产，单击"资产清理"按钮，在弹出的"资产清理"对话框中选择资产清理月，单击"确定"按钮，如图 3-6-19 所示。

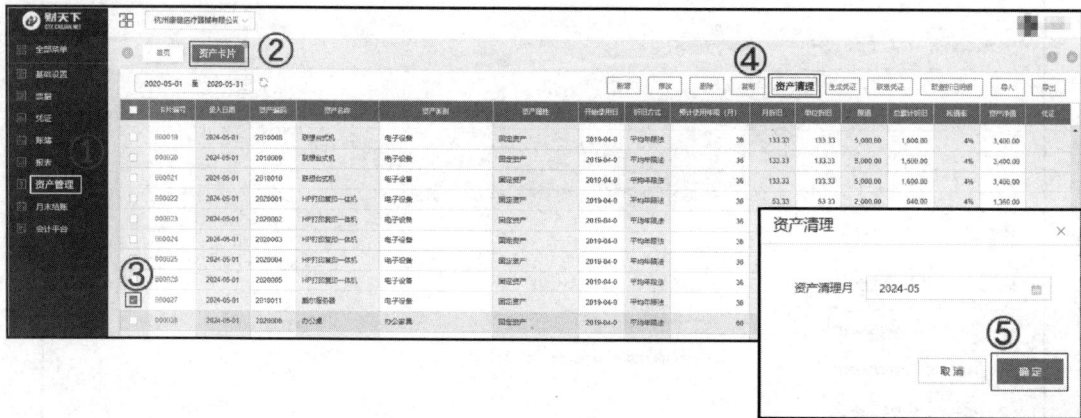

图 3-6-19　固定资产清理

（2）单击"资产管理"菜单下的"资产清理"按钮，单击凭证号可查看凭证，如图 3-6-20 所示。

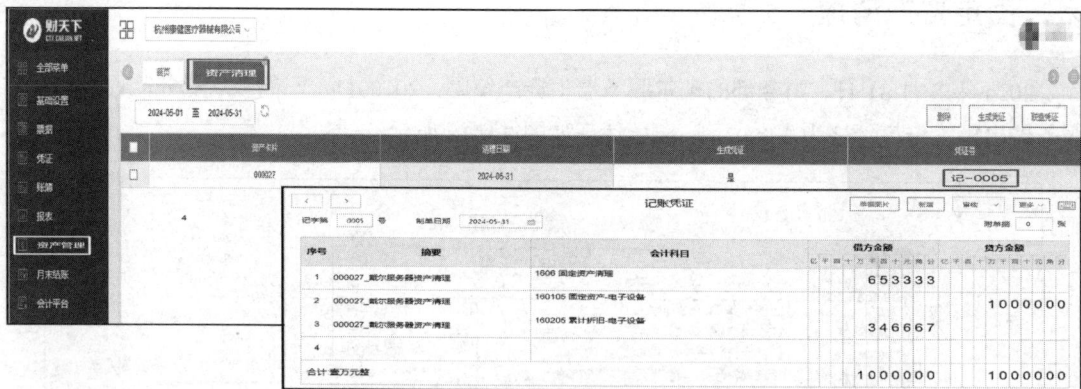

图 3-6-20　资产清理凭证

（3）新增 2 张凭证，如图 3-6-21、图 3-6-22 所示。

💡 知识拓展

固定资产在资产负债表日存在发生减值的迹象时，其可收回金额低于账面价值的，企业应当将该固定资产的账面价值减记至可收回金额，减记的金额确认为减值损失，计入当期损益，同时计提相应的资产减值准备（固定资产的账面价值=固定资产原值-已计提的累计折旧-已计提的减值准备）。

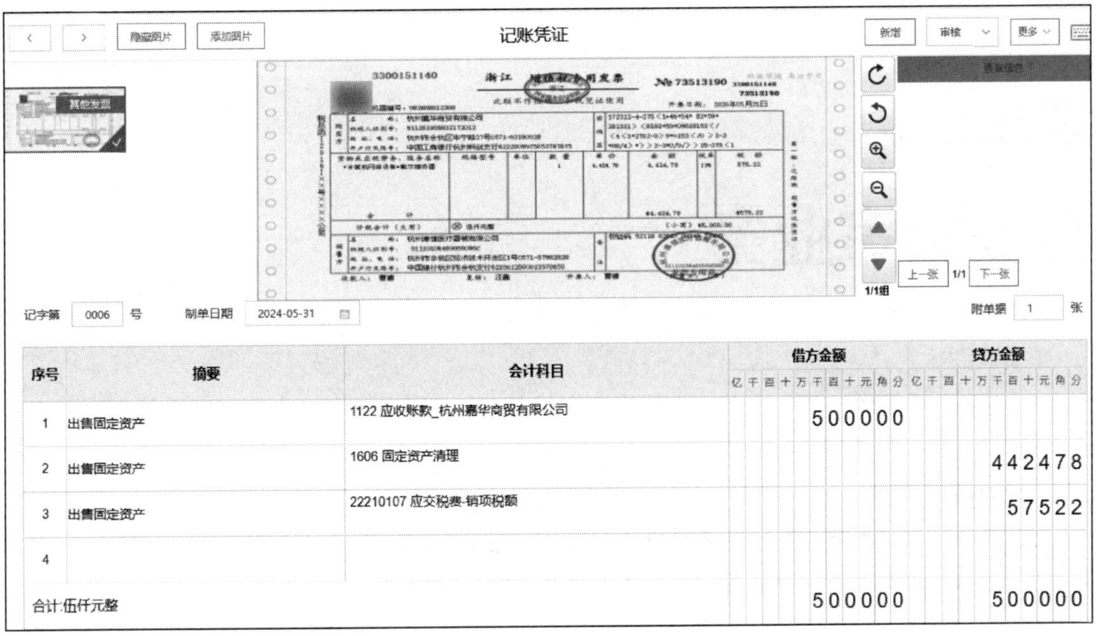

图 3-6-21 凭证（1）

序号	摘要	会计科目	借方金额	贷方金额
			亿 千 百 十 万 千 百 十 元 角 分	亿 千 百 十 万 千 百 十 元 角 分
1	出售固定资产	1122 应收账款_杭州嘉华商贸有限公司	5 0 0 0 0 0	
2	出售固定资产	1606 固定资产清理		4 4 2 4 7 8
3	出售固定资产	22210107 应交税费-销项税额		5 7 5 2 2
4				
合计:伍仟元整			5 0 0 0 0 0	5 0 0 0 0 0

图 3-6-21 凭证（1）

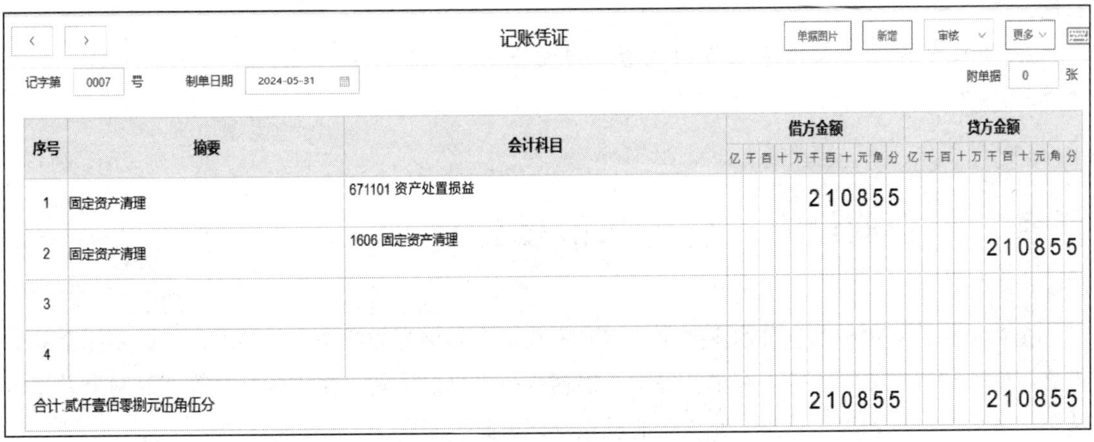

序号	摘要	会计科目	借方金额	贷方金额
			亿 千 百 十 万 千 百 十 元 角 分	亿 千 百 十 万 千 百 十 元 角 分
1	固定资产清理	671101 资产处置损益	2 1 0 8 5 5	
2	固定资产清理	1606 固定资产清理		2 1 0 8 5 5
3				
4				
合计 贰仟壹佰零捌元伍角伍分			2 1 0 8 5 5	2 1 0 8 5 5

图 3-6-22 凭证（2）

项目四

企业管家业务

【知识目标】

1. 掌握企业设立、变更、信息公示的操作方法。
2. 掌握企业税务管理的操作流程和账务处理。

【能力目标】

1. 能够通过平台操作熟悉企业设立、变更和信息公示的流程。
2. 能够帮助企业做好税务管理、人力资源与五险一金管理、证照办理业务。

【素质目标】

1. 培养日常工作中独立完成企业开办、社保等业务，能够与税务部门、社保部门等有效沟通的能力。
2. 树立成为复合型财务人员的观念，遵纪守法，具备不做假账、依法纳税的职业道德素养。

任务一　企业设立、变更和信息公示

企业设立、变更和信息公示主要是智能财税共享中心根据委托企业的要求，完成委托企业的设立、变更和信息公示业务。在本任务中，根据企业提供的资料，在市场监督管理局网上登记申请（政务服务）平台填报信息，完成企业设立登记事宜。

📖素养课堂

在当前智能化财务软件应用的大背景下，财务人员必须适应岗位的新技能要求，善于学习和思考，培养知识迁移的技能，提高自身综合素质，做一个复合型人才。只有了解企业从设立到成长全流程，才能真正地从发展的角度为企业做好财务工作。

💻 任务情境

2023年9月，林宇明、韩超、陈平三人拟共同出资设立一家软件开发有限责任公司，名称定为：北京振兴科技有限公司（字号为振兴），从事技术开发和服务，注册资本200万元人民币。

一、知识准备

根据《中华人民共和国公司法》的规定，设立有限责任公司，应当具备下列条件。

（1）有限责任公司由一个以上五十个以下股东出资设立。

（2）有限责任公司设立时的股东可以签订设立协议，明确各自在公司设立过程中的权利和义务。

（3）有限责任公司设立时的股东为设立公司从事的民事活动，其法律后果由公司承受。

公司未成立的，其法律后果由公司设立时的股东承受；设立时的股东为二人以上的，享有连带债权，承担连带债务。

设立时的股东为设立公司以自己的名义从事民事活动产生的民事责任，第三人有权选择请求公司或者公司设立时的股东承担。

设立时的股东因履行公司设立职责造成他人损害的，公司或者无过错的股东承担赔偿责任后，可以向有过错的股东追偿。

（4）设立有限责任公司，应当由股东共同制定公司章程。

（5）有限责任公司章程应当载明下列事项：公司名称和住所；公司经营范围；公司注册资本；股东的姓名或者名称；股东的出资额、出资方式和出资日期；公司的机构及其产生办法、职权、议事规则；公司法定代表人的产生、变更办法；股东会认为需要规定的其他事项。

股东应当在公司章程上签名或者盖章。

（6）有限责任公司的注册资本为在公司登记机关登记的全体股东认缴的出资额。全体股东认缴的出资额由股东按照公司章程的规定自公司成立之日起五年内缴足。

法律、行政法规以及国务院决定对有限责任公司注册资本实缴、注册资本最低限额、股东出资期限另有规定的，从其规定。

（7）股东可以用货币出资，也可以用实物、知识产权、土地使用权、股权、债权等可以用货币估价并可以依法转让的非货币财产作价出资；但是，法律、行政法规规定不得作为出资的财产除外。

对作为出资的非货币财产应当评估作价，核实财产，不得高估或者低估作价。法律、行政法规对评估作价有规定的，从其规定。

（8）股东应当按期足额缴纳公司章程规定的各自所认缴的出资额。

股东以货币出资的，应当将货币出资足额存入有限责任公司在银行开设的账户；以非货币财产出资的，应当依法办理其财产权的转移手续。

股东未按期足额缴纳出资的，除应当向公司足额缴纳外，还应当对给公司造成的损失承担赔偿责任。

（9）有限责任公司设立时，股东未按照公司章程规定实际缴纳出资，或者实际出资的非货币财产的实际价额显著低于所认缴的出资额的，设立时的其他股东与该股东在出资不足的范围内承担连带责任。

（10）有限责任公司成立后，董事会应当对股东的出资情况进行核查，发现股东未按期足额缴纳公司章程规定的出资的，应当由公司向该股东发出书面催缴书，催缴出资。

未及时履行前款规定的义务，给公司造成损失的，负有责任的董事应当承担赔偿责任。

（11）股东未按照公司章程规定的出资日期缴纳出资，公司依照前条第一款规定发出书面催缴书催缴出资的，可以载明缴纳出资的宽限期；宽限期自公司发出催缴书之日起，不得少于六十日。宽限期届满，股东仍未履行出资义务的，公司经董事会决议可以向该股东发出失权通知，通知应当以书面形式发出。自通知发出之日起，该股东丧失其未缴纳出资的股权。

依照前款规定丧失的股权应当依法转让，或者相应减少注册资本并注销该股权；六个月内未转让或者注销的，由公司其他股东按照其出资比例足额缴纳相应出资。

股东对失权有异议的，应当自接到失权通知之日起三十日内，向人民法院提起诉讼。

（12）公司成立后，股东不得抽逃出资。

违反前款规定的，股东应当返还抽逃的出资；给公司造成损失的，负有责任的董事、监事、高级管理人员应当与该股东承担连带赔偿责任。

（13）公司不能清偿到期债务的，公司或者已到期债权的债权人有权要求已认缴出资但未届出资期限的股东提前缴纳出资。

（14）有限责任公司成立后，应当向股东签发出资证明书，记载下列事项：公司名称；公司成立日期；公司注册资本；股东的姓名或者名称、认缴和实缴的出资额、出资方式和出资日期；出资证明书的编号和核发日期。

出资证明书由法定代表人签名，并由公司盖章。

（15）有限责任公司应当置备股东名册，记载下列事项：股东的姓名或者名称及住所；股东认缴和实缴的出资额、出资方式和出资日期；出资证明书编号；取得和丧失股东资格的日期。

记载于股东名册的股东，可以依股东名册主张行使股东权利。

（16）股东有权查阅、复制公司章程、股东名册、股东会会议记录、董事会会议决议、监事会会议决议和财务会计报告。

股东可以要求查阅公司会计账簿、会计凭证。股东要求查阅公司会计账簿、会计凭证的，应当向公司提出书面请求，说明目的。公司有合理根据认为股东查阅会计账簿、会计凭证有不正当目的，可能损害公司合法利益的，可以拒绝提供查阅，并应当自股东提出书面请求之日起十五日内书面答复股东并说明理由。公司拒绝提供查阅的，股东可以向人民法院提起诉讼。

股东查阅前款规定的材料，可以委托会计师事务所、律师事务所等中介机构进行。

股东及其委托的会计师事务所、律师事务所等中介机构查阅、复制有关材料，应当遵守有关保护国家秘密、商业秘密、个人隐私、个人信息等法律、行政法规的规定。

股东要求查阅、复制公司全资子公司相关材料的，适用前四款的规定。

二、流程认知

（1）企业设立、变更和信息公示操作流程如图 4-1-1 所示。

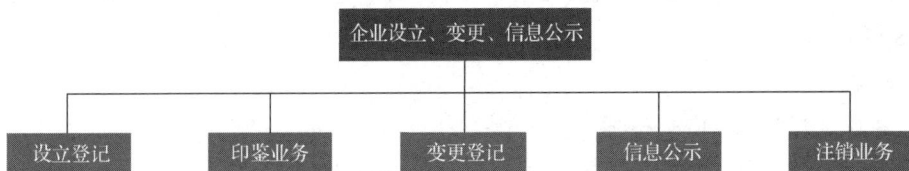

图 4-1-1　企业设立、变更和信息公示操作流程

（2）企业设立操作流程如图 4-1-2 所示。

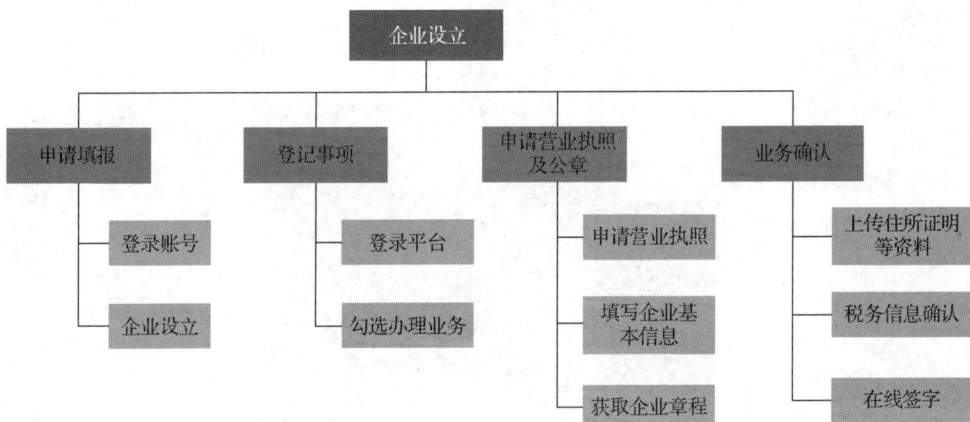

图 4-1-2　企业设立操作流程

任务发布

完成平台案例企业的设立登记、企业信息公示填制申报管理的操作。

任务实施

企业设立登记

一、企业设立登记

> **知识拓展**
>
> 企业设立登记是指企业设立人按法定程序向企业登记机关申请，经企业登记机关审核并记录在案，以供公众查阅的行为。

2023 年 9 月，林宇明、韩超、陈平三人拟共同出资设立一家软件开发有限责任公司，名称定为：北京振兴科技有限公司（字号为振兴），从事技术开发和服务，注册资本 200 万元人民币。三人决定了企业的设立时间等信息（详见系统中的要求），他们招聘了王清担任公司出纳兼秘书。林宇明、韩超、陈平为主要出资人，刘庆为企业管家。林宇明等三人租赁了王健位于北京市丰台区惠民路 88 号的蓝天大厦 6 层 620 号房间作为经营场地（即生产经营地）。

操作步骤

（1）登录北京市市场监督管理局网上登记申请平台，单击"个人用户登录→"按钮，在弹出的北京市统一身份认证平台界面中，填写账号登录信息，单击"登录"按钮，如图 4-1-3 所示。

图 4-1-3　登录平台

（2）在北京市市场监督管理局网上登记申请平台界面，单击"公司登记"页签，在弹出的公司登记界面中，单击"设立"按钮，阅读公告后，单击"e 窗通"按钮，如图 4-1-4 所示。

（3）单击"个人用户登录"按钮，在弹出的界面中阅读业务引导步骤，单击"进入办理"按钮，在弹出的"请选择开办企业类型"对话框中，单击"企业开办"按钮，进入办理业务界面，填写相关信息，单击"申请营业执照"按钮，在弹出的"提示"对话框中，单击"确定"按钮，如图 4-1-5 所示。

（4）在我要起名界面中，录入字号等信息，单击"检查"按钮，在弹出的对话框中，阅读温馨提示，单击"确定"按钮，确认企业名称可以使用后，依次单击"保存""下一步"按钮，如图 4-1-6 所示。

（5）在弹出的股东界面中，单击"添加"按钮 ，在弹出的"自然人股东信息"对话框中，填写姓名等信息（以林宇明为例），单击"保存"按钮，所有股东信息填写完毕后，在股东界面中，依次单击"保存""下一步"按钮，如图 4-1-7 所示。

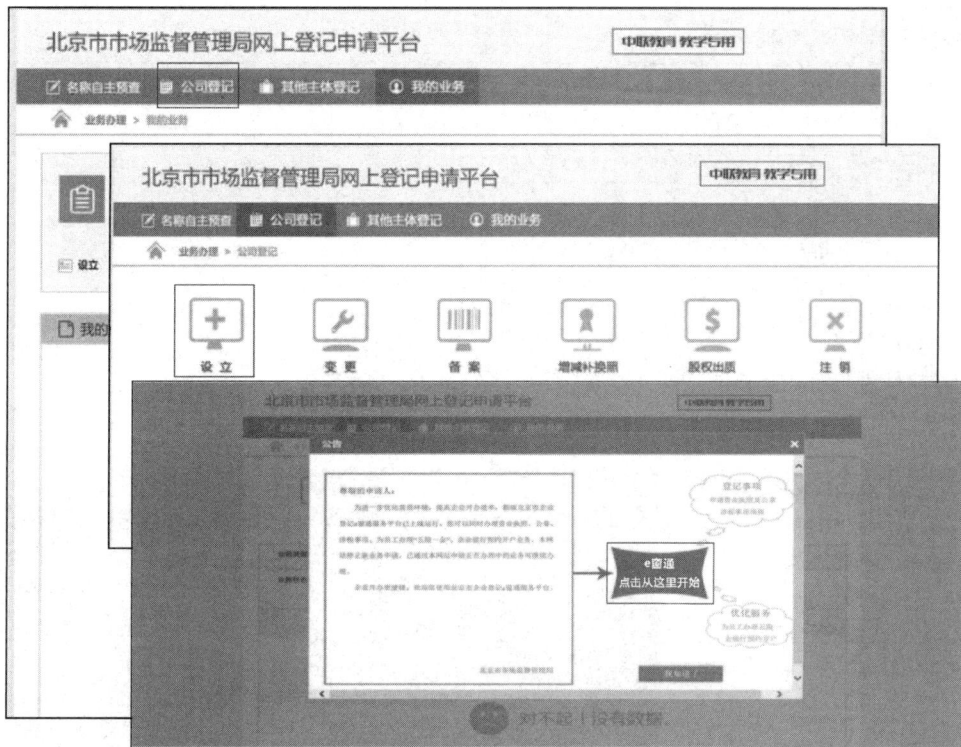

图 4-1-4 公司设立

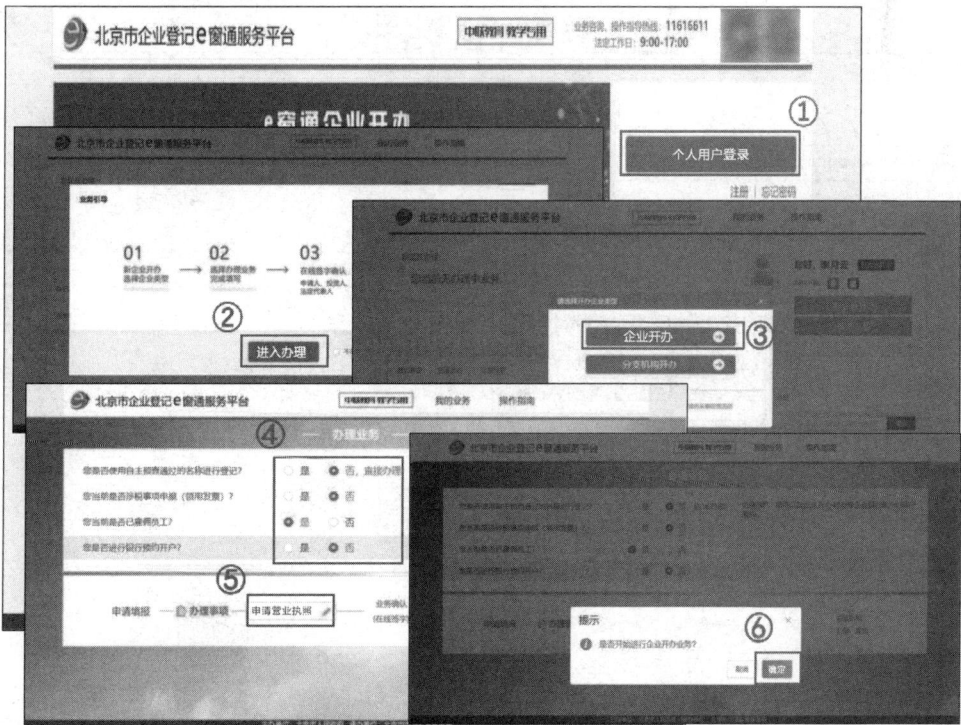

图 4-1-5 办理事项

图 4-1-6 企业起名

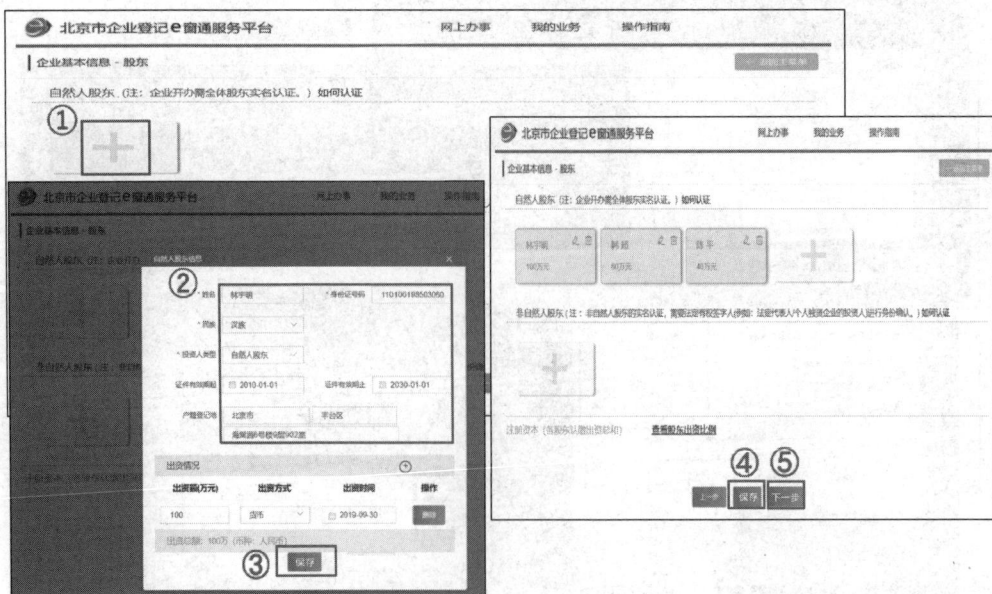

图 4-1-7 填写股东信息

（6）在弹出的企业基本信息界面中，填写住所等信息，依次单击"保存""下一步"按钮，在弹出的经营范围界面中，选择企业对应的经营范围，依次单击"保存""下一步"按钮，在弹出的人员信息界面中，单击"添加"按钮 ➕，依次录入"董事"等信息（录入方法与前述股东信息录入方法相同），所有人员信息录入完毕后，依次单击"保存""下一步"按钮，如图 4-1-8 所示。

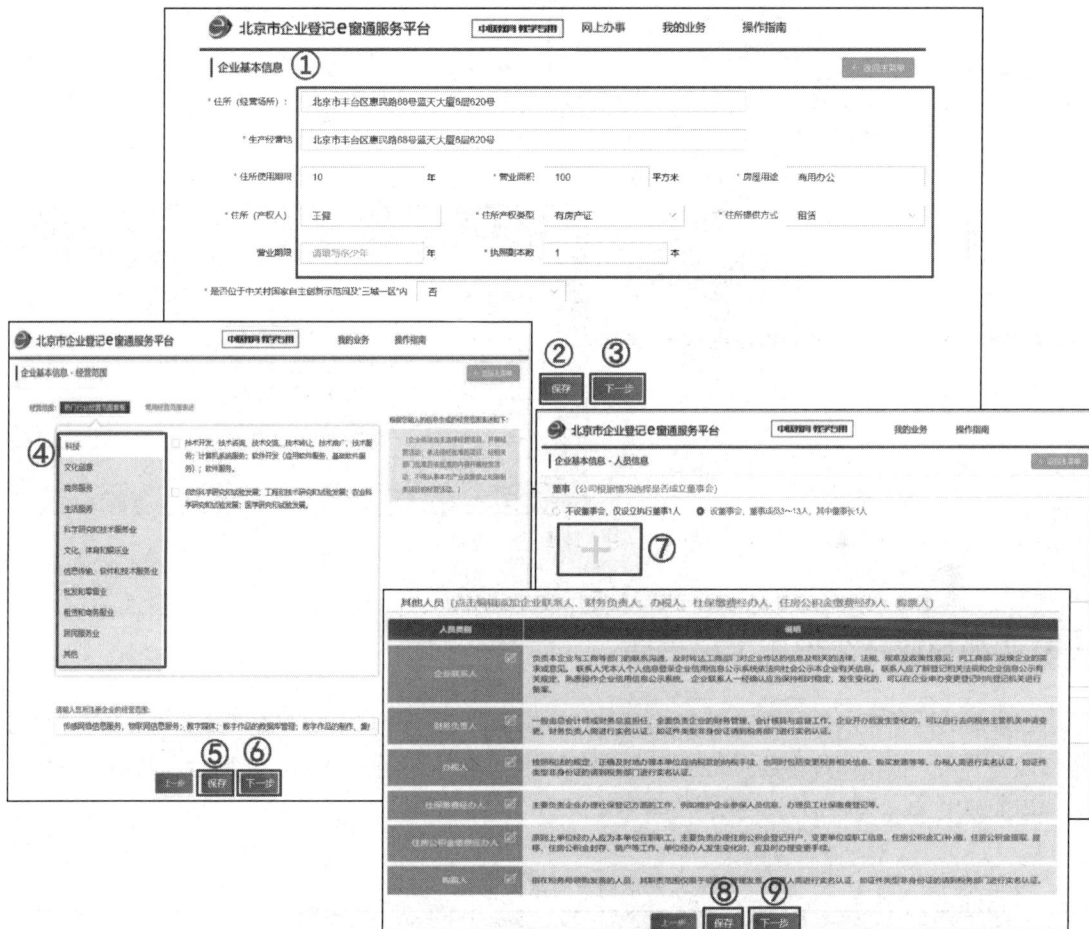

图 4-1-8 录入企业基本信息经营范围及人员信息

（7）在"文件上传"界面中，选中"是"，使用自动生成的章程，单击"教学平台上传"按钮，上传住所证明、不动产权证等资料，依次单击"确定""保存""下一步"按钮，在弹出的税务信息确认界面中，录入姓名等信息，依次单击"保存""下一步"按钮，在弹出的业务办理界面中，选择企业需求，单击"业务确认"按钮，如图 4-1-9 所示。

以上步骤是企业设立登记的操作流程，企业变更的操作流程与企业设立登记相似，故不赘述。

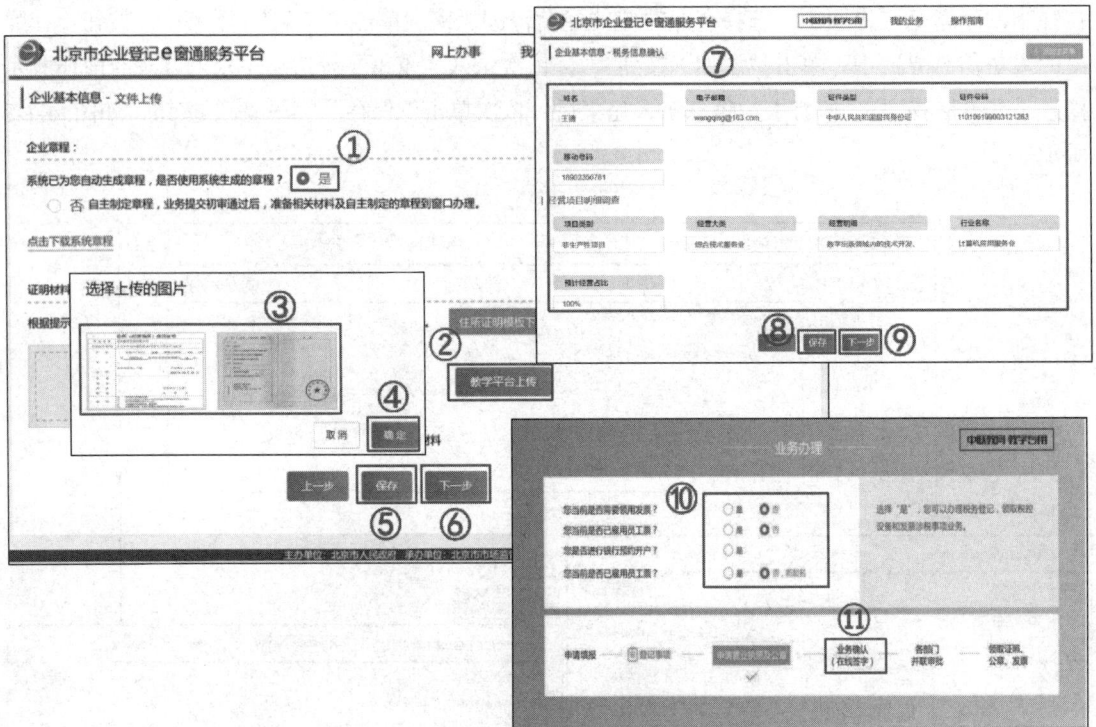

图 4-1-9　填写企业基本信息

二、企业信息公示填制申报管理

北京清洁商贸有限公司成立于 2010 年，公司位于北京市，对其 2023 年度企业信息进行公示，金额四舍五入，保留两位小数，北京清洁商贸有限公司公示信息如表 4-1-1 所示。其他信息详见系统中的要求。

表 4-1-1　　　　　　　　　　北京清洁商贸有限公司公示信息

项目	内容
公司名称	北京清洁商贸有限公司
通信地址及邮政编码	通信地址：北京市朝阳区北新路 28 号；邮政编码：100018
经营场地性质	租赁
联系电话	010-67541923
电子邮箱	qingjie@163.com
主营业务活动	商品批发和零售

续表

项目	内容
公司存续状态	开业
公司网站	有网站
营业期限和营业执照	营业期限 30 年，统一社会信用代码为 9111015371380216D，营业执照有效期：自 2010 年 6 月 1 日至 2040 年 6 月 1 日
公司从业人数	公司有职工 30 人（公示），其中女性职工 12 人（不公示）。高校毕业生中经营者 3 人，雇工 15 人。其中退役士兵人数、残疾人人数、事业人员再就业人数均为 0
党建信息	无
控股情况	公司为私人控股（公示）
对外担保、对外投资、股东股权转让信息	2023 年度无对外担保、无对外投资、无股东股权转让及变更信息
单位社保缴费基数和实际缴费金额	2023 年社保参保职工数：30 人 2023 年单位职工基本养老保险缴费基数 338 642 元，2023 年单位职工基本医疗保险缴费基数 287 462 元，2019 年单位失业保险缴费基数 338 642 元，2023 年单位生育保险缴费基数 287 402 元 2023 年单位社保实际缴费金额为 78 368 元，其中医疗保险 24 800 元，养老保险 47 120 元，失业保险 1 984 元，工伤保险 2 480 元，生育保险 1 984 元 2023 年无社保欠缴情况（社保情况不公示）
报关信息	无
CA 证书密码	123456
CA 登录账号	北京清洁商贸有限公司

操作步骤

在"国家企业信用信息公示系统"中，单击"企业信息填报"按钮，在弹出的界面中，选择登记机关所在地"北京"，进入登录界面，单击"数字证书登录"页签，填写证书等信息，单击"登录"按钮，进入本公司公示系统首页，单击"年度报告填写"按钮，在弹出的对话框中，选择"2023年"，单击"确定"按钮，进行年度报告填写，依次填写企业名称等信息，单击"保存"按钮，所有信息填写完毕后，单击"预览并公示"页签，查看年度报告，单击"提交并公示"按钮，完成年度报告的公示，如图 4-1-10 所示。

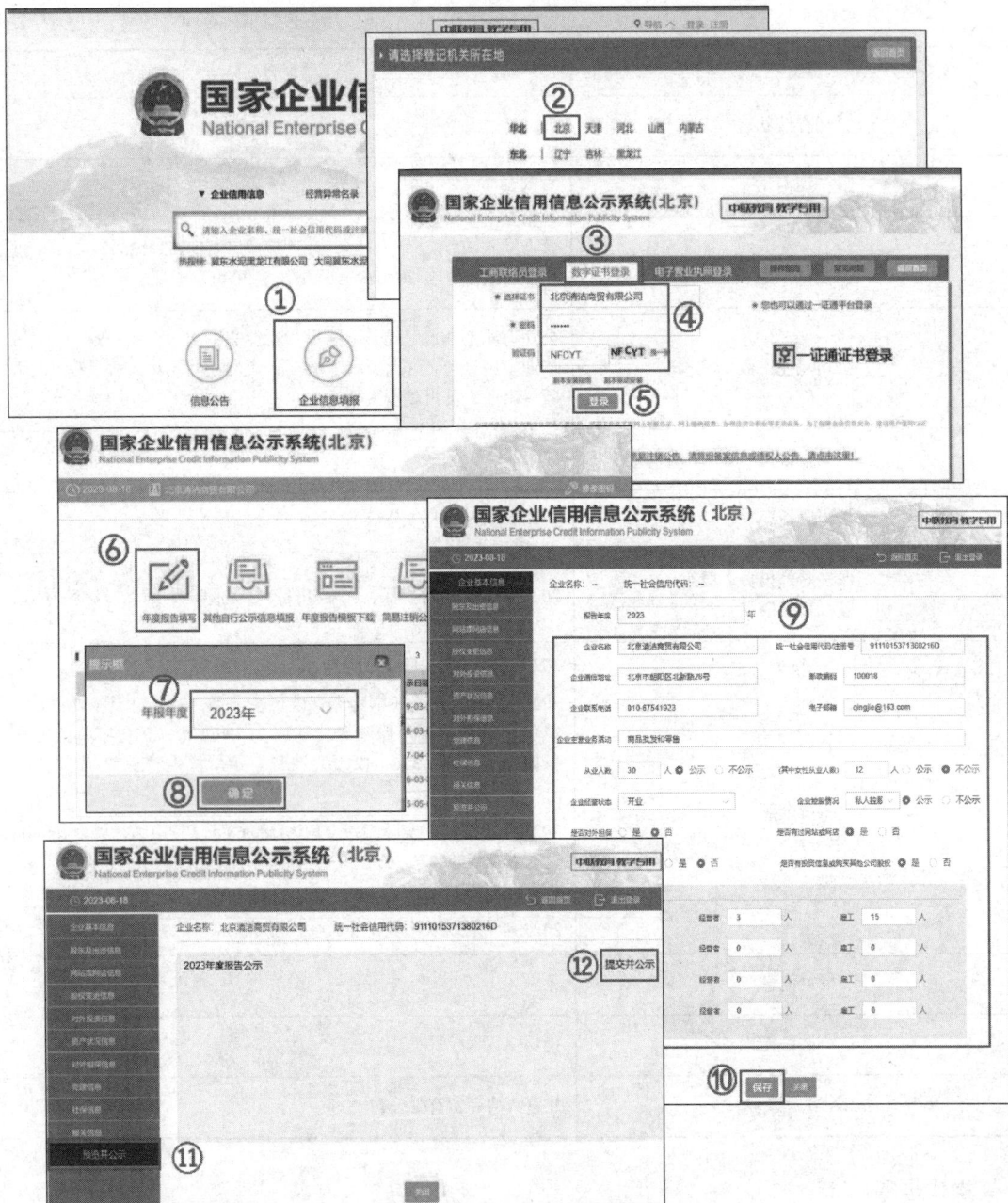

图 4-1-10　企业信息公示

任务二　税务管理

　　税务管理业务主要是智能财税共享中心根据委托企业的要求，完成委托企业的税务登记、发票管理、纳税申报管理、特殊涉税事项处理等。在本任务中，智能财税共享中心主要完成企业的税务登记和发票管理工作。

> **📖 素养课堂**
>
> 　　企业在日常的发票管理工作中经常会出现以下问题。一是在发票领购上，不法行为时有发生。有的纳税人买假发票、倒卖发票，严重违反发票管理办法。二是在发票开具使用上，存在许多不规范行为。有的经营者以"发票刚用完"为借口、以打折或赠送礼品等手段不开或少开发票，或开具作废发票甚至以白条、收据代替发票，而有的消费者图小利或方便而不要发票。三是发票的保管不到位。部分纳税人不按规定保管存根联和记账联，给发票核查和检查造成一定的难度。四是发票的缴销不彻底。有的纳税人以发票丢失为由不按照规定缴销旧版发票并继续使用。由于缺乏严密的约束机制，走失逃亡户发票回收难度较大，发票流失造成了税款的流失。因此，财务人员在日常的工作中要关注上述易出现的问题，坚守严谨诚信的工作态度，防止出现发票使用不当等问题。

🖥 任务情境

　　业务一：2023年9月17日，北京小食品零售店是林宇明自己成立的一个小商店，刚领取了营业执照，请进行税务登记工作。

　　该商店相关注册信息如下。

　　名称：北京小食品零售店

　　登记注册地和经营地址：北京市丰台区惠民路88号蓝天大厦的6层620号

　　所在行政区：华北区

　　法定代表人：林宇明

　　身份证号：110106198503060235（林宇明为业主）

　　统一社会信用代码（纳税人识别号）：911107168085631092

　　登记注册类型：店

　　批准设立机关类型：行政机关

　　批准设立机关：工商行政机关

　　证照名称：营业执照

　　联系电话：010-67890345

　　手机号码：13819302358

　　批准设立证明或文件号：工商丰台34号

　　国标行业：零售业

　　经营范围：碳酸饮料、果汁、运动/健康饮料、茶饮料、乳品、水、咖啡饮料

　　业务二：北京美好服装制造有限责任公司为增值税一般纳税人，适用增值税税率为13%，其相关信息如下。

　　CA登录账号：北京美好服装制造有限责任公司

　　CA证书密码：123456

　　法定代表人：刘备

　　经营地址和配送地址：北京市通州区张家湾开发区88号

联系电话：010-51036728

统一社会信用代码（纳税人识别号）：91110105397106688D

基本存款账户开户银行：中国工商银行北京市通州支行

开户行银行账号：6225887540917489588

任务准备

一、知识准备

1. 税务登记的含义

税务登记是指税务机关根据税法规定，对纳税人的生产经营活动进行登记管理的一项基本制度。它的意义在于：有利于税务机关了解纳税人的基本情况，掌握税源，加强税款征收与管理，防止漏管漏征，建立税务机关与纳税人之间正常的工作联系，强化税收政策和法规的宣传，增强纳税人的纳税意识等。

2. 发票管理的含义

发票管理是指税务机关对生产经营单位和个人在经营活动中所开具的商品销售和营业收入凭证进行的管理。

二、流程认知

税务管理业务操作流程如图 4-2-1 所示。

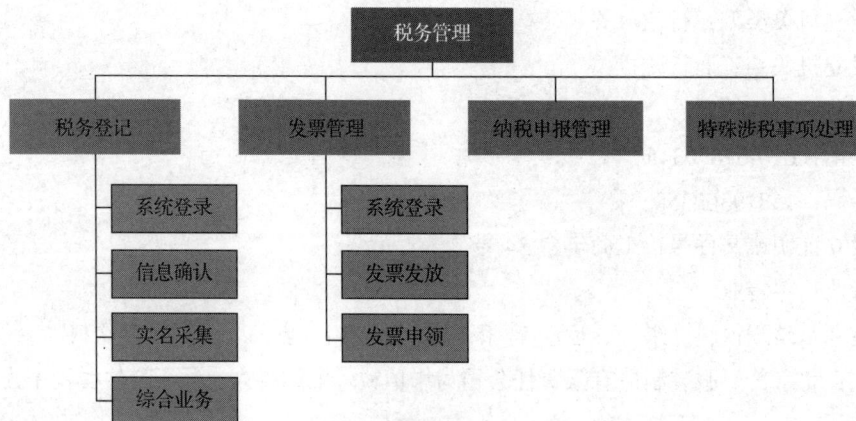

图 4-2-1　税务管理业务操作流程

任务发布

完成平台案例企业的税务登记、发票管理业务的处理。

任务实施

一、税务登记业务

2023 年 9 月 17 日，北京小食品零售店是林宇明自己成立的一个小商店，刚领取了营业执照，请进行税务登记工作。

税务登记

知识拓展

税务登记的种类包括开业登记、变更登记、停业登记、复业登记、注销登记和外出经营报验登记。

操作步骤

（1）在"国家税务总局北京市电子税务局"首页，单击"我要办税"按钮，在弹出的企业账号登录界面，选中"CA 登录"，单击"税务登记"，在弹出的界面中，单击"新办纳税人套餐"页签，单击"新办纳税人业务套餐"按钮，在弹出的信息确认界面中，录入登记注册类型等信息，单击"下一步"按钮，在弹出的实名采集界面中，依次单击"教学平台上传正面""教学平台上传反面"按钮，上传身份证图像，上传成功后，单击"确定"按钮，如图 4-2-2 所示。

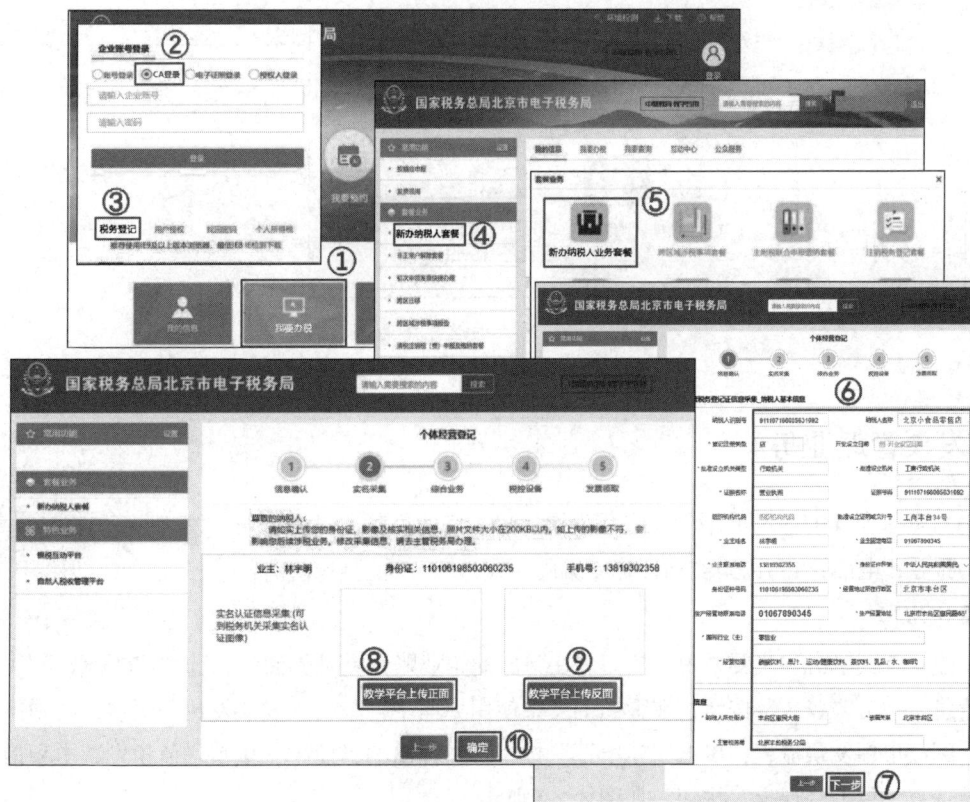

图 4-2-2　信息确认及实名采集

（2）在弹出的综合业务界面中，单击"新增报告"按钮，在弹出的界面中，单击"增行"按钮，录入账号性质等基本信息，单击"保存"按钮，在弹出的界面中单击"下一步"按钮，在弹出的税控设备界面中，选择需要购买的设备，在弹出的界面中，勾选"我已阅读并同意服务协议"，单击"立即购买"按钮，如图4-2-3所示。

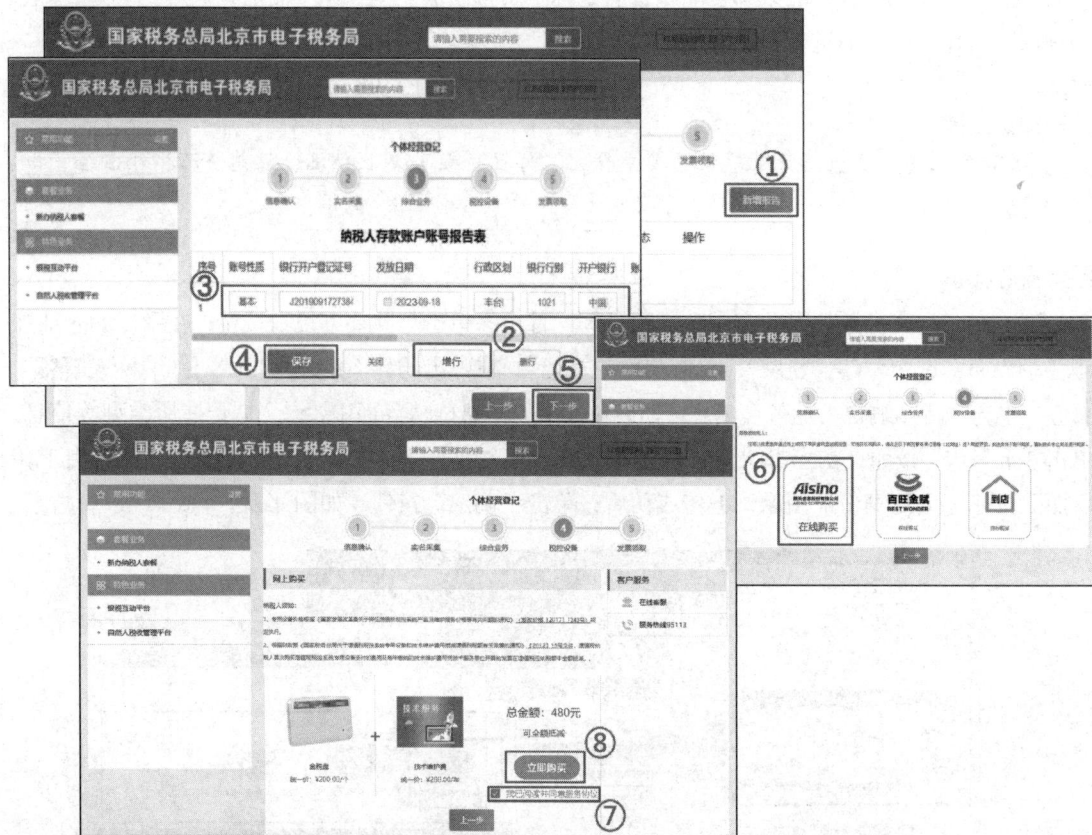

图4-2-3　综合业务和税控设备

二、发票管理业务

2023年6月1日，领购增值税专用发票3份、增值税普通发票2份。领票人：张兰；电话：13312348765；邮政编码：101100；是否自提：否。

发票管理

操作步骤

在登录首页单击"我要办税"按钮，在弹出的企业账号登录界面中，选中"CA登录"，输入账号信息，单击"登录"按钮，在弹出的发票使用界面中，单击"发票发放"页签，在弹出的界面中，阅读申领发票流程，单击"新申请"按钮，在弹出的界面中，填写增值税发票申领信息和纳税人信息，单击"保存"按钮，如图4-2-4所示。

图 4-2-4　发票管理

任务三　人力资源与五险一金管理

人力资源与五险一金管理业务主要是了解人力资源与五险一金管理相关法律规定，了解公司人力资源管理的目标及各部门岗位的职责，并能在实际业务中应用。在本任务中，智能财税共享中心对公司应聘人员报到时所提交的材料进行核查，对新参保人员的申请条件和所提交的申报材料进行审核，对申请单位住房公积金所提交的材料进行整理和审核，帮助委托企业提高人力资源和五险一金的管理水平。

📖 **素养课堂**

进行人力资源管理有利于企业和管理者提高选人、用人、育人、留人的水平。选人主要涉及如何对人才进行选拔、测评。用人主要是指人员安置，将合适的人安置在合适的位置上。育人是指企业对员工的培育和开发，以及对员工的职业生涯规划的管理。留人是指企业如何有效激励员工，如何科学有效地帮助员工改善绩效；如何设计公平合理的薪酬体系，有效激发员工的热情；如何有效处理企业与员工的关系，提升员工的工作满意度、责任感、幸福感、忠诚度。

任务情境

业务一：北京振兴科技有限公司是一家刚成立不久的软件开发与服务企业，2023年10月30日，公司录用9名大学应届毕业生，这些新员工以前没有缴纳过职工社会保险。现需完成首次参保人员社保登记工作。

业务二：北京博创中联科技有限公司于2023年10月1日成立，现需完成单位住房公积金网上开户工作。

任务准备

一、知识准备

1. 五险一金的内容

五险一金指的是五种社会保险以及住房公积金。"五险"包括养老保险、医疗保险、失业保险、工伤保险和生育保险；"一金"指的是住房公积金。其中养老保险费、医疗保险费和失业保险费，是由企业和个人共同缴纳的保费；工伤保险费和生育保险费完全是由企业承担的，个人不需要缴纳。

2. 住房公积金的含义

住房公积金，是指国家机关、国有企业、城镇集体企业、外商投资企业、城镇私营企业及其他城镇企业、事业单位、民办非企业单位、社会团体及其在职职工缴存的长期住房储金。

二、流程认知

人力资源与五险一金管理操作流程如图4-3-1所示。

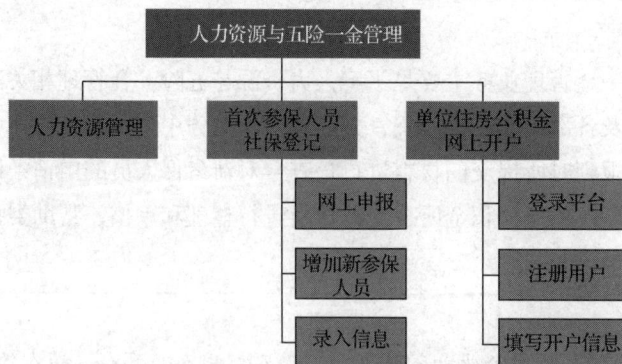

图4-3-1　人力资源与五险一金管理操作流程

任务发布

完成平台案例企业的首次参保人员社保登记、单位住房公积金网上开户处理。

任务实施

一、首次参保人员社保登记

北京振兴科技有限公司是一家刚成立不久的软件开发与服务企业，2023年10月30日，公司录用9名大学应届毕业生，这些新员工以前没有缴纳过职工社会保险。这9名大学应届毕业生的个人信息如表4-3-1所示。

表 4-3-1　　　　　9名大学应届毕业生的个人信息

姓名	性别	政治面貌	民族	学历	证件类型	证件号码	户籍所在地	移动电话号码	应聘职务	月工资标准/元	婚姻状态
李四	女	团员	汉	专科	身份证	110106199806035000	北京市丰台区怡嘉家园3号楼10层1003室	18631238912	技术工人	3 500	未婚
林海洋	男	团员	汉	专科	身份证	110106199809052000	北京市丰台区平安小区8号楼16层1608室	15082683498	技术工人	4 000	未婚
汪建国	男	团员	汉	专科	身份证	110101199703065000	北京市西城区新福苑6号楼9层901室	15901069322	技术工人	4 000	未婚
王凤	女	团员	汉	本科	身份证	110107199612059000	北京市石景山区嘉义小区12号楼8层806室	18503869721	职员	5 000	未婚
刘晓萍	女	团员	汉	本科	身份证	110106199701267000	北京市丰台山区春秋家园1号楼17层1705室	13902867185	职员	5 000	未婚
陈钢	男	团员	汉	本科	身份证	110106199703162000	北京市丰台区常青苑2号楼19层1901室	18503869721	职员	5 000	未婚
张博	男	团员	汉	本科	身份证	110106199612091000	北京市丰台区枫林园7号楼21层2102室	13807291685	职员	5 000	未婚
陈晓斌	男	团员	汉	本科	身份证	110105199610213000	北京市朝阳区南湖小区5号楼15层1501室	18608195723	职员	5 000	未婚
王勇	男	团员	汉	本科	身份证	110105199705311000	北京市朝阳区欢乐家园6号楼16层1603室	13708286159	职员	5 000	未婚

操作步骤

在北京市社会保险网上服务平台，单击"网上申报"按钮，在弹出的申报业务界面中，单击"新参保人员增加申报"按钮，在弹出的登录界面中，输入账号信息，单击"登录"按钮，在弹出的界面中，录入新参保人员身份证号码（此处以"李四"为例），单击"确定"按钮，在弹出的界面中，输入李四的个人信息，单击"新增"按钮，依次录入其他8位员工的个人信息，录入完毕后，单击"提交"按钮，如图4-3-2所示。

二、单位住房公积金网上开户

（1）企业基础信息如下。

企业名称：北京博创中联科技有限公司

首次参保人员社保登记

单位住房公积金网上开户

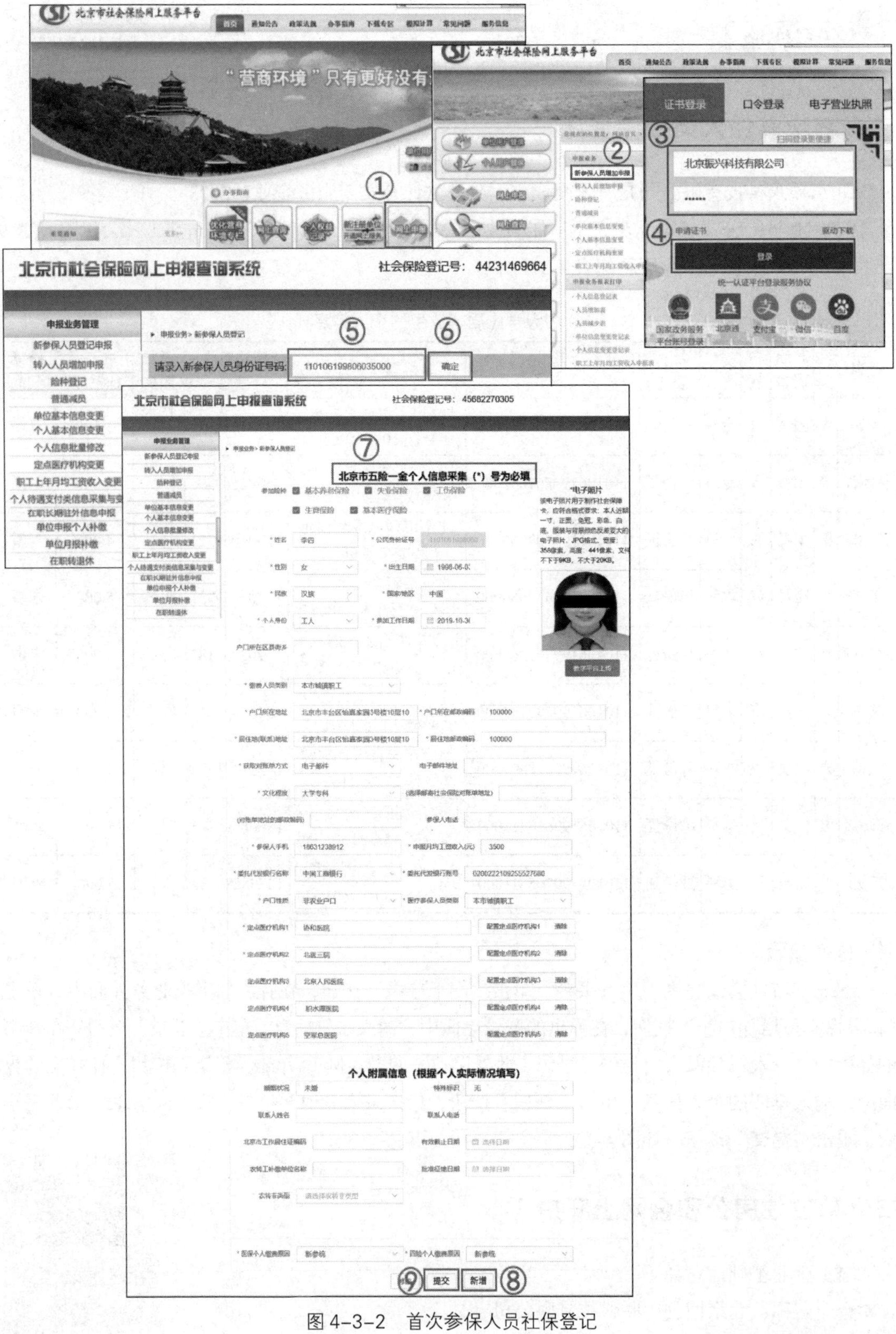

图 4-3-2　首次参保人员社保登记

登记注册地：北京市朝阳区麒麟路 26 号

法定代表人：刘华

法定代表人身份证号：110107198506133021

手机号码：13745942345

营业执照注册号：911109107109063681

注册人：张倩

注册人身份证号：110115199005126013

手机号码：13578987645

CA 证书密码：123456

单位电子邮箱：bochuangzl@163.com

单位性质：企业

单位隶属关系：北京市朝阳区

单位所属行业：信息传输、软件和信息技术服务业

单位经济类型：有限公司

单位设立日期：2023 年 10 月 1 日

邮政编码：100020

（2）公积金账户信息如下。

账户名称：北京博创中联科技有限公司

开户行：中国工商银行北京市通州支行

开户行银行账号：6225887540917489588

资金来源：单位自筹

业务经办部门：人力资源部

联系电话：010-67898930

单位发薪日：每月 1 日

公积金首次汇缴年月：2023 年 11 月

跨年清册核定月份：7 月

业务经办机构：朝阳区管理部

经办人一：张倩

经办人一身份证号：110115199005126013

手机号码：13578987645

经办人二：赵美好

经办人二身份证号：130102198506230347

手机号码：13398763498

委托收款账户名称：北京住房公积金中心

开户行：中国工商银行

开户行银行账号：6225887542658489788

银行交换号：1245

支付系统号：7865

委托收款日期：每月 1 日

每月汇缴是否需要确认：是

状态：启用

✎ **操作步骤**

在"北京住房公积金网"首页，单击"个人网上业务平台"按钮，在弹出的界面中，单击"住房公积金网上业务系统"按钮，在弹出的登录界面中，单击"注册"按钮，在弹出的录入注册信息界面中，输入单位名称等信息，单击"确认"按钮，弹出提示"注册成功"的界面，单击"登录系统"按钮，在弹出的单位登记开户界面中，录入统一社会信用代码等信息，单击"下一页"按钮，弹出提示"业务办理完成"的界面，证明开户成功，如图 4-3-3 所示。

图 4-3-3　单位住房公积金网上开户

任务四　证照办理业务

证照办理业务主要是智能财税共享中心根据委托企业的要求，完成高新技术企业认证、商标申请及保护、专利申请及保护、软件著作权申请及保护。在本任务中，重点完成企业的商标申请及保护、专利申请及保护、软件著作权申请及保护工作，帮助委托企业提高证照办理业务的管理水平。

> 📖 **素养课堂**
>
> 　　商标的价值是没有固定值的，随着发展而不断变化。例如，在我国最早将"海尔"作为商标注册的是舒城县的一家工厂（该商标至今有效），使"海尔"成为中国驰名商标的是海尔集团公司。不同的商标在不同的消费群体中享有不同的盛誉，具有自己的价值。商标法规定，经商标局核准注册的商标，包括商品商标、服务商标和集体商标、证明商标，商标注册人享有商标专用权，受法律保护，如果是驰名商标，将会获得跨类别的商标专用权法律保护。

🖥 任务情境

业务一：北京红玫瑰服饰有限公司现根据公司发展要求，要申请注册自己公司的服装商标。

业务二：2024 年 5 月 18 日，北京智慧力图知识产权有限公司与智能财税共享中心签订委托代理合同，合同内容是由智能财税共享中心代理北京智慧力图知识产权有限公司对一项发明专利进行申请。

业务三：北京伯乐安全软件开发技术有限公司，是一家开发应用软件的企业。在 2024 年 4 月 10 日，该公司开发完成一个桌面安全管理系统软件，需要进行软件著作权登记。

🖥 任务准备

一、知识准备

1. 商标的含义

商标是用以识别和区分商品或者服务来源的标志。任何能够将自然人、法人或者其他组织的商品与他人的商品区别开的标志，包括文字、图形、字母、数字、三维标志、颜色组合和声音等，以及上述要素的组合，均可以作为商标申请注册。

2. 专利的含义

专利是受法律规范保护的发明创造，它是指针对一项发明创造向国家审批机关提出专利申请，经依法审查合格后向专利申请人授予的在规定的时间内对该项发明创造享有的专有权。

3. 软件著作权的含义

计算机软件著作权是指自然人、法人或者其他组织对计算机软件作品享有的财产权利和精神权利的总称。通常语境下，计算机软件著作权又被简称为软件著作权、计算机软著或者软著。

二、流程认知

证照办理业务操作流程如图 4-4-1 所示。

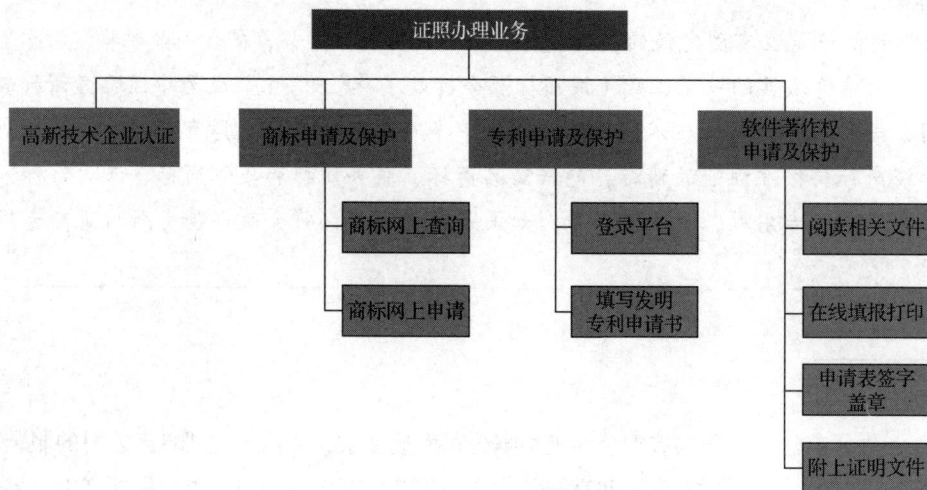

图 4-4-1　证照办理业务操作流程

任务发布

完成平台案例企业的商标申请及保护、专利申请及保护、软件著作权申请及保护的处理。

任务实施

一、商标申请及保护

北京红玫瑰服饰有限公司现根据公司发展要求，要申请注册自己公司的服装商标。由于对商标注册流程不熟悉，2024 年 3 月 15 日该公司委托智能财税共享中心进行商标注册，并签订了合同。共享中心员工王波根据提供的材料，汇总了以下相关信息，先进行了商标自动查询。预注册的商标名称为红玫瑰服饰。通过国家知识产权局商标局中国商标网查询，该商标的国际分类：25；类似群号：2501；查询方式：汉字。经过查询后，没有近似的商标，可以进行注册。

操作步骤

（1）登录中国商标网，单击"商标网上查询"按钮，在弹出的界面中阅读使用说明，单击"我接受"按钮,在弹出的界面中,单击"商标近似查询"按钮,在弹出的界面中,填写国际分类等信息,单击"查询"按钮,得到查询结果,单击"确定"按钮,如图 4-4-2 所示。

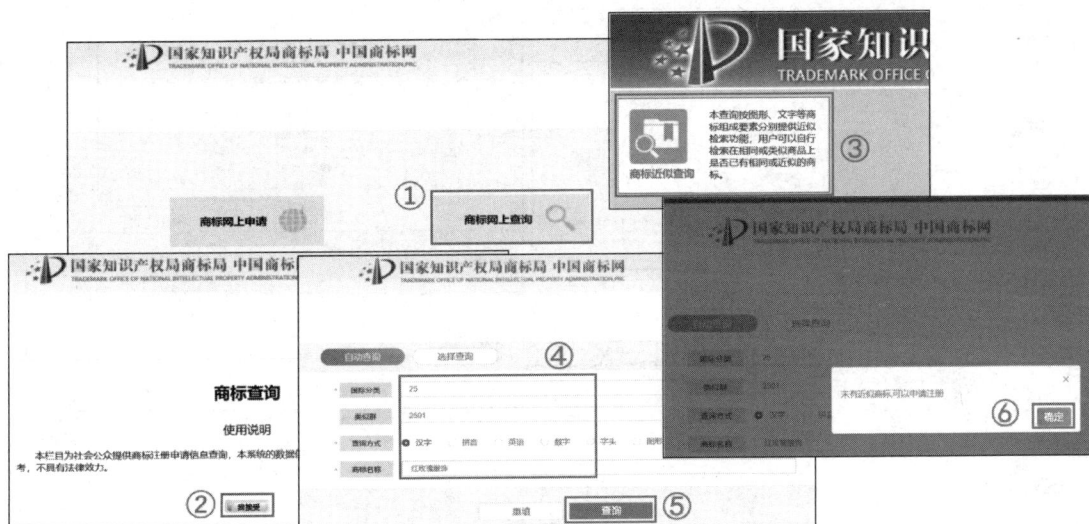

图 4-4-2 商标网上查询

(2)登录中国商标网,单击"商标网上申请"按钮,在弹出的界面中,选择用户类型,单击"网上申请用户登录"按钮,在弹出的界面中输入"PIN 码",勾选"我已阅读并接受",单击"登录"按钮,在弹出的界面中单击"我同意"按钮,如图 4-4-3 所示。

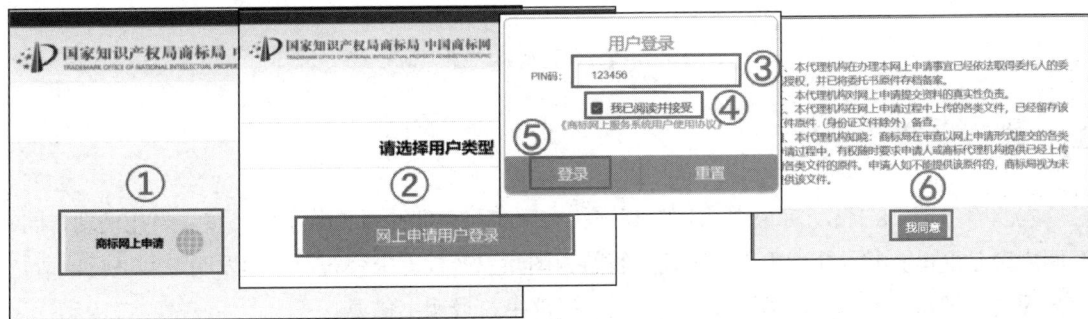

图 4-4-3 商标网上申请

(3)在"首页选项"界面中,录入"申请人类型""书式类型"信息;在"申请人信息"界面中,录入"代理文号"等信息,上传"代理委托书"等文件;在"商标申明"界面中,勾选"商标类型"等信息;在"共同申请信息"界面中,勾选"否"选项;在"优先权信息"界面中,勾选"无"选项;在"商品"界面中,录入"类别"为"25",单击"【单击上传商品/服务项目】"按钮,上传商品信息;在"商标图样"界面中,依次单击"彩色稿""黑白稿"按钮,上传相应的图片,完成后依次单击"保存""确认"按钮,如图 4-4-4 所示。

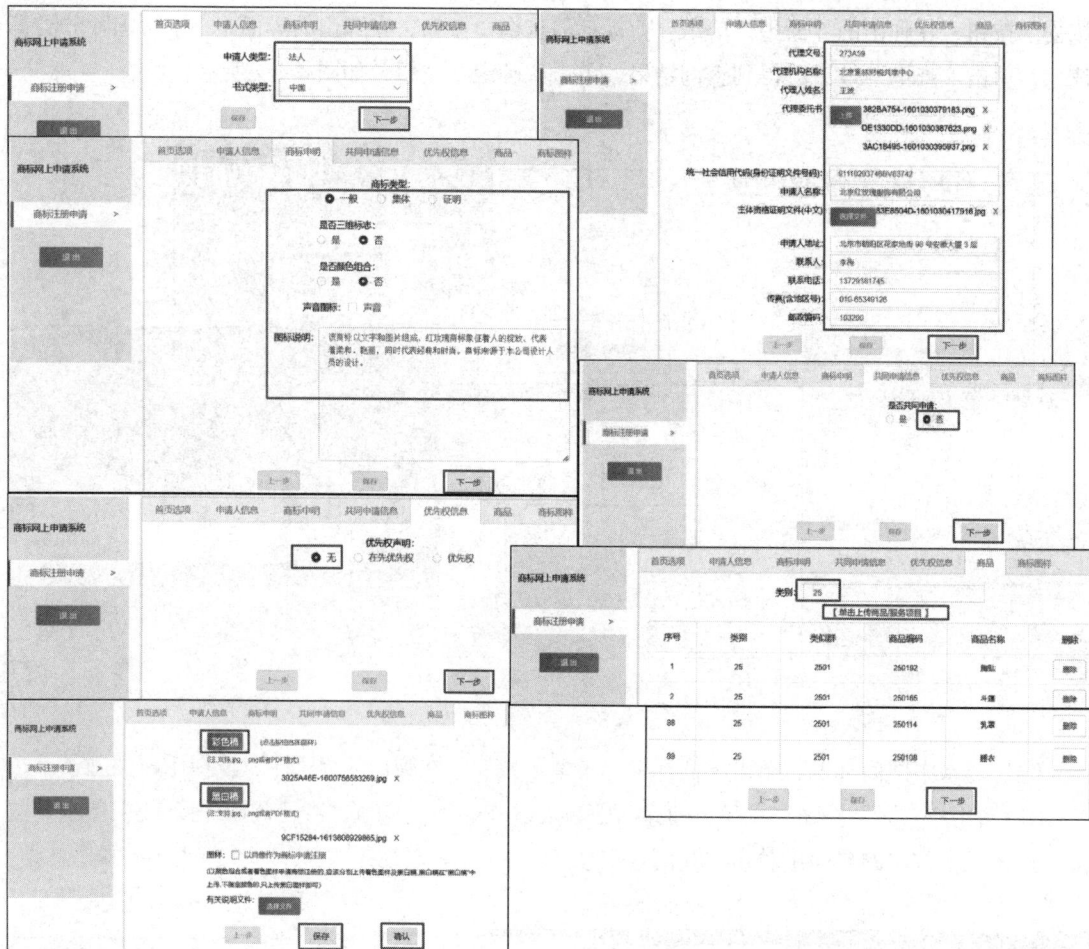

图 4-4-4　填写商标注册申请

二、专利申请及保护

2024 年 5 月 18 日，北京智慧力图知识产权有限公司与智能财税共享中心签订委托代理合同，合同内容是由智能财税共享中心代理北京智慧力图知识产权有限公司对一项发明专利进行申请，该公司提供了发明专利请求书、权利要求书、说明书、说明书摘要。

知识拓展

日常生活中，人们通常会把"专利"和"专利申请"两个概念混淆，比如有些人在其专利申请尚未授权的时候即声称自己有专利。其实，专利申请在获得授权前，只能称为专利申请，如果专利申请最终获得授权，则可以称为专利，申请人对其所请求保护的技术范围拥有独占实施权，如果专利申请最终未获得专利授权，则永远没有成为专利的机会了，也就是说，申请人虽然递交了专利申请，但并未就其所请求保护的技术范围获得独占实施权。

操作步骤

　　进入中国专利电子申请网，输入账号信息，单击"登录在线平台"按钮，在发明专利请求书界面中，填写发明名称等信息并保存，同理，依次填写权利要求书、说明书、说明书摘要等并保存，在说明书附图界面中，单击"选择文件"按钮，选择相关图片，单击"保存"按钮，同理，在代理委托书界面，上传相关文件，全部填写、上传完毕后，依次单击"保存""签名""提交"按钮，如图 4-4-5 所示。

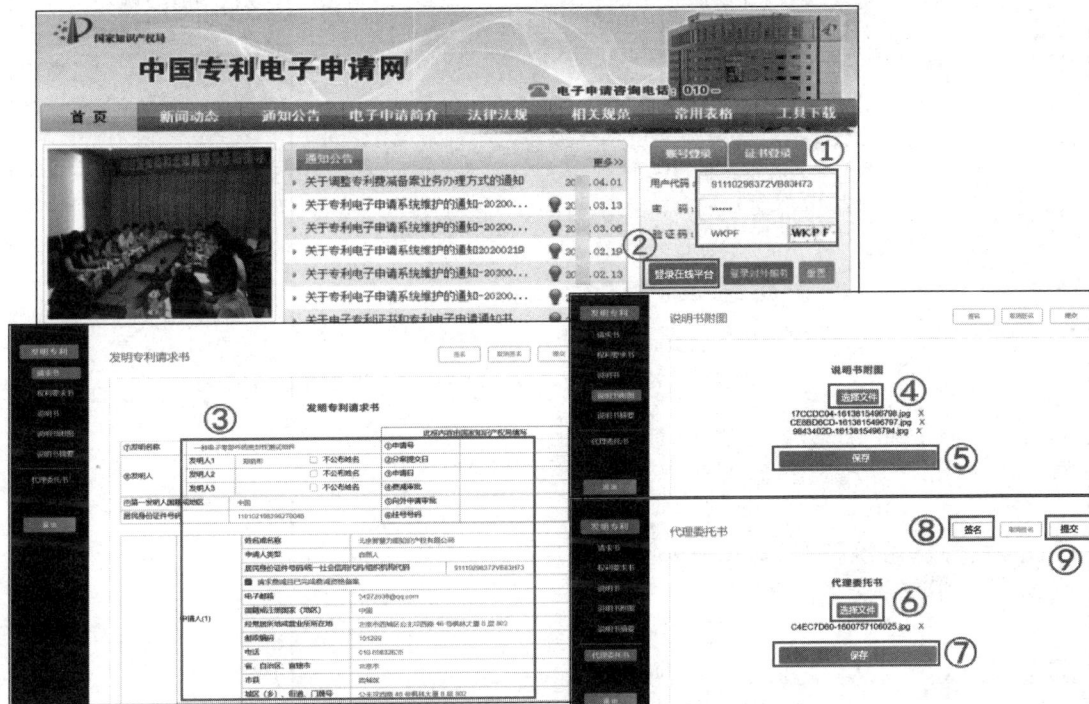

图 4-4-5　专利申请及保护

三、软件著作权申请及保护

　　北京伯乐安全软件开发技术有限公司，是一家开发应用软件的企业。在 2024 年 4 月 10 日，该公司开发完成一个桌面安全管理系统软件，需要进行软件著作权登记。该公司与智能财税共享中心签订了合同，委托共享中心员工王波进行登记。该软件开发公司提供了企业用户信息、软件基本信息、硬件环境及软件环境信息等。

操作步骤

　　进入国家版权登记门户网，输入用户信息，单击"登录"按钮，在首页界面单击"软件登记"按钮，然后单击"RII 计算机软件著作权登记申请"选项，填写登记申请表相关内容，依次单击"保存""退出"按钮，如图 4-4-6 所示。

图 4-4-6　软件著作权申请及保护

综合实训

任务情境

北京飞扬数码科技有限公司成立于 2023 年 11 月，根据企业工商注册等资料，公司基础信息如下。

公司名称：北京飞扬数码科技有限公司

账套编号：CS1002

会计准则：2007 企业会计准则

建账会计期：2023 年 12 月

统一社会信用代码（纳税人识别号）：911101087364811111

纳税人类型：小规模纳税人

经营地址：北京市大兴区康庄路甲 23 号

电话：010-88000258

开户行：中国工商银行股份有限公司北京大兴支行

开户行银行账号：02002198009300098765

公司主要销售平板电脑、移动硬盘等商品，公司设立行政财务部、采购部、销售部、库管部 4 个部门，公司职员信息如表 1 所示。

表 1　　　　　　　　　　　　　公司职员信息

工号	姓名	部门	证件类型	证件号码	国籍（地区）	性别	出生日期	人员状态	任职受雇从业类型	手机号码	任职受雇从业日期
20230001	刘洋	销售部	居民身份证	341221198502081311	中国	男	1985-2-8	正常	雇员	18912002343	2023-11-1
20230002	张新	库管部	居民身份证	341221198910030323	中国	男	1989-10-3	正常	雇员	15800100002	2023-11-1
20230003	李丽	行政财务部	居民身份证	251321199404013258	中国	女	1994-4-1	正常	雇员	13800102002	2023-11-1
20230004	赵芳	采购部	居民身份证	52122199210068972	中国	女	1992-10-6	正常	雇员	13700104005	2023-11-1

公司在 11 月发生采购业务，货款已结清，无发工资等其他业务。2023 年 12 月期初数据如表 2 所示。

表2 公司12月期初数据 金额单位：元

科目编码	科目名称	年初余额		1—11月累计发生额		11月末余额		计量单位	数量	单价	辅助核算
		借方	贷方	借方	贷方	借方	贷方				
1001	库存现金			2 050.00	0.00	2 050.00					
1002	银行存款			100 000.00	82 050.00	17 950.00					
1405	库存商品					0.00					存货核算、数量核算
	平板电脑			60 000.00		60 000.00		台	30	2 000	存货核算、数量核算
	移动硬盘			20 000.00		20 000.00		台	40	500	存货核算、数量核算
1122	应收账款										客户往来
1221	其他应收款										
122101	内部员工借款										人员
2202	应付账款										供应商往来
2241	其他应付款										
224104	员工垫付										人员
4001	实收资本				100 000.0		100 000.00				
6001	主营业务收入										存货核算、数量核算
600101	销售商品收入										存货核算、数量核算
	平板电脑							台			
6401	主营业务成本										存货核算、数量核算
640101	销售商品成本										存货核算、数量核算
	平板电脑							台			
	合计	0.00	0.00	182 050.00	182 050.00	100 000.00	100 000.00				

公司供应商信息明细如表3所示。

表3 公司供应商信息明细

编号	公司名称	纳税人识别号	经营地址	电话	开户行	开户行银行账号
1	北京顺天科技有限公司	9111010573795WA805	北京市朝阳区安华西里三区1号楼	010-85666666	中国建设银行安华西里支行	11006022401806367

公司客户信息明细如表4所示。

表4 公司客户信息明细

编号	公司名称	纳税人识别号	经营地址	电话	开户行	开户行银行账号
1	北京中益商贸有限公司	91110108MA005AGHOG	北京市海淀区嘉园一里1号院	010-85000000	中国工商银行股份有限公司北京嘉园路支行	0200025102101880075 99

公司内部会计制度规定如下。

（1）销售与应收。应收账款会计科目设置为客户往来辅助核算；所有开具发票无论是否收款，系统开票后自动转入应收账款，财务人员根据收款情况进行结算处理。

（2）采购与应付。应付账款会计科目设置为供应商往来辅助核算；所有收到发票无论是否付款，系统扫描后自动转入应付账款，财务人员根据付款情况进行结算处理。

（3）内部往来。其他应收款——内部员工借款、其他应付款——员工垫付会计科目设置为人员辅助核算。

（4）存货核算。公司存货包括平板电脑、移动硬盘等；库存商品、主营业务收入、主营业务成本会计科目设置存货辅助核算、数量核算，确认销售收入后软件按照全月加权平均法自动结转成本。

任务发布

2023 年 12 月，北京飞扬数码科技有限公司公司发生如下经济业务，请为其完成当月的财税处理，经济业务如下。

一、销售类业务

（1）2023 年 12 月 3 日税务机关代理开具专票。

销售商品不含税收入（适用征收率 3%）：平板电脑 10 台×3 000 元/台=30 000（元）

（2）收到 2023 年 12 月 5 日销售商品的普票。

销售商品不含税收入（适用征收率 3%）平板电脑 5 台×3 000 元/台=15 000（元）

移动硬盘 40 台×800 元/台=32 000（元）

（3）收到 2023 年 12 月 16 日销售商品的普票。

销售商品不含税收入（适用征收率 3%）平板电脑 15 台×3 000 元/台=45 000（元）

二、采购类业务

收到 2023 年 12 月 18 日采购发票。

采购商品成本（含税，征收率 3%）：平板电脑 20 台×2 000 元/台=40 000（元）

移动硬盘 50 台×500 元/台=25 000（元）

三、结算类业务

（1）2023 年 12 月 3 日收到北京华润有限责任公司网银转账 30 900 元。

（2）2023 年 12 月 16 日收到北京中益商贸有限公司网银转账 46 350 元。

（3）2023 年 12 月 17 日以转账支票方式支付北京顺天科技有限公司货款 65 000 元。

四、费用类业务

（1）2023 年 12 月 3 日，行政财务部取得一张房屋租金增值税普通发票并以转账支票方式支付。物业公司名称为北京祥盛物业有限公司；不含税金额 1 000 元，征收率 5%，税额 50 元。

（2）2023 年 12 月 5 日，行政财务部购入办公用品，取得一张增值税普通发票并以现金支付，办公用品明细如表 5 所示。

表5　　　　　　　　　　　　　　　办公用品明细　　　　　　　　　　　　金额单位：元

商品名称	规格型号	数量	单位	单价	不含税金额	税额	价税合计
打印纸	A4	2	箱	100.00	200.00	6.00	206.00
中性笔	得力	2	盒	20.00	40.00	1.20	41.20
合计					240.00	7.20	247.20

销售方名称为北京爱佳生活超市有限公司；

不含税金额 240 元，征收率 3%，税额 7.2 元。

（3）2023 年 12 月 8 日，销售部报销业务招待费，收到增值税电子普通发票并以现金支付。

餐厅名称为北京百祥餐饮有限公司；

不含税金额 301.89 元，税率 6%，税额 18.11 元，总额 320 元。

任务实施

请根据上述任务信息，对飞扬公司 2023 年 12 月销售类、采购类、结算类以及费用类业务进行处理，并完成月末结转。